조선의 정치가 10인이 본 세종

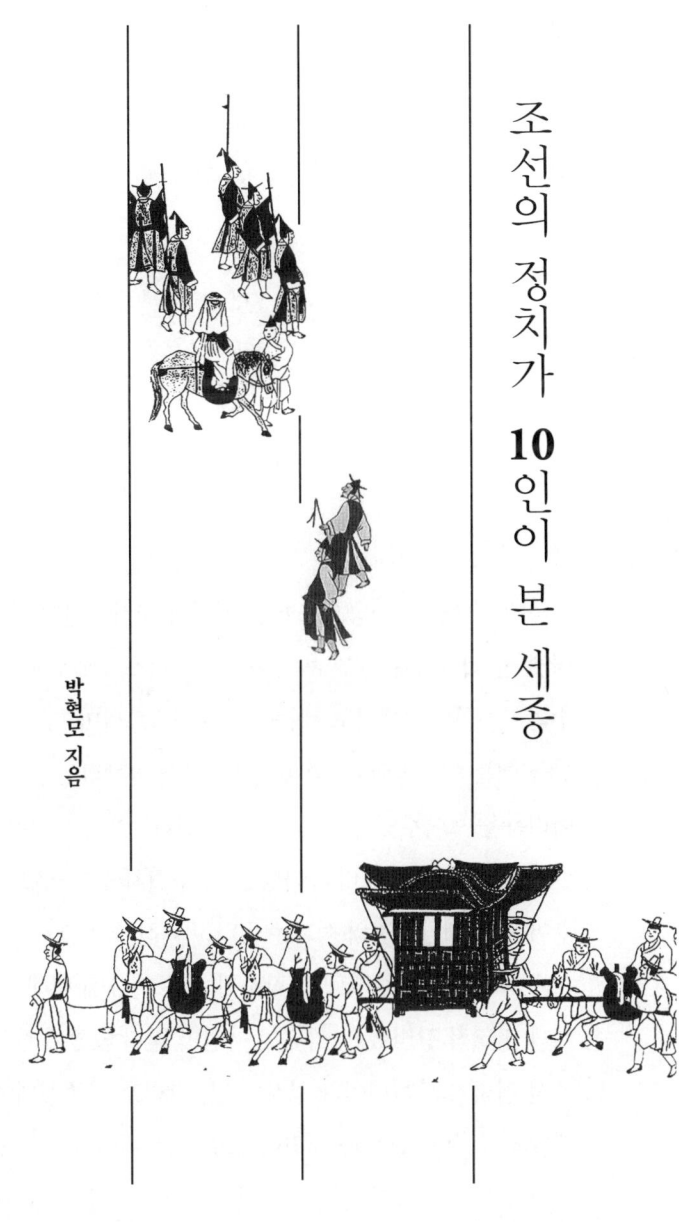

조선의 정치가 10인이 본 세종

박현모 지음

푸른역사

세종을 그리며

한국에 세종을 주인공으로 하는 영화나 역사소설이 거의 없다는 사실이 내겐 늘 의아했다. 물론 박종화의 장편소설 《세종대왕》이 있었고, 이광수의 《단종애사》에서도 세종이 부분적으로나마 다뤄졌다. 그리고 10여 년 전에는 이정명의 《뿌리 깊은 나무》가 출간되어 훈민정음 창제과정의 어려움을 보여주었다. 하지만 《세종실록》 안의 무궁무진한 얘깃거리와 수많은 등장인물, 그리고 다양한 의식 절차 등 풍부한 문화콘텐츠에 비추어볼 때 지금까지의 성과는 극히 미미하다고 할 수밖에 없다.

  세종의 정치를 주제로 한 작품이 적은 이유에 대해서 어떤 이는 그 시대가 비교적 평범했고, 극적인 사건이 많지 않았기 때문이라고 말한다. 조선 건국기의 혁명이나 왕자의 난, 그리고 단종시대에 나타나는 권력 쟁탈의 첨예한 긴장과 대립이 없었다는 얘기다. 연산군이나 광해군에게서 보이는 보복의 정치나 인간 욕망의 거침없는 분출도 찾아볼 수 없는 것도 사실이다. 하지만 나는 많은 작가들이 세종을 본격 다루지 못한 이유가 '정치'에 접근하는 방식이 서툴렀기 때문이라 생각한다.

우선 세종의 정치를 '제도'의 관점에서 바라보는 경향이 있다. 세종 시기에 만들어진 기구나 법제 또는 용어 등에 주목하면서 당시의 국가 제도와 행정체계, 그리고 관련 법규를 다룬 연구들이 그렇다. 그러나 이런 법·제도 중심의 접근은 세종시대라는 집의 규모나 뼈대, 즉 건축물의 구조를 이해하는 데는 도움이 되지만, 그 집에 살던 사람들의 생각과 실제 삶의 모습까지는 드러내지 못한다. 이는 마치 경복궁의 크기와 배치에 대해서는 설명하면서도, 정작 그 안에서 세종이 어떤 생각을 품고 어떻게 살았는지를 전하지 못하는 '초보 해설사'와도 같다.

다음은, 세종의 정치를 '권력'의 관점에서 바라보는 접근이다. 세종이 권좌에 오르기까지 어떤 우여곡절을 겪었는지, 재위 초반 상왕 통치기에 실제로 칼자루를 쥔 인물이 누구였는지, 정책 결정의 저울대는 누구 혹은 어떤 사회 세력에게 유리하게 기울었는지에 주목하는 것이다. 이러한 시각은 세종 정치의 배경에 깔린 권력 다툼과 갈등 구도를 보다 생생하게 조명한다는 점에서 유익하다. 즉, 집안에 거주하는 사람들의 이해관계와 충돌을 실감나게 드러내는 데 효과적이다.

그러나 이러한 접근은 그러한 갈등의 '궁극적 지향점'을 보여주지 못한다는 한계를 가진다. 예컨대 경복궁 사정전에서 벌어진 김점과 허조의 '친정親政 대 위임委任' 논쟁은 세종 정치의 긴장과 역동성을 생생하게 전해주지만, 이를 단순히 외척 세력과 문신 관료 사이의 이해 충돌로 해석한다면 지나치게 단선적인 설명에 머물고 만다. 특히 두 인물이 각각의 통치 방식을 통해 궁극적으로 무엇을 이루고자 했는지에 대한 통찰은 결여된다. 이러한 한계는 사극 작가들의 서사 전개에서 흔히 발견된다.

   그래서 어떤 이들은 세종 정치의 핵심을 '정치철학'에서 찾기도 한다. 당시 사람들의 사고를 지배하던 이념, 곧 시대정신이 무엇이었는지를 파악하는 게 중요하다는 관점이다. 이 시각은 세종시대의 정치 현상을 보다 심층적으로 이해하고 설명할 수 있는 장점을 지닌다. 마치 건물의 구조와 그 안에서 벌어지는 갈등을, 그곳에 사는 사람들의 가치관으로 해석하는 방식과도 같다. 예컨대 김점과 허조의 논쟁을 두 사람이 지향하는 정치철학의 차이, 즉 국왕 중심의 단극체제론과 군신협치의 다극체제론의 대립으로 설명할 수 있다. 하지만 이 접근은 앞의 법·제도적 접근이나 권력론적 접근과 마찬가지로 정치를 지나치게 단순화할 위험이 있다. 특히 권력론적 접근이 정치 현상을 단일 요인으로 환원시키는 경향이 있다면, 이념적 접근은 모든 현상을 특정 철학체계 안으로 끌어들여 정당화하는 문제점이 있다. 이는 '역사철학자'들이 흔히 빠지는 함정이다.

   사실 처음 세종의 정치를 글로 풀어내려 했을 때, 내가 가장 먼저 빠질 뻔한 함정은 '단일한 환원론'과 '획일적 정당화'의 유혹이었다. 복잡하고 일관되지 않으며, 그야말로 착란무통錯亂無統한 《세종실록》의 방대한 기록을 어떻게든 명쾌하고 보편적인 논리로 설명해보고 싶었다. 나아가 아무도 밝혀내지 못한 '세종 정치의 본질'을 찾아낼 수는 없을까 하는 욕심도 있었다. 그러나 세종을 20년 이상 연구한 지금 돌아보면, 세종시대를 관통하는 단일한 요인을 찾으려 했던 시도는 애초부터 불가능한 일이었다. 그 시대는 중층적인 권력 구조 속에서 다양한 요소들이 서로 긴밀하게 맞물려 작동한 복합적 산물이었다. 그런 복잡성을 하나의 철학이나 관점으로 꿰뚫겠다는 생각 자체가 돌이켜보면 무모한 일이었다.

나는 오히려 《세종실록》을 거듭 읽어가면서, 처음의 그 유혹들로부터 점점 멀어졌고, 대신 좀처럼 풀리지 않는 물음들과 자주 마주하게 되었다. 들판에서 농부의 고통을 일일이 묻는 자상한 군주의 모습과, "강무講武란 군국軍國의 중대한 일"이라며 민폐와 병사들의 고초를 무릅쓰고 군사훈련을 밀어붙이는 결단의 모습 중, 과연 어느 쪽이 진짜 세종인가?

"경의 말을 내가 어찌 듣지 않겠는가. 군사의 진퇴는 경의 처분에 맡기겠다"며 최윤덕에게 전권을 일임하던 장면과, "경이 나더러 여러 사람의 의견을 듣지 않는다고 하는데, 장차 나를 스스로 판단조차 못하는 임금으로 만들 셈인가"라며 정인지를 질책하던 장면 사이, 과연 어디에 세종의 진심이 담겨 있는가?

　세제 개혁을 위해 17년에 걸쳐 긴 토론을 이어가며 신중을 기하던 모습과, 오랜 시간 비밀리에 준비하다가 어느 날 갑자기 훈민정음을 전격 반포하던 모습 중, 과연 어느 쪽이 세종의 '본질'인가? 어진 임금과 강력한 군주, 신하에게 위임하는 지도자와 독단적으로 결정을 내리는 통치자, 충분한 논의를 거치는 신중한 태도와 과감한 결단⋯⋯. 이처럼 상반되거나 서로 긴장관계에 있는 여러 모습 가운데서, 나는 아직 그것들을 하나로 꿰뚫는 세종 정치의 본질을 확신하지 못하고 있다.

　'군맹평상群盲評象'. 세종의 정치를 말하고 쓴다는 것은 어쩌면 장님이 코끼리를 그리는 일과 같다. 여러 명의 장님이 거대한 코끼리를 잠시 만져본 뒤 그려보라고 하면, 누구는 길다란 대롱을, 누구는 뾰족한 뿔을, 또 누구는 커다란 통나무나 널찍한 벽을 그릴 것이다. 커다란 귀를 만진 사람은 세모난 개떡 같은 무언가를 그릴지도 모른다.

　나 역시 수많은 사건과 이야기, 그리고 실록의 복합적인 구조들을 하나하나 더듬어가며 세종을 그려보려 애쓰지만, 결국 내가 그려낸 모습도 전체가 아닌 불완전한 단면에 불과할지도 모른다.

　혹자는 이렇게 말할지도 모른다. "당신은 코끼리의 실체가 있다고 전제하지만, 어쩌면 실체 자체가 없을 수도 있지 않은가?" 허상을 붙잡고, 착각 속의 코끼리를 그리고 있는 것 아니냐는 물음이다. 나는 이렇게 대답하고 싶다. 물론 그것은, 실체가 없는 토끼 뿔을 두고 길다 짧다 논쟁하는 토각兎角 논쟁에 지나지 않을 수도 있다. 하지만 실체의 유무조차도, 결국은 그려보고 함께 이야기 나눠본 뒤에야 판단할 수 있는 것 아닌가. 우리 중 누구도 그것을 예단할 수는 없지 않은가.

이 책은 바로 그런 문제의식에서 출발해 내가 그려본 여러 '그림'들을 한데 모은 것이다. 아버지 태종이 본 세종의 모습, 신하들—황희, 허조, 박연, 정인지, 김종서, 신숙주—이 바라본 세종의 정치, 아들 수양대군이 '만져본' 세종의 일면, 그리고 조선 후기 국왕 정조가 언급하는 세종의 치세까지. 그 안에는 학문에 몰두한 세종, 신하들과 끝없이 토론하는 국왕, 고뇌하고 때론 좌절하는 인간 세종의 모습, 그리고 권력의 이면에 드리운 모함과 비정함이 마치 파스텔톤으로 번져 있을 것이다.

사실 나는 '정치'란 어느 하나로 환원될 수 없는, 여러 개의 진실과 복수의 가치들이 공존할 수밖에 없는 세계라고 생각한다. 마치 큐빅처럼 각기 다른 면들이 맞붙어 공존하는 세계, 바로 그것이 정치의 본질 아닐까. 그래서 나는 여러 인물들의 시선으로 그려낸 그림 조각들을 하나하나 맞추어가며, '세종이라는 코끼리'의 형상을 가능한 한 근접하게 그려보고자 한다. 물론 그 조각들 중에는 빠진 부분도 있을 것이고, 거꾸로 끼워졌거나 엉뚱한 곳에 놓인 것들도 있을 것이다. 결국 이 그림은 퍼즐을 맞추듯 시간을 두고, 여러 사람의 얘기를 들어보며 천천히 완성해나갈 수밖에 없다. 그것은 아마도 사진 같은 모습이 아니라, 조금은 어긋나고 번져 있는 정물화 같은 세종 정치의 모습일 것이다.

그림을 그려나가는 과정에서, 가급적 나의 해석이나 추론을 자제하려 했다. 그야말로 '가위와 풀'을 들고, 사료를 최대한 충실히 재구성하는 데 전력을 기울였다. 하지만 사료와 사료 사이, 침묵의 계곡을 만날 때면 결국 '상상적 고찰'이라는 다리를 놓지 않을 수 없었다.

이 점에서 나는 "역사가는 추측과 희미한 단서들을 통해 역사 속 인물들이 암시한 의도를 재구성할 수밖에 없다"는 스키너Q. Skinner(*Meaning and Content*, 1988)의 말에 깊이 공감한다. 마찬가지로, "정치적 발언은 발화자인 정치가 자신도 그 의미를 완전히 통제할 수 없으며, 그 발언은 여러 층위의 의미를 낳으며 복수의 역사를 갖는다"는 포칵 J.G.A. Pocock(*Politics, Language and Time*, 1989)의 지적 역시 나의 문제의식과 맞닿아 있다.

끝으로, 이 책은 2007년에 출간된 《세종, 실록 밖으로 행차하다》의 개정판이다. 처음 책을 낼 당시, '아내의 시선에서 본 세종'을 다루지 못한 점이 늘 아쉬움으로 남아 있었다. 세종에게 가장 가까우면서도 어려운 존재였던 소헌왕후가 바라본 남편 세종의 모습을 꼭 쓰고 싶었다. 하지만 이번 개정판을 준비하면서도 다시금 절감했듯, '아내의 관점'은 나로서는 도저히 넘을 수 없는 벽이었다. 아버지나 아들의 입장, 상사나 아랫사람의 시선은 나의 경험을 통해 어렴풋이나마 상상할 수 있었지만, 아내의 시각은 전혀 미루어 짐작할 수 없었다.

　다행히도 몇 해 전 《열성후비지문》을 읽으면서 '아내'가 아닌 '왕비'라는 보다 분명한 자리에서 바라보는 관점을 발견하게 되었다. 《열성후비지문》은 태조의 왕비 신의왕후부터 영조의 왕비 정성왕후에 이르기까지 총 31명의 역대 왕비들을 다룬 책으로, 이를 통해 현대의 '영부인the First Lady'과는 전혀 다른, 국왕의 아내이자 '국모國母'로서의 왕비가 지닌 독특한 역할과 책임을 조금이나마 이해할 수 있었다. 이 책의 후반부에 실린, 온갖 역경에도 굴하지 않았던 "소헌왕후가 본 남편 세종"은 바로 그 결과물이다.

　《정치가 정조》에 이어 세종에 관한 책을 멋지게 꾸며준 도서출판 푸른역사에 깊은 감사의 마음을 전한다.

2025년의 여름에
박현모

개정판 —— 조선의 정치가 10인이 본 세종

- 세종을 그리며 004

● **서설** 007
| 세종과 새롭게 만나기 위해

● **태종이 본 세종** 029
| 국왕의 조건, 그리고 세종의 정치 비전

● **황희가 본 세종 1** 049
| 대마도 정벌과 공세적 안보 정책

● **황희가 본 세종 2** 069
| 조선에 살고 싶다 - 세종시대의 집단 귀화 현상

● **허조가 본 세종 1** 089
| 사회적 약자를 위한 보살핌의 정치

● **허조가 본 세종 2** 115
| 세종 정치의 아킬레스건, 왕위 계승 문제

● **박연이 본 세종** 127
| 조선의 황종음을 찾아라

- **정인지가 본 세종**　151
  | 학문 사대주의를 넘어서

- **수양대군이 본 세종**　173
  | 누구를 위한 국가인가

- **김종서가 본 세종**　201
  | 파저강 정벌을 위한 대토론

- **소헌왕후의 자리에서 본 세종**　235
  | 주위 사람을 사무치게 하는 지극정성의 사람

- **신숙주가 본 세종**　263
  | 싱크탱크 집현전 안의 두 가지 길

- **정조가 본 세종**　289
  | 맡기고, 예비하고, 기회를 활용하라

- 에필로그　311
- 찾아보기　319

세종시대 인물 연표

연도	세종 (1397~1450)	황희 (1363~1452)	허조 (1369~1439)
1418	즉위, 강상인의 옥사		
1419	대마도 정벌		김점과 논쟁
1420	집현전 설치		수령고소금지법 제의
1421			
1422		남원으로 귀양	
1423	귀화인 수용	강원도 관찰사	수령구임법 제정
1424			
1425	향악 제작 지시		
1426	신빈 김씨, 빈으로 봉함	이조판서, 우의정	
1427	유감동 사건	살인 옥사에 연루	
1428			이조판서 재임명
1429	세자빈 김씨 폐하다	안숭선 천거	성균관 입시 단속 지적
1430	학사 평가 엄정	사헌부 탄핵으로 파직	
1431	포천에서 강무	복직, 영의정	
1432	6진 개척	파저강 정벌 지지	파저강 정벌 반대
1433	파저강 정벌	최윤덕, 장영실 추천	
1434			
1435			
1436	세자빈 동성애 사건		
1437			
1438	흥천사 사리각 수리 지시		신숙주 등 선발
1439			71세로 사망
1440	고약해와 논쟁		
1441	측우기 제작		
1442			
1443	훈민정음 창제		
1444	정찬손 파직		
1445	용비어천가		
1446	소헌왕후 승하		
1447	《동국정운》 완성		
1448	내불당 논쟁		
1449		영의정	
1450	승하		

弓

박연 (1378~1458)	정인지 (1396~1478)	김종서 (1383~1453)	신숙주 (1417~1475)	
	의전 실수로 하옥			즉위년
				1년
				2년
				3년
				4년
				5년
악학별좌 임명	집현전관으로 선발			6년
1차 율관 제작 실패				7년
				8년
2차 율관 제작 실패				9년
				10년
		승지(우부대언)		11년
3차 율관 제작 실패				12년
				13년
4차 율관 제작 실패	예문관 제학			14년
설날 회례악 연주		함길도 관찰사		15년
				16년
				17년
	충청감사			18년
	흉년 구제 방책			19년
			사마향시 급제	20년
		북방 방어체제 고안	김종서 종사관	21년
	형조판서	박호문의 모함		22년
			집현전 부수찬	23년
	예문관 대제학			24년
	공법 실시 주장		일본 통신사로 파견	25년
				26년
	《치평요람》 찬진			27년
		의정부 우찬성		28년
	《용비어천가》 주해본		집현전 응교	29년
사사로운 공연으로 파직				30년
	공조판서	평안도 도절제사 부임		31년
	명나라 사신 예겸 응접		명나라 사신 예겸 응접	32년

서설: 세종과 새롭게 만나기 위해

《세종실록》을 읽으면서 새롭게 발견한 사실은 국왕 세종이 직면해야 했던 무수한 도전과 대내외적 시련이다. 지금이야 그 시대를 '왕조의 전성기'다 '태평성대'다라고 말하지만, 실록을 들여다보면 하루도 위기 아닌 때가 없었고, 어느 일도 순탄하게 이루어진 경우가 없었다.

그 당시 남쪽의 왜구와 북쪽의 야인들은 "국경과 해안을 제멋대로 침략하여 마음대로 군민을 살해하고, 부형을 잡아가고 그 집에 불을 질러 고아와 과부가 바다를 바라보고 우는 일"01/06/09: 《세종실록》 1년 6월 9일 자 기사, 06#은 윤6월을 지칭, 이하 《세종실록》의 경우는 날짜만 표기함이 연례행사처럼 거듭되었다. 뿐만 아니라 환관 출신 명나라 사신들의 만족할 줄 모르는 뇌물 요구와, 명나라 황제의 몽골족 정벌을 위한 파병 요청 및 말 2만 필 요구 사건32/01/13 등으로 골머리를 앓아야 했다. 설상가상으로 당시 조선은 가뭄과 홍수로 인해 "흉작이 아닌 해가 없었으며"19/08/28 "창고가 거의 비어 백성을 구휼할 수도 없는"04/07/09 상황이었다. 함길도와 황해도의 굶주린 백성들은 흙을 파서 떡과 죽을 만들어 먹어야 했다.05/03/13; 05/04/21

"세종 때문에 살기 힘들다"

상황이 이렇다 보니, 국왕을 욕하는 말까지 나왔다. 재위 5년 3월에 강원도 고성에 사는 이각伊覺이라는 사람은 "이 임금이 왕위에 올라서 흉년이 들어 매우 살기가 어려운데, 만약 내가 왕이 된다면 매년 풍년이 들 것"이라는 엄청난 소리[大言罪]를 했고, 05/03/05 그 다음 해 3월에는 청주의 아전 박광朴光과 곽절郭節이 "양녕대군이 왕이 되었으면 백성들이 자애로운 은덕을 입었을 터인데, 지금 그렇지 못하고 있지 않느냐"라는 난언亂言을 해서 처벌받고 있다. 말하자면 태종에 의해 외척과 공신들의 발호를 막을 수 있는 정치적 환경이 마련되었다지만 새로 즉위한 세종이 정말로 중요한 민생과 국방을 해결해나갈 수 있을지 하는 것은 여전히 미지수였다.

그럼에도 세종을 조선 왕조의 새로운 시대, 즉 수성기守成期의 군주로 평가할 수 있는 근거는 무엇인가. 일련의 위기를 극복하여 "백성들의 살림이 넉넉해지고 인구가 많아지게" 하는 등 "우리나라 만년의 기틀을"이이, 《율곡전서》, 〈동호문답〉 세운 세종의 정치 리더십은 어디에서 비롯된 것인가. 세종의 시대는 그 이전 시대의 연장선상에 있으면서 동시에 새로운 시대의 비전을 보여주어야 하는 때였다. 세종이 보기에 그 이전의 시대는 '말 위[馬上]에서 정치'를 하는 시기였다. 태조 이성계는 그야말로 말 위에서 잔뼈가 굵은 사람으로, 활 하나로 고려 왕조를 쓰러뜨린 무장武將이었다. 부왕 이방원 역시 고려의 문과에 급제했다고는 하나 집안을 일으키고 나라를 세우는 일에 바빠 체계적으로 공부할 기회를 갖지 못했다. 세종 자신이 즉위한 해까지도 계속되는 정치적 '설거지 작업'에서 나타나듯, 태종 역시 '말 위의 정치'에 익숙한 사람이었다.

그러나 고금동서를 막론하고 주먹의 힘을 권리로, 복종의 심리를 의무 관념으로 바꾸지 않는다면 '말 위에서 잡은 정권'은 절대 오래갈 수 없는 법이다. 이른바 '수성守城의 정치'로의 전환이 이루어질 때 비로소 '정권' 차원을 넘어 '국가' 차원의 정치로 안정될 수 있다는 것을 세종은 배워서 잘 알고 있었다. 이 점에서 좌사간 허성許誠 등이 "수성의 정치를 하는 시대에는 본시 나라를 창업할 때와 같지 않아서[守文之世, 固與創業之時不同] 법과 제도에 의해 국가가 운영되도록 해야 한다"[08/01/26]고 말한 것은 올바른 지적이었다.

태종의 정치적 설거지 작업

그런데 세종의 정치를 살펴보기 이전에 태종의 정치적 설거지 작업의 의미를 고찰할 필요가 있다. 세종이 어렸을 때 시작되어 왕위에 오른 다음까지도 계속된 일련의 '왕자의 난'과 '외척 제거 작업'이 세종의 정치관에 영향을 줄 수밖에 없었기 때문이다. 물론 태종이 수행한 '피의 숙청'에 대해 세종은 일언반구도 언급하지 않았다. 그럼에도 세종이 태종의 '설거지 작업'을 묵인 내지 승인했다고 추정할 만한 근거는 있다. 자신의 재위기간에 발생한 심온沈溫 숙청 과정에서 세종이 보인 태도가 그것이다.

'강상인姜尚仁의 옥사獄事'(1418년 7월)로도 불리는 이 사건은 외척에 대한 태종의 작심한 듯한 태도와 냉혹한 권력의 성격을 잘 보여준다. 상왕 태종은 세종에게 전위傳位한 지 겨우 보름가량 지난 8월의 어느 날 병

《세종실록》 원문. 단종 2년에 정인지 등이 엮은 것으로 오례의, 악보, 지리지, 칠정산 등이 함께 수록되어 있다. 위 원문은 강상인 옥사 사건 기사. 강상인은 태종의 '심온 제거 작업'에 연루되어 거열車裂형을 당했다. 죽기 전에 그는 수레 위에서 "나는 실상 죄가 없는데 때리는 매를 견디지 못해 죽는다"고 소리쳤다(색칠한 부분의 해석). 권력의 냉혹성을 적나라하게 보여준 사건이었다.

조참판 강상인 등을 의금부에 잡아 가두라고 명했다. 자신이 전위할 때 "군국軍國의 중요한 일은 친히 판단하겠다"고 말했음에도 강상인은 임금에게만 아뢰고 태종 자신에게 보고하지 않았다는 게 그 죄목이었다.

사실 강상인은 태종이 즉위하기 전부터의 가신이었던 사람으로, 30여 년 동안 태종을 보좌해온 측근 인사였다.[00/08/29] 그런 그를 태종은 '죽지 않을 만큼 고문'해 "국가의 명령은 한곳에서 나와야 한다"고 심온이 말했음을 자백하게 했다.[00/11/22] 사은사로 중국에 갔던 심온은 귀국하자마자 강상인의 이 자백 때문에 수모자首謀者로 몰려 사사되었다. 심온이 천거한 사람과 그를 좇던 사람까지 모두 파면된 것은 물론이다.

그런데 세종은 자신의 장인인 심온이 죽음에 다다른 상황에서도 어떤 의견도 말하지 않았다. 사건은 상왕인 태종이 시종 주도했다. 심지어 박은 등 여러 신하가 "그 아비에게 죄가 있으니 그 딸을 왕비로 둘 수 없다"[00/11/23]고 하여 왕비 폐출을 주장할 때까지도 세종은 침묵으로 일관했다. 그는 이런 와중에도 거의 매일 태종에게 문안하고 경연에 나가거나 성균관에 거둥하는 등 일상적인 업무를 수행했다.

세종은 부왕이 자신의 건강을 걱정할 정도로 몸이 좋지 않은 상태에서도 태종 및 신하들과 연회에 참석하여 밤늦게까지 춤을 췄다.[00/12/24] 태종의 일처리를 묵인했을 뿐만 아니라 동조 내지 승인하고 있다고 볼 수밖에 없는 태도다. 자신의 신상에도 영향을 미칠 수밖에 없는—왕비와의 사이에서 태어난 왕자들을 생각할 때—'폐비 문제'에 대해 국왕인 세종이 어떤 의견을 표명했다면 상왕이라도 결코 무시할 수는 없었을 것이다(왕비는 결국 보전되었다).

그렇다면 태종의 일처리를 세종이 묵인 내지 승인한 것을 어떻게 이해해야 하는가. 나는 태종이야말로 조선 왕조를 국가로 인식한 최초의 국왕이었다고 생각한다. 당시 많은 공신과 심지어 태조 이성계마저 '화가위국化家爲國(집안을 일으켜 국가를 만든다)'의 참뜻을 이해하지 못했다. 대다수 사람들은 이 말의 의미를, 왕씨 가문이 차지했던 옥새를 이씨 가문이 얻은 것 정도로 이해하거나, 자신들이 지지하던 이성계 일파가 모든 가문의 으뜸 자리[宗室]를 차지한 것으로 생각했다.

'화가위국'의 으뜸 조건, 병권 장악

태종 이방원은 세자 시절 사병을 혁파한 직후 화가위국과 관련한 조영무趙英茂의 말, 즉 "세자의 가르침을 미처 깨닫지 못했던 것이 한"이라는 말을 인용하면서, 아직도 대부분의 공신이 이 점을 잘 이해하지 못하고 있다고 개탄했다. 이 자리에서 좌보덕左輔德(동궁에 속한 3품 벼슬) 서유徐愈는 천하를 평정한 송나라 태조가 궁궐에서 장상將相에게 잔치를 벌였을 때의 일을 이야기했다.

　서유에 따르면, 잔치에 참여한 장상들이 "천하가 평정되었으니 즐기심이 마땅합니다"라고 하자 태조는 "나는 즐겁지 않다"고 대답했다. 이에 장상들은 "천하가 이미 평정되었는데 폐하께서는 왜 즐겁지 않으십니까"라고 물었다. 그러자 송 태조는 "애초에 경들이 병권을 쥐고 나를 추대하여 천자로 삼았다. 내가 두려워하는 것은 경들의 휘하 장사將士들도 경들을 추대하여 장상을 삼기를, 또한 경들이 짐을 추대함과 같이 하게 되는 것"이라고 말했다.

이에 공신·장상이 머리를 조아리고 절하여 사례하고 그날로 인수印
綬를 올리고 병권을 내놓았다《정종실록》 02/06/20는 것이다. 국가를 만든다[爲
國]는 것의 정치적 의미와, 병권 장악이야말로 화가위국의 조건임을 잘
보여주는 대화라고 하겠다.

　물론 정도전을 비롯한 몇몇 정치가들은 새로운 문명국 조선 건국의
역사적 의미를 알고 있었다. 그러나 그들조차 '집안을 일으키는 일'과
'국가를 만드는 일' 사이에 놓인 중대한 격절점을 제대로 이해하지 못
했던 것 같다. 정도전의 경우만 보더라도 그는 나라를 설계하고 그 의
미를 부여하는 데는 뛰어났지만 국가의 실체를 인식하는 데에는 약했
던 것으로 보인다. 정도전이 태조의 뜻에 따라 장자 방우가 아니라 말
자末子 방석을 왕위 계승권자로 내세울 때, 명의 지나친 요구(표전문 사
건)에 대해 요동 정벌 기도로 맞설 때의 태도가 그 점을 말해준다. 이방
원의 관점에서 볼 때 정도전은 집안을 가지런히 만드는 일(장자 상속)은
물론, 유능한 자에게 왕위를 계승해야 한다는 원칙도 깨뜨린 정치가였
다. 그는 재상 중심의 정치[冢宰論]를 고집한 나머지 국가가 재상이나 국
왕과 같은 정치 행위자나 심지어 유교 이념보다 초월적 존
재임을 깨닫지 못했다.

　이 점에서 국가는 여러 가문 중 하나가 아니라 모든 가
문을 희생해서라도 지켜야 하는 숭고하고 독자
적인 실체라는 것, 따라서 국가를 위해서
라면 때로 군주는 공신과 친지, 가족까
지 숙청할 수 있으며 필요하다면 국왕
자신의 몸까지 바칠 수 있는 신성한 존

재라는 점을 분명히 인식했던 태종의 생각은 독특한 것이었다.

태종은 고려 말의 정치·사회적 혼란을 극복하기 위해서 반드시 왕권을 강화하고 강한 국가를 만들어야 한다고 보았다. 죽음에 임박했을 때 그가 "죽은 뒤에도 의식이 있다면 반드시 이날에는 비가 오도록 하겠다"이긍익,《연려실기술》태종조 고사본말згідно 하여, 국가에의 헌신을 다짐한 이야기는 널리 알려져 있다(태종우太宗雨).

이처럼 조선 왕조를 국가로 만들려고 했던 태종의 국가관을—실록 원문에 '국가國家'로 표기되는 태종의 '국가'를 근대적 의미의 국가 개념과 비교하는 일은 여기서는 하지 않기로 한다—세종은 인정하고 받아들였던 것으로 보인다. 세종은 태종의 정치적 설거지를 불가피하다고 받아들였을 뿐만 아니라 '의심스러운 옥사'로 인해 죽은 심온을 복권시키려는 시도를 차단했다.13/09/08 국가의 질서를 어지럽힐 수 있다고 보았기 때문이다.

말하자면 세종은 태종이 '발견'한 국가의 존재를 받아들였을 뿐만 아니라, 그것을 자신의 시대에 '수성의 정치'로 전환시켜 공고화하려

면류관은 국가의 제례나 왕의 즉위 때 썼다. 평상시는 익선관을 착용한다.
곤룡포는 누런 빛이나 붉은 빛의 비단으로 지었으며,
가슴과 등, 어깨에 용의 무늬를 수놓았다.

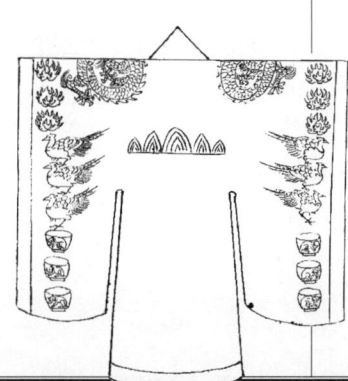

면류관과 곤룡포(국조오례의)

했다. 이를 위해 세종은 젊고 유능한 집현전의 문신들에게 역사와 고제古制를 연구하게 하는 한편, 한 달에 평균 5회 꼴로 열린 국정 세미나[經筵]에서 국가 방책을 의논하여 결정하게 했다(재위 32년간 총 1,898회의 경연 개최). 결과적으로 세종은 통치 체제를 정비하고(전제·수취 제도·군사 제도·국가 의례 등) 국토를 개척, 확장하였으며(파저강 정벌과 4군6진), 한글을 창제하고, 음악을 창의적으로 발전시키는 등 문화국가로서의 기틀을 마련했다. 조선 왕조가 체제 안정기로 접어들도록 만든 것이다. 그렇다면 세종은 어떻게 이런 굵직굵직하면서도 다채로운 업적을 이루어낼 수 있었을까. 그 탁월한 정치 리더십의 비결은 무엇일까.

군주의 운명

짐이 태어났을 때 결코 신령스럽거나 기이한 징조들이 보이지 않았다. 또 자라날 때도 신기한 징조가 나타나지 않았으며, 여덟 살에 제위帝位에 오른 후 지금까지 57년 동안 역사책에 실려 있는 상서로운 별, 상서로운 구름, 기린과 봉황, 영지芝草가 나타나는 경사라든가 궁궐 앞에 불타는 진주와 옥이 나타나거나, 천서天書가 하늘의 뜻을 나타내려고 떨어지는 등의 상서로운 조짐에 대해 사람들로 하여금 말하지 못하게 하였다. 짐은 감히 그렇게 (잘 다스렸다고) 말할 수 없다. 다만 하루하루의 일상을 진실한 마음을 갖고 실제에 도움이 되도록 다스렸을 뿐이다(조너선 스펜스,《강희제》상유上諭).

청나라에 의한 평화시대Pax Sinica를 연 '중국의 계몽군주' 강희제康熙帝의 진솔한 자기 고백이다. 그는 자신이 '삼번의 난'을 정벌하고 고비사막을 건너 '타타르 원정'을 성공리에 마무리할 수 있었던 것은 "먼 곳에서 온 자를 부드럽게 대하고, 능력 있는 자를 가까이 두며, 세금을 낮추어 백성의 재력을 넉넉하게" 했기 때문이라고 말했다.

무엇보다 그는 자신이 "항상 부지런했으며 조심스러웠고……수십 년 동안을 하루같이 온 마음과 힘을 다했노라"고 회고했다. 그는 "옛날의 제왕 가운데 혹 수명이 길지 못했던 자들에 대해 사론史論에서는 너무 방탕하고 주색에 빠졌기 때문이라고 대체로 평하고" 있지만, 사실은 "천하를 다스리는 일이 너무 번거로우므로 힘들고 고달픈 바를 감당하지 못해서 일찍 죽은 것"이라고 변론했다.

그에 따르면 "옛사람들은 언제나 '제왕은 마땅히 크고 중요한 부분에만 관심을 가지고 세세한 부분에 대해서는 관심을 둘 필요가 없다'고 말하지만……그렇지 않다. 한 가지 일에 부지런하지 않으면 온 천하에 근심을 끼치고, 한순간을 부지런히 하지 않으면 천 대, 백 대에 우환거리를 남기기 때문"에 국가의 최고책임자는 매사를 꼼꼼히 살피지 않을 수 없다.

강희제는 늙은 대신들이 올린 "물러가 쉬기를 청하는 상주上奏를 볼 때마다 눈물을 흘리지 않을 때가 없다"고 했다. "너희는 물러가 쉴 곳이라도 있지만, 짐은 물러가 쉴 곳이 어디 있는가."

"군주는 원래 편안히 쉬는 바가 없고, 은퇴하여 자취를 감출 수도 없다"는 것이다. 고급 노예와도 같은 군주의 운명에 대한 그의 솔직한 술회다. 그는 1717년에 내린 이 고별 상유의 끝 부분에서 자신이 "50여 년 동안 태평스러운 세상을 만들려고 애쓴 천자로 기억되고 싶다"는 바람과 "내 삶이 평온한 죽음으로 마무리되기를 바란다"는 지극히 평범한 소망을 피력했다. 조너선 스펜스, 《강희제》, 140쪽

세종의 정치를 살펴보는 이 자리에서 갑자기 강희제의 고백을 말하는 이유는 무엇인가. 나는 세종의 정치 역시 강희제의 치세를 이해하는 방식으로 접근해야 한다고 본다. 처음부터 영웅이나 성왕으로 타고난 것이 아니라, 평범한 그들이 훌륭한 위업을 달성함으로써 비로소 영웅이 되고 성왕이 되었다고 보기 때문이다.

세종이 사망했을 때, 사관은 "잠시도 게으르지 않았던 임금"이었다고 평했다. 즉, 그는 즉위한 이후 "매일 사경四更(새벽1~3시)이 되면 옷을 입고, 날이 환하게 밝으면 조회를 받고, 다음에 정사를 보고, 다음에는 윤대輪對(신하들이 임금에게 정치에 관한 의견을 차례로 아뢰던 일)를 행하고, 다음 경연에 나아가기를 한 번도 조금도 게으르지 않았다"32/02/17는 것이다. 특이한 점이라면 어려서부터 '책을 놓지 않았다'는 기록이다. 세종은 실제로 책을 좋아했던 것 같다. 그가 형 양녕을 제치고 왕위 계승권자가 될 수 있었던 첫 번째 이유도 '공부하기 좋아한다'는 점이었다. 《세종실록》 즉위년 총서

그런데 내가 보기에 세종에게 독서는 일종의 피난처, 즉 '물러가 쉴 곳'이었다. 그는 어려서부터 피비린내 나는 권력 쟁탈을 지켜보았다. 어제의 혁명 동지가 오늘에는 정

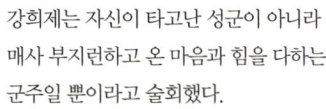

강희제는 자신이 타고난 성군이 아니라 매사 부지런하고 온 마음과 힘을 다하는 군주일 뿐이라고 술회했다.

적이 되어 서로 칼끝을 겨누는 모습도 보아왔다. 그가 태어난 영추문(경복궁 서문) 맞은편의 준수방俊秀坊은 권력의 자기장磁氣場으로부터 자유로울 수 없는 거리에 있었다. 그리고 그 권력의 자기장은 어린 세종의 형제들을 옥죄거나 유혹했다.

어린 세종이 건강을 해칠 정도로 독서에 광적으로 집착한 것은 이 점에서 그의 형 양녕이 주색잡기에 탐닉함과 다르지 않다. 서로 도피처가 달랐을 뿐이다. 세종은 왕위에 오른 뒤에도 권력의 자기장에서 벗어나려고 했다. 재위 중반기에 의정부 서사제敍事制를 시행하여(1436) 권한을 대신들에게 위임한 것이라든지, 신료들의 완강한 반대에도 기어이 세자에게 국정을 맡기고 한글을 창제하는 데 몰두한 일 등이 그 대표적 예다.

맨얼굴의 세종을 찾아서

결론적으로 말해서 '인간' 세종의 고민으로부터 그의 정치를 이해하지 않으면 안 된다. '우리 역사에서 가장 모범적인 군주' 내지 '해동의 요순'[海東堯舜]32/02/17 또는 '동방의 성주聖主'(율곡 이이)와 같이 후대에 의해 덧칠해진 세종이 아닌 맨얼굴의 세종을 찾아가는 것이 중요하다. 이를 위해 나는 《세종실록》의 세계를 여행하고자 한다. 거기에는 온천을 찾아 또는 사냥을 위해 멀리 황해도까지 떠나는 국왕의 모습도 있고, 조선 후기에는 좀체 찾아볼 수 없는 농담하는 군주의 얼굴도 있다. 또한 세제 개혁을 위해 무지렁이 농민들에게 찬반 의사를 묻는 자상한 개혁

군주의 음성도 있으며, 중대한 대외정책 결정을 앞둔 최고지도자의 고뇌도 발견할 수 있다.

　이 여행에서 우리는 때로 온화한 세종의 얼굴 다른 편의 '독재자'의 모습도 보게 되며, 말년에 두 아들을 잃고 왕후까지 사망한 가운데 부처에 의지하려는 고독한 임금의 영혼도 만날 수 있다. 무엇보다 우리는 '좋은 정치의 한국적 모형'과, 잘된 정치와 잘못된 정치를 구분해 볼 수 있는 '정치적 판단의 기준'을 찾을 수 있으리라.

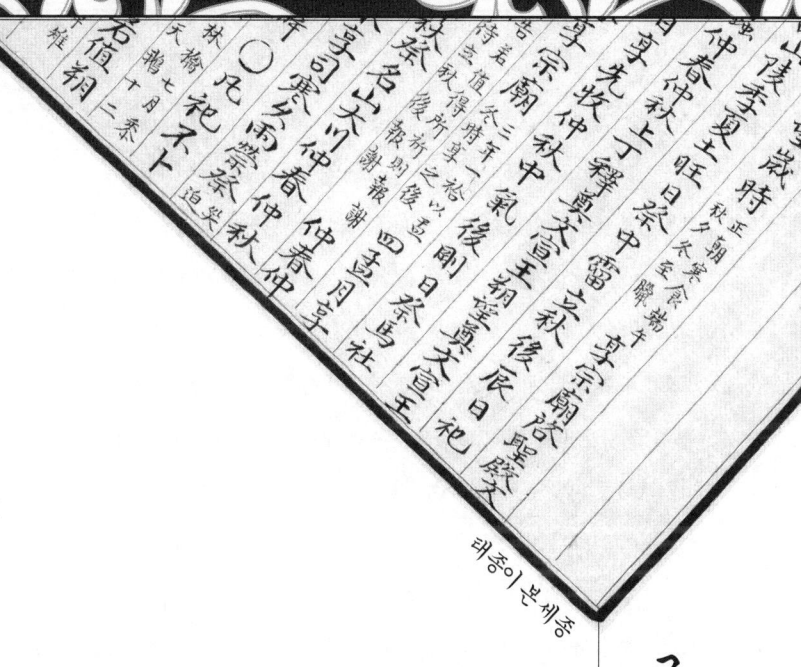

태종이 본 세종

국왕의 조건, 그리고 세종의 정치 비전

"주상은 얻기 어려운 임금이다."
—태종《세종실록》02/07/15

태종 이방원

"학문에 밝았고, 효도와 우애가 두터웠으며, 사대교린에 뛰어났다." 태종 이방원李芳遠(1367~1422; 재위 1400~1418)에 대해 변계량이 쓴 사후 평가다. 얼핏 보기에 신하들이 사망한 국왕에게 올리는 의례적인 수사 같지만, 태종의 구체적인 행적을 들어보면 그렇지 않음을 알 수 있다. 우선, 이방원은 고려 말(1383) 문과에 급제했으니 객관적인 실력을 인정받은 데다, 《대학연의》를 꿰뚫고 있었다. 다음으로, 그는 비록 부왕 이성계의 마음을 마지막까지 돌리지는 못했지만 한결같은 효성을 바쳤고, 자신에게 칼날을 겨눈 형 이방간李芳幹을 끝까지 보호했다(물론 그는 이복동생 방석이나 외척들에 대해서는 가멸찼다). 마지막으로, 명나라 황제의 조선에 대한 불신을 제거하고 여진족 및 일본과의 관계도 정상화했다. 그러나 변계량에 따르면, 이 모든 태종의 업적도 그의 마지막 치적, 즉 "혼매한 이를 폐하고 덕 있는 이를 백성의 임금으로 삼은 일"이 없었더라면 수포로 돌아갈 뻔했다. 이방원은 새로 왕위에 오른 세종이 국사를 합당하게 잘 처결한다는 보고를 듣고는 "본디 주상이 현명한 줄은 알았지만, 노성老成함이 여기까지 이른 줄은 알지 못했다"라며 만족해했다. 그는 또한 자신의 53번째 생일잔치에서 "나처럼 사람을 잘 얻어 나라를 맡긴 이는 고금 천하에 오직 나 한 사람뿐"이라며 행복의 눈물을 흘리기도 했다. 세 차례의 결정적인 위기(1392년 이성계 낙마 사건, 제1·2차 왕자의 난)와 네 번의 국왕 교체(태조, 정종, 태종 자신, 세종), 그리고 두 번에 걸친 북경행은 모두 큰 시련이었지만 그를 좌절시키지 못했다. 오히려 그는 신중한 판단과 과감한 결정으로 사태를 역전시켜나갔다. 다만 이 과정에서 취해진 비인륜적인 조치로 그는 괴로워했는데, 그럼에도 그는 정치 이외의 것, 예컨대 종교와 같은 것에 의지하지 않았다. 오로지 '정치에의 헌신'을 통해 국가를 구원하고 자기 자신까지 구원하려 했던 그를 '조선의 마키아벨리스트' 이한우, 2005라고 부르기도 한다.

충녕忠寧(세종)은 달랐다. 우선 충녕의 학문 수준은 최고 경지에 올라 있었다. 경서經書는 물론이고 역사책과 외교 문서에 이르기까지 궁궐 안에 있는 책 중에서 충녕이 읽지 않은 것은 없었다.05/12/23

　내가 노성한 신하들과 시구詩句 잇기 시합을 할 때 어려운 경전의 구절들을 자유자재로 구사할 수 있는 것도 충녕이었다.《태종실록》16/07/18;《세종실록》01/08/18 이 때문에 근 20년간 대제학을 지내며 국내외 중요한 문장을 도맡았던 변계량卞季良조차 충녕의 학문적 성장에 대해 '칭찬하고 탄미'하고는 했다.《태종실록》16/09/07 사실 녀석은 지독한 책벌레였다. 온 대궐이 꽁꽁 얼어붙은 듯한 추운 밤에도 충녕은 밤을 새워 책을 읽고는 했다. 내가 병이 날까 걱정해 저녁에는 책을 읽지 못하도록 금하기도 했으나, 녀석은 막무가내였다.《태종실록》18/06/03 밥을 먹을 때도 좌우에 책을 펴놓는05/12/23 녀석이 염려스러웠으나, 내심 자랑스럽기도 했다.

　아버지(이성계)께서 "집안을 일으켜 국가를 만들었으나[化家爲國]"《태조실록》09/04/13 사람들은 여전히 우리 가문을 무가武家로만 인식하고 있었다.

내가 고려 우왕 9년(1383) 열일곱 살의 나이로 문과에 급제했을 때 아버지는 '감격에 겨워 눈물을 흘리셨고', 정3품의 제학提學이 되던 날에는 '기쁨이 대단하여 사람을 시켜 임명장을 두세 번이나 읽게' 하셨다.

이후 아버지는 연회를 할 때면 나를 불러 손님들과 시구 잇기를 시키셨다. 손님들이 떠난 후 아버지는 "내가 손님과 더불어 즐거웠는데, 너의 힘이 컸다"며 칭찬하시고는 했다.《연려실기술》, 태종조 고사본말 187 나는 아버지의 눈물과 기쁨의 의미를 알고 있었다.

아버지에게 덧씌워진 무인의 이미지는 좀처럼 바뀌지 않았다. 아버지의 디딤돌이던 활과 칼이 오히려 걸림돌이 되는 경우도 많았다. 유학이 지배하는 이 나라에서 아버지가 무인으로서 겪어야 했던 일들을 돌이켜볼 때, 특히 국왕의 조건이자 권위의 근거로 성리학적 지식의 유무를 중시하는 이 시대의 분위기를 생각해볼 때 나의 문과 급제와 관료 진출은 실로 중요한 의미를 갖는 것이었다.

왕과 공부: 조선 왕조 국왕의 조건

그러나 양녕讓寧은 그 의미를 이해하지 못한 듯했다. 1402년(태종 2)에 성균관의 동북쪽 모퉁이에 원자를 위한 학궁學宮을 새로 지어 공부할 여건을 마련해주고《태종실록》 02/05/06 이듬해 봄에는 성균관에 입학시켜 유교의 예와 이념을 가르치려 했지만 양녕은 나의 기대를 충족시키지 못했다.

아! 성균관이 어떤 곳인가? 〈주례〉의 다섯 가지 학교 중 하나—남학南學—의 명칭을 따 세운 성균관은 이 나라 최고의 교육기관 아니던가. 특히 성균成均, 즉 음악의 가락을 맞추듯 사람의 과불급過不及을 조정해 인재를 고르게 양성한다는 건학 이념만큼이나 고상한 성균관은 명실공히 벼슬길로 나아가는 관문이자 정치 엘리트들의 사교 클럽이기도 했다.

'함흥의 무인 출신'이라는 선입견 때문에 힘들어하던 아버지에게 "대사악大司樂이 음과 악으로 성균지법成均之法을 전수"한다는 성균관은 열등감의 원천이기도 했다. 창槍은 언제나 그렇듯 싸움에 이기고도 항상 그 영광의 자리를 문文에 내주어야만 했기 때문이다. 그런 성균관에 입학해 '학생복을 입고 문묘에 참배해 술잔을 올리게'《태종실록》03/04/08 했건만, 양녕은 좀처럼 그 의미를 파악하지 못하고 있었.

문리文理를 터득하지 못함은 물론이고 행동거지조차 실망스럽기 짝이 없었다. 꾸짖기도 많이 했고, "내 나이 거의 40이 되어 귀밑털이 희끗희끗하지만, 조석으로 조금도 게을리하지 않고 글을 읽고 있는데, 그 뜻을 네가 아느냐"《태종실록》03/09/22고 타이르기도 했다.

그러나 양녕의 관심은 다른 데 가 있었다. 언제나 매나 개, 술과 여자와 잡기에 빠져 있었다. 가끔 충녕과 비교하여 "너는 왜 동생만도 못하

조선 최고의 교육기관이던 성균관은 벼슬길로 나아가는 관문이자
정치 엘리트의 사교 클럽이었다.

냐"《태종실록》16/07/18며 분발을 유도해 보기도 했다. 그러나 녀석은 오히려 "참으로 현명한 아우입니다"《태종실록》13/12/30라고 하거나 "충녕은 보통사람이 아닙니다"라며《태종실록》14/10/26 교묘히 빠져나가고는 했다. 오죽했으면 내가 시독관侍讀官 김과金科에게 "저 아이가 내 말을 전혀 알아듣지 못하니 슬프다! 언제나 이치를 깨달을 것인가"《태종실록》03/09/22라며 탄식했겠는가.

나의 이런 교육법에도 문제가 없는 것은 아니었다. 타고난 공부벌레인 동생 충녕과 비교한 것도 그렇지만, 난해한 유교 경전과 까다로운 예법을 주입식으로 가르친 것도 좋은 방법이라고만 할 수는 없다. 물론 이런 왕세자 교육 과정을 결정한 것은 다름 아닌 나 자신이었다. 그야말로 산전수전을 다 겪은 내가 볼 때 국왕 후계자는 강하고도 빈틈이 없어야 했다. 더구나 이 시대의 '정치적 문법'이라고 할 수 있는 경전과 예법에 숙달하지 않을 경우 국왕의 말과 지시에 권위가 서지 않는다는 것은 누가 봐도 알 수 있는 일이었다.

문제는 이 험난한 정치의 세계에 스스로 발을 들여놓은 아버지나 내 경우와 달리 양녕은 선택의 여지없이 그 길을 걸어야만 했다는 점이다. 사실 '정치의 집'인 궁궐은 아이들에게 전혀 어울리지 않은 공간이었다. 자연 속에서 뛰어놀아야 할 아이들에게 인위적으로 구획된 정치 공간은 답답한 것이었고, 자신의 의도와 무관하게 무거운 '권력의 꼬리표'를 달고 다녀야만 한다는 점 역시 부담스러운 일이었을 것이다.

어찌 보면 부부관계를 포함해 모든 친인척 관계까지 정치적으로 규정되는 이 궁궐 안에서 정상적인 인간으로 성장한다는 것 자체가 거의 기적에 가까운 일이다. 둘째 아들인 효령이 불교에 심취하고, 충녕이 편집증적으로 책에 몰두하며, 양녕이 주색잡기에 빠진 것은 일종의 정신분열을 피하려는 본능적 행위라고 할 수 있었다. 세자에서 폐위되기 직전 양녕이 "일반 백성의 집에서 살고 싶다[欲處百姓之家]"《태종실록》 18/05/23 고 절규한 것도 아마도 바로 이런 맥락이었을 게다.

충녕 있는 곳에는 활기와 의욕 넘쳐

충녕은 그런 양녕과 달리 유교 경전과 예법에 밝았다. 고려 왕조와 구별되는 유교적 국가 전례를 통해 창업기 조선의 면모를 잘 천양闡揚함도 중요한 일이었다. 그럴 때마다 '책벌레' 충녕의 적절한 역할은 돋보이고는 했다. 그는 해박한 지식을 바탕으로 "국가에 큰일이 생겼을 때마다 의외로 뛰어난 소견"을 제시해 주위 사람들을 감탄케 했다.《세종실록》 총서

태조대왕을 닮았는지 충녕은 사람들을 화합시키는 타고난 재능도 있었다. 아버지 태조는 말수가 적고, 눈을 지그시 감은 채 앉아 계시고는 했기 때문에 보통 때는 범접하기 어려웠다. 그러나 일단 사람들과 대화를 나누기 시작하면 그분은 '온통 한덩어리의 화기和氣로 변화'하고는 했다. 이 때문에 사람들은 아버지를 '두려워하면서도 사랑하였다.'《연려실기술》 제1권, 태조조 고사본말 28 아버지는 또한 인재를 아꼈다. 1376년(우왕 2)에 최영이 시중侍中의 직책에 있으면서 "권간權奸들을 주륙할 적에 지나치게 참혹하게" 하였는데, 아버지는 이때 유능한 여러 사람을 구해냈다.《태종실록》 09/04/13 아버지는 정치의 세계가 선과 악으로 나뉠 수 없으며, 선과 악이 혼재한다고 보았다. 즉, "권간 속에도 충신이 있으며"

지금 충신으로 보이는 자도 언제 역신이 될지 알 수 없다는 게 아버지 태조의 생각이었다.

충녕 역시 이러한 태조의 모습을 보며 자라서인지 말수가 적으면서도 주위 사람들을 화합시키는 재능을 가지고 있었다. 가끔 경연이나 연회 자리에 충녕을 참석시키곤 했는데, 그 자리에는 뭔가 알 수 없는 활기와 의욕이 넘쳐흐르고는 했다. 충녕이 많은 말을 하는 것도 아니었다. 그는 주로 듣는 입장이었다. 가끔 대화의 실마리를 제공하거나 토론의 방향을 제시했을 뿐이었다.

농담을 던져 대화의 분위기를 부드럽게 만들기도 하고, 어느 때는 화를 내어 논의를 사사롭게 만들려는 자들을 견제하기도 했다. 어떤 경우든 그는 늘 상대방의 이야기를 경청하고 있었다. 이것이 분위기를 진지하게 만들어 말하는 사람이나 듣는 사람 모두를 '활발발活潑潑'하게 자극하고는 했다.

세자를 교체하기 이전에 사람들의 기대는 벌써 충녕에게 가 있었다. "임금의 자식으로서 못할 일이 무엇이 있겠습니까"라는 남재南在의 말도 이러한 기대를 반영한 것이었다. 자칫 심각한 사태를 불러올 수 있는 이 말을 듣고 나는 "허허, 과감하구나. 이 늙은이!"라고 웃고 말았

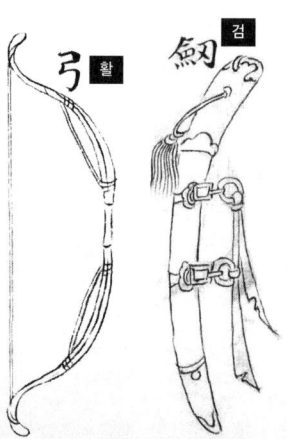

〈오례의〉는 나라에서 지내는 다섯 가지 의례를 정리한 것으로 이와 같은 그림이 곁들여 있어 흥미롭다.

다.《태종실록》15/12/30 오히려 나와 중전은 양녕을 불러 충녕이야말로 "국가의 대사를 함께 의논할" 사람이라고 타일렀다.

충녕은 형제간에도 돈독한 우애를 보여주었다. 1418년(태종 18) 넷째 성녕誠寧대군이 사경을 헤맬 때 충녕은 제 아우 곁에서 밤낮으로 의서 醫書를 연구해가면서 친히 약을 달여 먹여 중전과 나를 감복하게 했다.《태종실록》18/02/04

무엇보다 충녕은 양녕과 사이가 좋았다. 충녕과 양녕의 공통점이 하나 있다면 아마 그것은 둘 다 예능에 정통하다는 점일 게다. 내가 처음에 충녕에게 "너는 할 일이 없으니 편안히 즐기기나 하여라"라며 서화·화석·가야금·거문고 등을 두루 갖추어준 적이 있다.《태종실록》13/12/30 학문에 출중하면서도 장자가 아닌 관계로 왕위에 오를 기회를 갖지 못하는 충녕에 대한 나의 작은 배려였다.

다행히 충녕은 악기도 열심히 배워 제법 수준에 올라 양녕에게 거문고와 비파를 가르쳐주기도 했다.《태종실록》13/12/30 두 형제가 화목하게 악기를 배우고 가르치는 모습은 내가 보기에도 흐뭇했다. 이러한 충녕의 친화력 때문인지, 양녕은 충녕과 비교되어 자신이 폄하될 때조차 "충녕

태조 이성계 어진

칼과 활로 일어선 이성계였지만 그런 무가의 이미지는 이후에 이성계의 콤플렉스로 작용했다. 아버지의 고민을 지켜본 태종은 후계자 선정 과정에서 문리에 대한 집착을 떨칠 수 없었다.

의 어짊은 우연한 것이 아닙니다. 국가의 대사를 장차 함께 의논하겠습니다"《태종실록》16/01/09라고 대답하고는 했다.

충녕은 음주와 가무도 제법 하는 듯했다. 내가 신하들에게 연회를 베풀 때 충녕은 분위기에 맞춰 술을 마시거나 춤을 추었으며,《태종실록》17/04/15 사신이 왔을 때도 풍부한 식견과 격조 있는 화제로 시종 대화를 이끌어 갔다. 이 때문에 조정의 신료나 외국의 사신들은 충녕과 대화하는 것을 즐거워했다. 까다로운 명나라의 사신 황엄黃儼조차 충녕을 보면 '매양 똑똑하고 밝음을 칭찬'하면서 "영명英明하기가 뛰어나 부왕을 닮았다. 동국(조선)의 왕위는 장차 이 사람에게 돌아갈 것"이라고 말했다. 실제로 새로운 세자(충녕)를 책봉하도록 청하는 표문表文을 가지고 연경에 간 우리 사신을 만났을 때 황엄은 "필시 충녕을 책봉하도록 청하는 것이리라"《태종실록》18/06/03고 말하기도 했다.

충녕이 꿈꾼 '작지만 강한 나라'

그러면 충녕은 어떤 나라를 만들려 했을까? 그가 꿈꾸는 좋은 정치는 과연 어떤 모습이었을까? 충녕의 정치관을 짐작하게 하는 것으로 나는 그의 즉위교서를 들고 싶다. 국왕의 '취임사'인 이 교서에서 그는 "인仁을 베풀어 정치를 펴겠다[施仁發政]"00/08/11고 했다. 맹자가 양혜왕에게 한 이 말을 약간 변형시킨 이 교서를 통해 그는 자신의 시대에 펼쳐나갈 정치의 방향을 예고했다.

국왕이 "훌륭한 정치를 펴고 인仁을 베풀면[發政施仁] 천하에 벼슬하는 자들로 하여금 모두 조정에서 벼슬하려고 하게 하며, 농사짓는 자들로 하여금 모두 왕의 들에서 경작하려고 하게 하며, 장사꾼들로 하여금 모두 왕의 시장에 물건을 쌓아놓으려 하게 하며, 여행하는 자들로 하여금 모두 왕의 길에 나아가려 할 것"《맹자》양혜왕상 7이라는 맹자의 말이 그것이다.

훌륭한 정치를 펴고 인을 베풀면, 천하의 각양각층의 사람이 모두 모여 협력하게 된다는, 그리고 그렇게 되면 '작지만 강한 나라'를 만들 수 있다는 맹자의 말을 통해 세종이 전하고자 했던 메시지는 무엇이었을까? 아마도 그것은 '포용과 통합의 정치'가 아니었을까. 아직 고려 왕조의 충신으로 남기를 원하는 사람이나, 국가를 만드는 과정에서 희생당하고 소외된 세력들까지 모두 아우르는 대통합의 정치를 세종은 희망했던 것 같다.

흥미롭게도 세종은 맹자와 달리 '인을 베푸는 것[施仁]'을 '정치를 펴는 것[發政]'의 앞에 두고 있었다. 이것은 사소한 것 같지만 나와 세종의 정치관의 중요한 차이점을 드러내고 있었다. 즉, 나는 '정치적 설거지 작업'을 통해 국가의 기강을 세우고 국왕의 권위를 정립[發政]하는 데 역점을 두었다. 이에 비해 세종은 몸소 신민의 입장이 되어 그들의 말을 듣고, 그들의 생각을 존중하며, 그들의 몫을 살리는 방식으로[施仁] 정치를 발양시키려고 했던 것이다.

고려의 그림 위에 조선 왕조의 무늬를 색칠하려는 게 내 방식이었다면, 함께 살아갈 수밖에 없는 다양한 사람들의 목소리를 조정해 정치적 화음을 이루려 함이 세종의 방식이라고 할 수 있다. 그야말로 성균지법을 통해 과불급을 조정하는 조선의 대사악이야말로 세종이 지향했던 바가 아니었을까?

강대국 동맹노선의 계승

충녕은 또한 다스림의 요체[治體]를 알고 있는 듯했다. 조선의 지정학적 위치를 볼 때 국왕이 먼저 해야 할 일은 중국과의 관계를 돈독히 하는 일이다. 신라나 고려 왕조의 경우를 보더라도 중원 대륙의 패권국과 어떤 관계를 맺느냐에 따라 국가의 안위는 달라졌다. 특히 이제 막 중원의 패권국으로 부상한 명나라와의 관계를 정립하는 일과, 명나라가 수립하려는 천하질서 안에서 조선의 위치를 설정하는 일은 무엇보다 중요했다.

무민武愍 최영 장군과 비교해볼 때 아버지 태조가 고려 왕실이나 백성들 사이에서 신망이 다소 낮았던 것은 사실이다. 그 흉포한 왜구들조차 "조선에서 정말 두려운 사람은 오직 백발의 최만호崔萬戶(최영)뿐"《고려사》권113, 최영열전이라고 할 정도로 최 장군의 무위武威는 대단했다.

그런데 그런 최영도 약점을 가지고 있었다. 그는 청렴했고 자신의 신념을 지키는 데는 누구보다도 뛰어났지만, 자신의 언행이 정치 세계에서 어떻게 받아들여질 것인지를 이해하는 데는 둔감했다. 최 장군의 이 같은 '정치적 순진함'은 이인임李仁任과 같은 권신들에게 이용당하기도 했다. 좋은 주군을 만났더라면 그는 아마 국가를 재조再造해내는 위업을 달성할 수 있었을 터였다. 그러나 그는 우왕과 같은 혼군昏君을 만났으며, 침몰해가는 고려라는 배를 붙잡고 있었다. 한마디로 최영은 빼어난 장수였지만 훌륭한 정치가는 못 되었다.

그와 달리 나의 아버지 이성계는 뛰어난 장수였을 뿐만 아니라 훌륭한 정치가로서의 면모도 지니고 있었다. 고려 말처럼 국내외적으로 혼란스러운 상황에서 최고지휘관은 군인이자 동시에 정치가여야 했다.

특히 중원 대륙의 변화를 면밀히 파악하고 그에 적절히 대응하는 일은 더없이 중요했다.

아버지는 북쪽의 변방 지역을 오랫동안 지키면서 주원장朱元璋(1328~1398) 세력의 성장을 유심히 관찰했다. 주원장이 1368년 황제를 칭하고 국호를 '대명大明'이라고 정했을 때 주위의 반대를 무릅쓰고 명나라와 수교하도록 건의할 수 있었던 것도 당신이 파악한 정보에 힘입었다. 즉위교서의 제1항에서 조선이 천자의 나라가 아닌 제후국임을 천명하고, 명을 중심으로 한 천하질서를 수용한 것도《태조실록》01/07/20 이러한 국가 정책의 표명이었다. 그 때문인지 명 태조 주원장은 1392년 부왕 태조께서 국가를 세우셨을 때, 우리 조선을 '정벌 제외 해당 국가[不征之國]'의 첫 번째 대상에 올려놓았다.

> 사방의 여러 오랑캐[諸夷]는 모두 산으로 막히고 바다로 떨어져 한 모퉁이에 치우쳐 있어 그 땅을 얻어도 산물을 가져올 수 없고, 그 백성을 얻어도 부릴 수 없다.……나는 후세의 자손이 중국의 부강함을 믿고 한때의 전공을 탐하여 이유 없이 군사를 일으켜 인명을 살상할까 두렵다. 결코 그래서는 안 된다.……이제 정벌하지 않아야 할 나라의 이름을 다음에 열거한다: 동북쪽—조선국……. 《황명조훈皇明祖訓》잠계장

친정親政은 수성의 통치 방식이 아니다

주원장이 이처럼 대외 침략 전쟁을 반대하고 조선을 정벌 제외 해당 국

가 제1호로 설정한 이유는 무엇인가. 우선 제국 초기에 과도한 침략 전쟁으로 국력을 쇠퇴시킨 원나라의 전철을 밟지 않겠다는 의지로 볼 수 있다. 명나라를 자급자족적인 한족漢族 중심의 농업 국가로 정착시키겠다는 '고립주의적' 정책도 또 다른 이유가 될 수 있다.

그러나 나는 무엇보다 "대장 이성계가 친원親元의 왕조를 뒤엎고 스스로 왕이 되어 국호를 조선으로 바꾸어 명조의 가장 친밀한 이웃이 되었다" 오함吳晗,《주원장전》, 226쪽는 지적처럼, 아버지의 대명 사대외교 정책을 그 주된 이유로 꼽고 싶다.

실제로 위화도 회군(1388) 직후 내가 집정대신執政大臣 이색李穡을 따라 남경에 갔을 때, 명은 이미 요동을 모두 정벌하여 남북을 통일한 상태였다. 그때 만나본 주원장의 첫 인상은 참으로 특이했다. 가난한 농부의 아들로 태어나 황제의 자리에까지 오른 그는 어찌 보면 도적의 모습이었고, 또 달리 보면 호걸의 얼굴을 가지고 있었다. 키가 컸고 얼굴은 괴상하고 밉살스럽게 생겼는데, 눈에서는 불꽃이 이는 듯했다. 상대를 꿰뚫어보는 듯한 눈매를 가지고 있었다. 다행히 주원장이 아버지의 반원친명反元親明 의지를 확인하고 '가상히 여겨' 우리는 무사히 돌아올 수 있었다.《태종실록》09/04/13

충녕은 태조와 내가 추구해온 강대국 동맹노선, 즉 부상하는 명나라와 사대관계를 맺으려는 노력을 계승했다. 충녕은 나중에 양성지梁誠之의 '자주국방론'을 반대한 것에서 드러났듯 사대외교

주원장의 초상화

태종이 보기에 주원장은 두 얼굴을 가진 인물이었다. 어찌 보면 도적이요, 또 달리 보면 호걸의 얼굴이었다. 좌우의 그림에서 볼 수 있듯, 그의 초상화도 극과 극의 모습으로 그려졌다.

론자였다. 강대국에 사대외교를 해서 안보를 확보하는 한편, 행성을 쌓아 북쪽의 오랑캐들을 방비하는 역대의 국방 정책을 계승했다.32/01/15

결과적으로 이러한 대외 정책은 성공적이었다. 명나라가 조선의 북방을 보호하고 후원해준 데 힘입어 세종은 재위 초반의 중대한 국가적 사업인 왜구 평정(대마도 정벌)과 민산民産의 증진 및 민심의 안정에 집중할 수 있었다.

내가 명 태조 주원장을 다시 만날 기회를 가진 것은 그로부터 6년 뒤였다. 조선이 건국되자 주원장은 "친아들을 입조入朝시킬 것"을 요구했다. 2년 전(1392) 총애하던 황태자가 사망한 충격 탓인지 그의 얼굴은 많이 노쇠해 있었다. 이미 67세에 이른 노황제는 최고권력자의 고단한 모습과, 권력의 피 냄새에 지친 얼굴을 하고 있었다.

그는 재위 말년인 1395년 5월 "짐이 거병한 이후 오늘까지 40여 년 동안 단 하루도 천하의 서무를 직접 처리하지 않은 적이 없으며, 선과 악 혹은 진짜와 가짜를 직접 확인하지 않은 것이 없다"며 자신의 고단한 일생을 술회했다. 그는 아울러 이 같은 친정의 통치 방식이 창업의 시기였기 때문에 불가피했지만 "수성하는 군주가 사용할 것은 아니다"라고 했다. 장차 "내 뒤를 잇는 군주는 법제[律]와 말[大誥]에 의해 천하를 통리統理해야"《명태조실록》 권239 한다는 조언을 후손들에게 남겼다.

주원장은 황제의 권좌를 지키기 위해
끊임없이 제거하고 차단하는 작업에 임했다.
그의 치세에 죽임을 당한 자만 해도
수천 명이 넘었다.

44 왕의 권위를 위한 폭력은 정당하다

그는 자신의 권좌에 도전하는 사람은 누구를 막론하고 확실히 제거했다. 도전자 주위의 사람들까지 철저히 뿌리뽑았다. 특히 공신과 외척의 도전을 가장 위험한 것으로 간주했다. 모든 역모는 공신이나 외척과 같이 군주와 가까운 사람들에 의해 꾸며지게 마련이라는 게 그의 생각이었다. 권력도 없고 군주와 가깝지 않은 사람은 역모를 꾸미기 어려울 뿐더러 그 모의를 실행에 옮기기란 거의 불가능하기 때문이다.

그리고 내가 지켜본 바에 따르면, 역모를 꾸미는 자들은 대체로 심한 박해를 받은 사람이 아니라 오히려 크든 작든 최고권력자의 호의를 입은 사람들이었다. 최고권력자의 호의를 입은 공신이나 외척들은 자기들이 누리는 '권력의 완성'을 위해 국왕의 권좌까지 빼앗으려고 했다. 따라서 주원장이 승상 호유용胡惟庸 사건이나 공신 남옥藍玉 사건에서 보여주었던 것처럼, 역모 당사자는 물론이고 관련자들까지 근절시킬 필요가 있었다(주원장은 이 두 사건에서 4만 명을 처단했다).

같은 차원에서 주원장은 외척의 정치 간여를 차단했다. 그는 1370년 3월 《여계女誡》를 만들어 후비后妃의 정사 참여를 금지했다. 황후는 오직 궁중의 빈부嬪婦의 일만 관할하고 궁문 밖의 일에는 일절 간여할 수 없었다. 궁인은 바깥과 연락할 수 없었으며, 이를 어기면 사형에 처했다. 주원장 스스로 자신의 외가와 처족의 후손들을 제거했으며, 후대의 자손은 반드시 민가에서 후비를 간택하도록 했다.《명사》 권108, 외척은택후표서: 권113, 후비열전서 주원장은 이처럼 명나라를 바로세우기 위해 그리고 황제의 권좌를 지키기 위해 끊임없이 제거하고 차단하는 작업을 계속했다. 그가 40

여 년간 재위하면서 능지凌遲(사지를 절단한 다음 조금씩 몸에 칼질을 하여 긴 시간 고통을 주며 죽임)·효시梟示(목을 베어 장대에 매달아 사람들에게 전시함)·종주種誅(가家와 족族을 연좌하여 죽임)에 처한 것이 수천 건이고, 기시棄市(죄인의 목을 베어 그 시체를 길거리에 버림) 이하의 처벌만 해도 1만 건이 넘었다.오함,《주원장전》, 369쪽

　사람들은 이런 주원장을 잔인하다고 말하지만, 나는 그렇게 생각하지 않는다. 원말명초의 혼란스러운 상황에서 세운 국가의 의미는 각별한 것이었다. 백성들은 그동안 홍군紅軍과 원군元軍의 전투 속에서 말 그대로 도탄에 빠져 있었다. 가족이 진흙밭에 뿔뿔이 흩어져 생사를 알 수 없었으며, 숯불 위에 올라앉은 듯한 고통의 날들이 계속되었다. 그야말로 내일을 기약할 수 없는 상황이었다.

　고려 말 국가가 없는 가운데 겪어야만 했던—당시 고려에는 '정권'만 있었고 '국가'는 없었다—극심한 대내외적 혼돈과 무질서의 폭력성은 내게 '국가'의 의미를 분명히 깨우쳐주었다. 이러한 혼돈을 극복할 대안이 국가질서의 확립이라면, 설사 거기에 압제적인 방식이 동반된다고 할지라도 수용할 수밖에 없지 않은가. 가까스로 세운 국가의 질서를 다시 허물어뜨리고 '만인과 만인이 싸우는 투쟁 상태'로 돌이키려는 세력이 있다면 그들을 불길 속으로 뛰어든 나방의 운명으로 만드는 것은 불가피하지 않은가.

　문제는 국가질서를 세우는 과정에서, 그리고 국왕의 권위를 바로잡는 일에서 폭력의 선택이 불가피하다는 사실이다. 우리가 해야 할 일은 폭력이냐 비폭력이냐를 선택하는 것이 아니라, 폭력 중에서 그 자체가 지양될 가능성을 가지고 있는 폭력을 찾아내는 데 있었다. 폭력적 방법

을 동원해서라도 새로운 질서를 창조해내는 것, 이것이야말로 정치가 특히 국왕의 일이라는 것이 내 생각이다.

충녕을 믿고 왕위를 물려준 진정한 이유

충녕은 나의 이런 정치관과 정치적 폭력에 대한 생각을 정확히 이해한 거의 유일한 사람이었다. 중전이나 양녕은 말할 것도 없고 대부분의 공신들조차 내가 외척과 공신을 제거할 때 피도 눈물도 없는 인간이라고 보았다. 내 앞에서 말하지는 않아도 모두 나를 권력에 굶주린 짐승으로 보고 있다는 것쯤은 나도 알고 있었다.

그런데 충녕만은 내가 발견한 '국가'의 의미를 이해하는 듯했다. 내가 이복동생(방석)과 처남들(민무구와 민무질)을 제거하고 아버지를 도와 국가를 만든 공신들을 제거할 때까지만 해도 나는 충녕의 속마음을 알 수 없었다. 그러나 내가 세종에게 왕위를 물려준 직후 '강상인의 옥사'에서 비로소 그의 진심을 헤아릴 수 있었다.

나는 내 측근인 강상인과 영부사 심온을 다른 '불나방들'의 견제용으로 희생시키는 과정에서 그의 태도를 유심히 관찰했다. 세종은 자신의 장인인 심온이 "국가의 명령은 마땅히 한곳에서 나와야 한다"고 말한 혐의로 사사되고[00/12/23] "왕비의 가문을 적몰"할 것인지를 의논하는[00/12/04] 자리에서도 침묵으로 일관했다. 이 와중에 그는 거의 매일 내가

세종의 어보.
거북 모양 손잡이에
붉은 봉술끈을 달았다.

거처하는 수강궁에 문안 오고 경연에 나가거나 성균관에 거둥하는 등 일상적인 일을 수행했다.

만약 그가 심온의 처형을 반대하거나 왕비 가문을 보호하려고 했다면 사태는 다르게 전개되었을지도 모른다. 나는 이미 그에게 옥새를 넘겨주었고, 익선관을 머리에 씌워준 터였다. 내가 비록 "군사에 관한 일은 친히 처결하겠다"《세종실록》총서고 선언했지만, 이미 국왕의 자리에 오른 그가 "국가의 명령은 마땅히 한곳에서 나와야 한다"고 주장했다면 과연 사태는 어떻게 전개되었을까?

다행히 세종은 내 뜻을 이해하고 따라주었다. 반대하기는커녕 오히려 지지해주었다고 해야 옳을 것이다. 그는 이것을 증명이라도 하듯, 건강이 좋지 않은 상태에서도 연회에 참석하여 '2경(오후 9시~11시)까지' 신하들과 춤을 추어주었다.0/12/24 바로 이 점이야말로 양녕이나 효령이 아닌 세종을 믿고 왕위를 물려준 진정한 이유였다.

무武에 무지한 충녕의 약점을 어떻게 보완할 것인가

그렇다고 세종이 모든 면에서 만족스러운 국왕 후보자였던 것은 아니다. 무엇보다 무武에 취약하다는 점이 매우 염려스러웠다. 일찍이 양녕도 "충녕은 용맹하지 못합니다[不猛]"라고 말한 적이 있다. 그 자리에서 나는 "비록 용맹하지 못하나, 대사大事에 임하여 큰 의문[大疑]을 해결하는 능력 면에서는 당대에 더불어 견줄 사람이 없다"《태종실록》16/02/09고 대답했지만, 사실 양녕의 지적은 정확한 것이었다.

'무인의 가문'인 우리 집 자손 중에서 충녕만큼 사냥을 싫어하는 사람도 없었다. 내가 일부러 사냥터에 데리고 다니면서 활을 쏘게도 하였지만, 워낙 몸집이 비중肥重했던[00/10/09] 충녕에게 사냥은 버거운 일이었다. 충녕은 국방에 대해서도 무지했는데, 이 점 역시 심각한 문제였다. 충녕은 경전과 역사 그리고 예법에는 박식했고, 자신의 생각을 설득력 있게 표현하는 데는 능숙했으나 군사 문제에 관한 한 내가 보기에도 심각한 수준이었다. 예컨대 세종은 왜구의 약탈 문제를 논의하는 자리에서 바다에서의 전투를 포기하고 육전만 준비하는 게 어떻겠느냐고 묻기도 했다.

병조참의 박안신朴安臣이 지적한 것처럼 '삼면이 바다이고 일본倭島과 심히 가까이에' 있는 우리나라에서 해전을 포기한다면 해안 백성들의 생명과 재산은 물론 국가 안보상으로도 심각한 사태가 초래될 수 있었다. 내가 "군사에 관한 일은 친히 처결하겠다"고 '선언'할 수밖에 없었던 것도 사실상 이러한 배경과 무관하지 않았다.

군주가 문무를 겸전하지 못할 경우 정권의 안정 역시 보장할 수 없다. 국왕의 말이 아무리 타당하고 논리적으로 그럴 듯하다고 해도 힘에 의해 뒷받침되지 않는다면 추진력을 잃을 수 있다. 예부터 '무장하지 않은 예언가'들이 단명하고 만 이유가 바로 여기에 있다.

결국 세종에게 깊이 신뢰할 수 있는 장수를 두는 것, 이것이야말로 내가 마지막으로 해결해야 할 가장 중요한 과제인 셈이다. 누구를 충녕 곁에 둘 것인가? 정치적 야심을 갖지 않으면서도 용맹스러운 장수, 즉 고려조의 최영과 같은 무인은 과연 누구인가? 그리고 세종은 자신의 이러한 약점들을 어떻게 극복해나갈 것인가? 세종이 나와 함께 대마도 정벌을 감행하면서 터득한 무략武略은 과연 무엇이었을까?

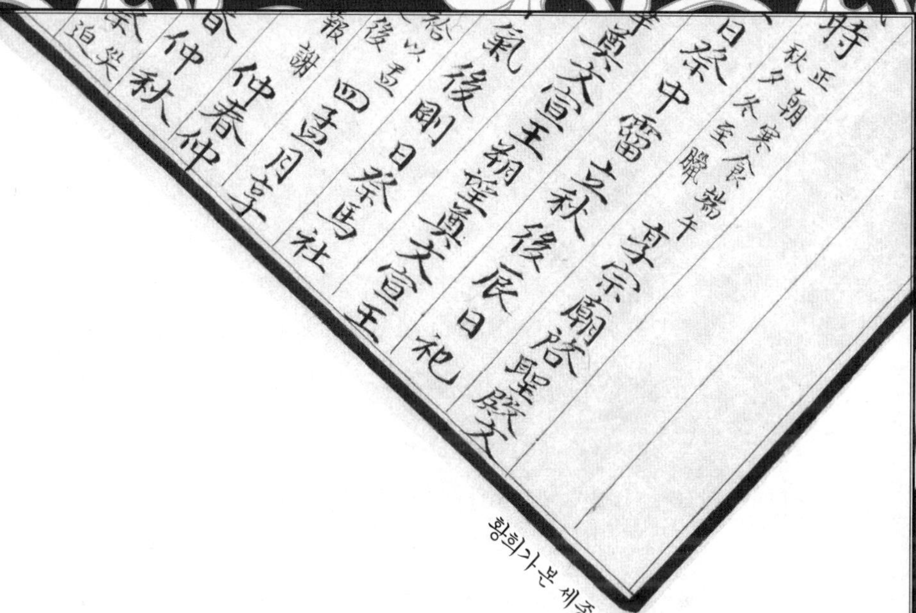

황희가 본 세종 1

"한 사람의 훌륭한 정승을 얻을 수 있다면
나랏일은 가히 걱정하지 않아도 된다."
—세종《세종실록》14/06/09)

대마도 정벌과 공세적 안보 정책

황희

"성실하고 정직한 참 재상"과 "간악한 소인小人." 방촌厖村 황희黃喜(1353~1452)에 대한 평가는 이중적이다. 국왕, 즉 태종과 세종에게는 "세상을 다스려 이끌 만한 재주와 실제 쓸 수 있는 학문을 가진 정승"으로 여겨졌다. 하지만 당시 신하들은 "심술이 바르지 못해 반대자를 중상하고 뇌물 받기 좋아하는 황금대사헌"이라 비판하고 있다. 과연 어떤 것이 황희의 실제 모습일까? 세종 재위 10년, 사관은 황희가 난역을 꾀했던 박포의 아내를 자기 집 북쪽 토굴에 숨겨놓고 간통했다고 적고 있다. 뿐만 아니라 정권을 잡은 여러 해 동안 매관매직하고 형옥刑獄을 팔아 재산을 모은 부패한 관리로 평가했다. 그러나 문종 2년에 황희가 죽었을 때 사관은 그를 모함에 빠진 선비를 위해 변론한 용기 있는 관원으로, 강원도 대기근에서 백성을 구해낸 유능한 관리로, 관후하고 침중하며 총명이 뛰어난 재상으로 그리고 있다. 과연 무엇이 '간악한 소인'을 '참 재상'으로 바꿔놓았을까? 첫째, 신분에 구애받지 않고 인재를 발탁해 쓴 태종과 세종의 인재 경영을 들 수 있다. 강릉의 부사 황군서의 얼자孼子, 즉 어머니가 천인인 천출의 황희를 도승지로 발탁한 태종이나, 18년간 정승직을 맡긴 세종의 인재 쓰기가 그것이다. 둘째, 황희의 탁월한 사태 파악 능력과 폭넓은 인적 네트워크이다. 국왕 스스로도 가끔 중심을 잃고 헤맬 때가 있다. 그럴 때 황희를 만나면 모든 것이 분명해졌다. 황희는 태종에게 일의 우선순위를 말하고 그 자리에 적합한 인재까지 추천하곤 했다. 이 때문에 그를 비판한 사관들도 "의논하는 것이 다 사리에 맞아 조금도 틀리거나 잘못됨이 없었다"고 평가했다. 그의 천거 내지 후원을 받은 허조·안숭선 등은 세종 치세의 주춧돌이 되었다. 한마디로 황희가 세종의 신뢰와 보호 덕택에 청백리로 거듭났다면, 세종 역시 황희의 보필로 '동방의 성주聖主'가 될 수 있었다.

1419년(세종 1) 5월 25일, 한강정漢江亭(용산구 한남동)의 북쪽 강변에 양상(태종과 세종)께서 거둥하셨다. 대마도를 정벌하기 위해 떠나는 유정현 부대를 전송하기 위함이었다.

반년 이상 가뭄이 계속된 탓인지 한강의 수위는 많이 낮아져 있었다. 상왕(태종)께서는 삼군도통사 유정현에게 부월斧鉞(도끼)을 주면서 "조그마한 왜놈들이 상국을 능멸하는데, 경이 바다의 도적들을 섬멸하여 백성의 근심을 제거하라"고 말씀하셨다. 이 자리에서 상上(세종)께서는 유정현에게 옷과 전립戰笠을 내주면서 격려하셨다.01/05/25

사실 갈수록 치성해지는 '왜구의 침입'을 막아내는 것은 고려 말 이래 국가의 최대 과제였다. 20척에서 많게는 500척에 이르는 왜구의 대선단이 우리나라의 해안을 습격해올 때면 온 나라의 신민은 극도의 공포와 혼란에 시달렸다. 1380년 진포鎭浦(금강 입구)로 들어온 왜구가 그 한 예다. 당시 500여 척의 함선을 타고 온 1만 명가량의 왜구는 단순한 해적이 아니라 전문적인 전투 집단, 즉 군대 그 자체였다.

내가 지금 유배 와 있는 남원 인근의 촌로들이 전한 바에 따르면, 당시 왜구들은 최영 장군에게 홍산鴻山(부여)에서 패한 다음 지리산 일대를 횡행하면서 약탈과 방화, 살육을 일삼았다고 한다. 이때 태조(이성계)께서 그곳 남원에서 배극렴 등과 합류해 인근 운봉을 넘어 지리산 자락의 황산 북서쪽에 위치한 왜구를 토멸했는데[황산대첩], 지금까지 그 소문이 자자했다.

황산 싸움에서 본 것처럼, 왜구들이 단순히 식량과 재물만을 약탈하는 것은 아니었다. 강간과 방화 그리고 닥치는 대로 사람을 납치해갔다. 그들은 납치한 사람들을 노예로 부리거나 일본 열도와 만주 지역의 여진족에게 팔고는 했다. 들리는 바에 따르면 여진족의 경우 성인 노예 '한 사람을 소나 말 20여 두의 값' 《성종실록》 22년에 사들였다. 이 때문에 그들은 일종의 '진귀한 재화'와도 같은 조선인이나 중국인[漢人]을 더 많이 납치하기 위해 바닷가는 물론 내륙까지 쳐들어오고는 했다.

대마도 정벌 결심에 이르기까지

왜구들은 물의 흐름이 완만한 하천을 거슬러 올라와 정박한 다음 배에 싣고 온 말을 타고 내륙 깊숙한 곳까지 와서 약탈을 자행했다. 이들의 약탈 작전은 해당 지역 출신자가 제공한 정보를 바탕으로 정교하게 꾸며졌고, 기동력이 워낙 뛰어나 조정의 정벌군이 도착했을 때는 이미 '작전 완료'된 경우가 많았다. 그들은 때로 정벌군과 맞서 싸워 관청을 불지르고 무기고를 탈취하기도 했다.

상왕께서 이번에 이례적으로 대마도를 정벌하기로 결심하신 것도 사실은 지난달에 있었던 왜구의 비인현庇仁縣(충남 서천) 공습 때문이었다. 당시 상왕께서는 모처럼 황해도 평산에 납시어 느긋하게 온천을 즐기시던 중이었다. 온천 여행이 마음에 드셨는지 상왕께서는 연신 즐거워하셨다. "내 오른팔이 시고 아리며, 손가락을 펴고 구부리는 것도 힘들었는데, 지금 목욕한 효과로 병이 다 나은 듯하다"⁰¹/⁰⁴/²⁹며 어린아이처럼 좋아하셨다.

그토록 강인해 보이기만 하던 당신께서도 나이는 속일 수 없는지, 근래 들어 종종 어깨의 통증을 호소하셨다. 그럴 때면 의관이 뜸을 뜨고는 했는데, 하루는 영의정 유정현이 "그렇게 뜸만 뜨지 마시고 온천에 가서 치료하시라"⁰¹/⁰⁴/¹⁶고 건의했고, 옆에 있던 좌의정 박은 역시 평산 온천을 강력히 추천해 일이 이루어진 것이었다.

온천 여행 사흘째 되던 날 상왕께서는 "다 좋은데, 주상과 함께 오니 시종하는 자들이 너무 많구나"라고 말씀하셨다. "민폐를 줄이기 위해서라도 속히 돌아가야겠다"는 것이었다. 시종하던 유정현이 "대개 탕에서 목욕한 뒤에는 반드시 여러 날을 편안히 쉬어야 하는 것"이라며 6~7일 더 머물러 계실 것을 요청했다.

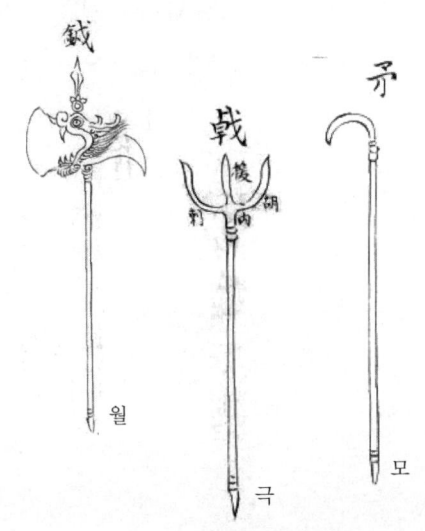

출정하는 대장에게
통솔권의 상징으로 임금이
손수 주던 도끼를
부월斧鉞이라 한다.

그러나 상왕께서는 "목욕은 이번이 처음인데, 처음 하는 목욕을 오래 할 수는 없지 않느냐. 후일에 마땅히 위사 100~200명만 거느리고 와서 오래 머물려고 한다"01/04/29고 말씀하셨다. 결국 대가大駕(임금이 타던 수레)는 이틀을 더 묵은 뒤 출발했다.

그런데 상왕의 우려가 적중한 듯 5월 4일 양상의 수레가 개경을 지나는데 "왜선이 결성結城 지역에 나타났다"는 보고가 올라왔다. 다음 날 임진현臨津縣에 이르렀을 때는 전라도 도절제사가, 그리고 7일 고양현을 지날 때는 충청 관찰사가 각각 왜구 소식을 급히 올렸다. 충청 관찰사 정진鄭津에 따르면 "초5일 새벽 왜적의 배 50여 척이 돌연 비인현 도두음곶이都豆音串에 이르러 우리 병선을 에워싸고 불살랐는데, 만호 김성길金成吉이 술에 취한 상태에서 방비를 제대로 하지 못했고" 이 때문에 적선 32척이 우리 병선 7척을 탈취해 불살랐으며, 우리 군사가 태반이나 전사하고 말았다.01/05/07

태종이 구사한 공세적 안보전략

'공세적 안보전략.' 이번 대마도 정벌을 추진하는 상왕 전하의 전향적 전술 구상이었다. 왜구가 쳐들어오면 힘껏 막아 싸우는, 그동안의 '수

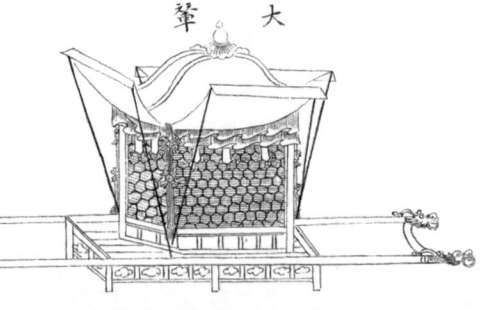

세적 방어전략'으로는 "우리나라 연안을 제집 드나들 듯하는" 왜구들을 막아낼 수 없다는 생각이셨다. 고려조의 박위朴葳가 1389년(창왕 1) 대마도를 정벌한 후 한동안 왜구가 많이 줄어들었는데, 이번에도 그때와 같은 공세적인 전략을 펼쳐야 한다는 것이었다.

"허술한 틈을 타 대마도를 치자." 저들이 중국 등으로 약탈하러 간 때를 이용해 대마도를 공격하자는 상왕의 의견에 대해 처음엔 대부분이 반대했다. 조말생을 제외한 모든 신료는 "허술한 틈을 타는 것은 불가하고, 마땅히 적이 돌아오는 것을 기다렸다 공격해야 한다"고 주장했다. 그러나 상왕께서는 "만일 물리치지 못하고 항상 침노만 받는다면 한漢나라가 흉노에 욕을 당한 것과 무엇이 다르겠는가"라면서 허허실실의 책략을 발휘해 "후일의 환"을 제거해야 한다고 말씀하셨다. 01/05/14

결국 공세적으로 적의 소굴로 쳐들어가 "적들의 처자식을 잡아오되, (군사의 일부는) 거제도에 머무르며 기다리다 적들이 (중국에서) 돌아올 때 요격"하는 것이 상책이라는 결론을 내렸다. 그리고 이를 위해 이종무를 삼군도체찰사로 임명해 중군을 거느리게 하고, 총 1만 7,285명의 병력과 경상·전라·충청 하삼도의 병선 227척을 다음 달인 6월 8일까지 견내량見乃梁(거제 앞바다)에 집결시키기로 했다. 01/05/14

임금이 행차에 사용하던 탈것으로는 수십 명의 인부가 메는 연輦 외에도 말이 끌던 가교, 공주나 옹주가 타는 덩, 외바퀴 수레인 초헌 등이 있었다.

견내량에서 '동정東征'을 시작하기로 한 것은 참으로 탁월한 선택이었다. 혹자는 견내량의 빠른 물결을 우려해 대마도와 최단거리인 부산진에서 출정해야 한다고 주장했으나, 그것은 물정 모르는 소리였다. 견내량처럼 거제도와 같은 섬들이 대규모 병선을 감싸고 가려줄 수 있는 곳이 어디에 있다는 말인가. 그리고 무엇보다 견내량에서는 배들이 썰물을 타고 출발하면 해류의 힘으로 힘들이지 않고도 대마도 중심에 도착할 수 있었다.

상왕의 전략은 맞아떨어진 듯했다. 우리의 함선 10여 척이 6월 20일 해류를 타고 대마도에 도착하자 대마도에 있던 왜인들은 처음에는 자기들의 배인 줄 알고 "술과 고기를 가지고 환영하다, 대군이 뒤이어 두지포豆知浦에 정박하니 모두 넋을 잃고 도망"치기에 바빴다.

우리 군사는 곧 길을 나누어 수색했다. 크고 작은 적선 129척을 빼앗아 그중 쓸 만한 20척을 빼고 나머지는 모두 불살라버렸다. 그들의 가옥 1,939호를 불질렀고, 114명의 적을 목 베고 21명을 사로잡았다. 무엇보다 포로로 잡혀 있던 조선인 8명과 중국인 131명도 구출해냈다. "섬을 포위하면 저들은 양식이 떨어져 죽게 될 것"이라는 중국인 포로의 말에 따라 적이 왕래하는 주요 길목을 포위하는 봉쇄작전을 펼쳤다.01/06/20

그런데 이번 작전이 반드시 성공적인 것만은 아니었다. 우선 길일인 6월 11일에 견내량을 출발하려는 애초의 계획이 무산되었다. 성달생·이사검 등 여러 장수가 배를 타지 않으려고 했기 때문이다. 바다 물결이 워낙 거센 데다 한 번도 가 보지 않은 대마도로 출정하는 모험이 두렵기도 했을 것이다. 이들은 항왜降倭(조선에 귀화한 일본인) 평도전의 '훼방 전술'에 휘말려 어떻게든 발선發船을 늦춰보려고 했다. 다음 날에야 겨우 떠났다 되돌아온 것도 그 때문이었다.

출정군은 17일까지도 견내량에서 출정하지 못하고 있었다. 17일에 출발했으나 장수들이 역풍을 두려워해 다시 거제도로 돌아왔다. 삼군도통사 유정현 자신부터 배를 타는 것을 두려워했다. 상왕이 내린 부월을 잘 사용해 군대를 통솔하기는커녕 조정에 보고하는 임무마저 방기하고 있었다. '최영'과 '이성계'가 없는 지금 그 무서운 왜구들의 소굴로 쳐들어간다는 것은 사실상 목숨을 건 모험이나 다름없었다.

총사령관 이종무 역시 여러 장수들에게 신뢰를 주지 못했다. 그는 2차 왕자의 난 때 방간芳幹의 군사를 무찌른 공으로 나중에 장천군長川君의 반열에까지 올랐으나, 그 역시 해전은 이번이 처음이었다. 게다가 그는 김훈·노이와 같은 '불충한 자들'을 '용맹스럽다'는 이유 하나만으로 상왕의 허락이 채 떨어지기도 전에 출정시켜 장수들의 불신을 심화시켰다.

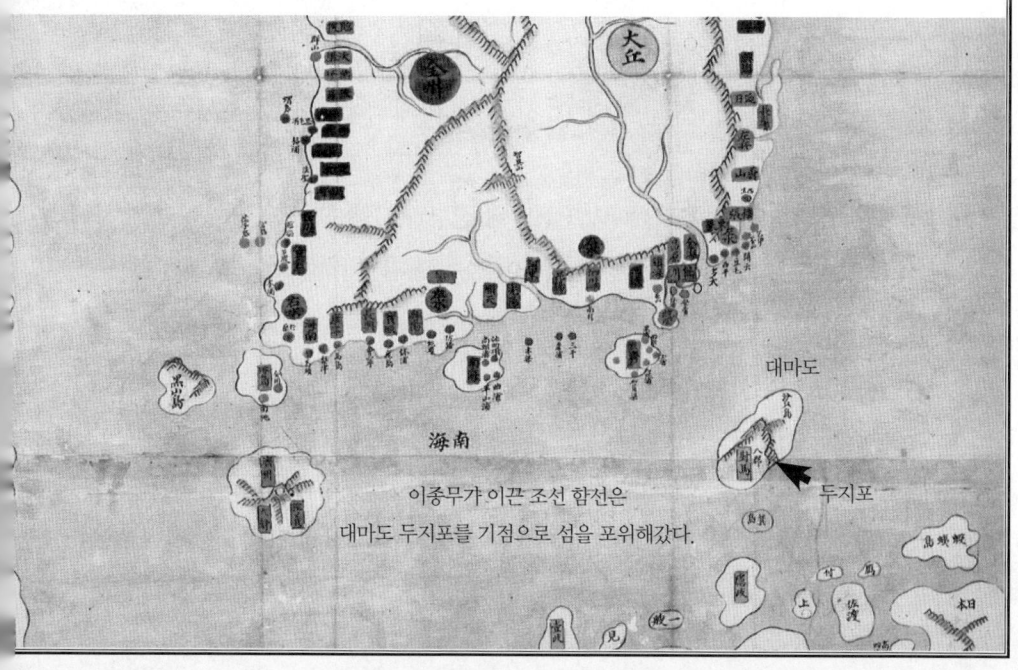

이종무가 이끈 조선 함선은 대마도 두지포를 기점으로 섬을 포위해갔다.

대마도에 도착해서도 장수들의 두려움은 가시지 않았다. 유정현 등은 출발이 지연된 사유를 보고하지 않은 점을 질책하는 국왕의 교지와 "여러 장수들을 독촉해 속히 발선하라"는 명령을 받고서야 20일 아침 출선했다. 같은 날 오시午時(오전 11시부터 오후 1시까지)에 대마도에 도착한 다음 두지포를 기점으로 하여 섬을 포위했으나 대부분의 장수들은 상륙 자체를 꺼렸다.

나중에 우군절제사 이순몽이 보고한 것처럼, 장수들이 "전혀 상륙하려고 하지 않는" 가운데 이순몽과 같은 소수의 장수들만이 "군사를 거느리고 내려가 높은 산봉우리를 거점으로 하여 힘을 내어 싸워 적을 물리쳤다."01/09/24 좌군절제사 박실의 경우 이종무의 독려를 받아 먼저 배에서 내려 군사를 거느리고 높은 곳으로 올라가려고 했다. 그러나 그는 도중에 복병을 만나 대패하고 다시 함대로 돌아왔다. 이때 백 수십 인이 전사했다. 추격해오는 적들을 이순몽 등이 힘껏 싸워 겨우 쫓아보냈다. 하지만 이종무가 이끄는 "중군은 끝내 배에서 내리지 않았다."01/06/29

세종의 선택: 왜구보다 여진족 견제에 주력해라

결국 우리 동정군東征軍은 열흘 만에 점령과 봉쇄를 풀고 7월 3일 거제도로 철군했다. 1만여 명의 대군이 출동한 것에 비해 그 전과(적선 129척, 135명의 참획과 포로)가 그리 크다고 할 수는 없었다. 하지만 애당초 이번 출정의 목표는 '정벌'에 있었지 '점령'에 있지 않았다.

65일간의 군량을 가지고 간 것에서 알 수 있듯, 국가 행정까지 마비시킨 왜구들을 징벌하는 데 주된 목적이 있었다. 즉, "대마도는 본래 우리나라의 땅으로 좁고 누추하므로 왜놈들이 거류하도록" 해주었는데, 이제 비인포에 들어와 "병선을 불사르며 만호를 죽이기까지" 하였고, "장차 명나라 지경까지 범하고자 하니, 그 은혜를 잊고 의리를 배반한"01/06/09 잘못을 경책警責하려는 데 주된 목적이 있었던 것이다.

정벌 초기에 침묵을 지키던 대마주수호對馬州守護 도도웅와(宗貞盛)가 군사를 물려 수호修好하기를 빌면서 "7월 사이에는 항상 풍파의 변이 있으니 오래 머무르면 좋지 않다"고 한 것도 조기 철군의 여건을 만들었다.01/06/29 실제로 그로부터 20일 후 태풍이 밀려와 경상도 지역에 상당한 피해를 주기도 했다.01/07/23

이번 '정벌'의 최대 성과는 아무래도 명나라의 이른바 '일본 정벌 계획'의 명분을 제거한 데 있다고 해야 할 것이다. 명나라는 극성스러운 왜구의 침입을 근절하기 위해 황제가 친히 정벌을 단행하겠다고 이미 통고해왔다. 태종께서 왕위에 계시던 1413년 명나라의 영락제는 통사通事 임밀林密에게 "일본국 옛왕[老王] 응영應永은 지성으로 사대하여 도둑질함이 없었는데, 현재의 왕[嗣王] 칭광[稱光]은 좀도둑을 금하지 않아 우리 강토를 침입해 어지럽게 하고 있으니, 짐이 병선 1만 척을 내어 정벌하고자 한다"는 선유를 내려보냈던 것이다.《태종실록》13/03/20

당시 나는 병조판서로서 긴급 어전회의에 참석했는데, 태종께서 가장 우려하시는 것은 두 가지였다. 그 하나는 황제가 "우리나라가 왜倭와 통호通好하는 것으로 여기고 있다"는 점이었고, 다른 하나는 "(일본 정벌군이) 우리 강토를 거쳐 가야 하니" 원나라의 일본 정벌 때와 같은

폐단이 생기지 않을까 하는 것이었다. 《태종실록》 13/03/20

　말하자면 명나라가 병선 1만 척과 20여 만 명의 군사를 이끌고 우리나라를 지나간다면—적어도 그 절반인 10만 명만 지나간다고 해도—백성과 조정이 겪을 엄청난 고초와 피해는 불을 보듯 뻔한 일이었다. 더구나 황제는 "일본 정벌"을 계기로 일본과 여진, 그리고 우리 조선까지 제압하려는 '1석 3조'의 효과를 계획하고 있지 않았던가.

　그로부터 6년이 지난 지금까지 명 황제는 몽골족과의 전투로 여유를 갖지 못하고 있지만, 중원 대륙의 전황이 바뀌면 언제 어떻게 '왜정'을 시작할지 알 수 없는 일이었다. 이번 대마도 정벌 직전까지만 해도 해안가의 "전함을 폐지하고 육지만 지키는 것"이 좋다고 했던 주상 전하(세종)의 생각이 바뀐 것도 이와 무관하지 않을 듯싶다. 즉, 1419년(세종 1) 5월에 열린 어전회의에서 상께서는 "각 도와 각 포구에 비록 병선은 있으나 그 수가 많지 않고 방어가 허술해, 혹 뜻밖의 변을 당하면 적에 대항하지 못하고 도리어 변환邊患을 일으키게 된다"면서 '전함 폐지론'을 주장하셨다.

　그러나 판부사 이종무 등은 이 자리에서 "우리나라는 바다에 접해 있으니 전함이 없어서는 안 될 것입니다. 전함이 없는 상태에서 어찌 편안히 지낼 수 있겠습니까"라고 주장했다. 이지강 역시 "전함을 둔 후에야 국가가 편안했고, 백성이 안도했다"면서 이종무의 '전함 보유론'을 지지했다. 01/05/14 결국 전하도 현실적으로 전함 폐지가 쉽지 않다는 점을 인정하셨다. 무엇보다 대마도의 공세적 정벌을 통해 명나라의 일본 정벌 계획을 차단할 필요가 있다는 점을 확인하시고는 전함 폐지론을 철회하셨다.

　돌이켜보면, 대마도 정벌은 상왕이 계셨던 덕분에 가능한 일이었다.

상왕 특유의 공세적 일처리 방식은 국내의 정적을 제거하는 데 뿐만 아니라, 해외의 도적을 제압하는 과정에서도 발휘되었다. 이에 비해 우리 전하께서는 왜구보다 북쪽의 명나라와 동맹을 맺고 여진족을 견제하는 일에 더 큰 관심을 두고 계셨다. 김종서를 필두로 한 최대의 국가적 사업인 '4군6진 개척'이 그 예다.

고려 475년에 비해 조선은 이제 겨우 30년이다

내가 남원에 유배 가 있던 4년여의 세월이 헛된 것만은 아니었다. 백성들의 삶을 직접 목도할 수 있었고, 무엇보다 조선 왕조에 대한 신민들의 생각을 들을 수 있었다. 조정에는 태조께서 창업하신 지 50년이 지났으니, 이제 왕조가 안정기에 접어들었겠거니 하고 생각하는 사람이 많았다. 그러나 그곳 남쪽 변방에 사는 사람들의 생각은 달랐다. "이제 겨우 30년밖에 지나지 않았다"는 것이다.

충격적인 이야기였지만, 사람들의 이야기를 들어보면 전혀 터무니없는 말은 아니었다. 견훤이 세웠던 후백제도 35년간(892~927) 지속했는데, 후백제는 단지 군사력 증강에만 급급한 나머지 민심을 얻지 못했고, 왕위 계승마저 매끄럽지 못해 단명하고 말았다는 것이다. 그렇게 볼 때 '왕자의 난'으로 시끄러운 조선 왕조가 장기 지속할 것이라는 보장은 어디에도 없다는 주장도 일리 있는 말이었다.

조선 왕조의 30여 년 세월은 사실 고려 왕조의 475년(918~1392) 역사에 비하면 비교할 수 없을 만큼 짧은 시간이었다. 480여 년의 긴 시간의 관성은 그리 쉽게 끊어지지 않았다. 왕조가 바뀌었다는 사실을 이곳 남원 사람들이 그나마 실감하는 것은 아마도 죽은 자에 대한 예식의 차이인 듯했다.

유교식 상례喪禮나 제례祭禮에 대한 국가의 강조가 그것이다. 유생들은 줄곧 불교식 상례가 "상주로 하여금 부모의 죽음을 슬퍼할 겨를도 없이", "남의 보는 눈을 아름답게" 하는 데 급급해 "재산을 탕진하기에 이른다"고 비판했다. 정도전, 《조선경국전》 조정에서도 "산 사람을 봉양하는 데만 후하고 선조를 제사하는 데는 박한" 불교식 제사 대신 《주자가례》에 따라 제사를 지내라고 독려했다.

그러나 유생들의 비판과 조정의 독려에도 불구하고 불교식 예법은 쉽게 사라지지 않았다. 인근의 화엄사나 쌍계사 등에서 연일 거행되는 부유층 인사들의 거창한 법석法席과 수륙재水陸齋(불교에서 육지와 물에서 헤매는 외로운 영혼과 아귀를 달래기 위해 불법을 강설하고 음식을 베푸는 의식)가 그것이다. 하기는 태조께서 훙薨(왕이나 왕족, 귀족들의 죽음을 높여 이르는 말)하셨을 때 조정에서조차 불교식 예법을 시행하지 않았던가.

건국 후 처음 겪는 중요한 국가 의례였던 태조의 장례식은 《주자가례》에 따른다고 천명되었지만, 《태종실록》 08/05/24 불교식 예법도 함께 사용되

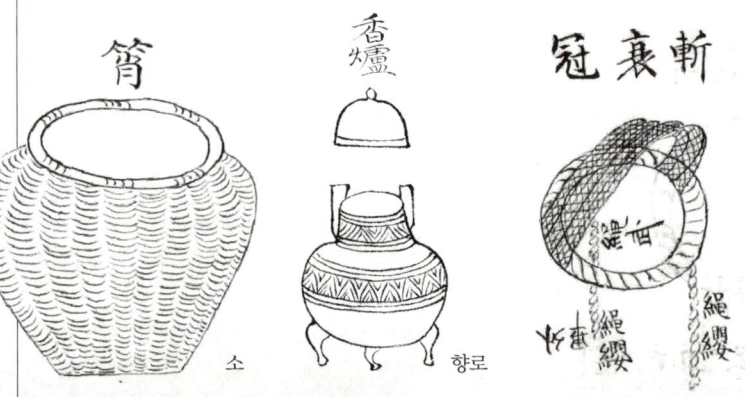

소 　　　　　향로 　　　　　참최관

었다. 장의사藏義寺에서 5일 법석을 베푸는가 하면, 사자의 명복을 빌기 위해 《묘법연화경妙法蓮花經》을 쓰게 했다. 《태종실록》 08/06/09

그때까지 남아 있던 불교적 의례의 영향과 관료들의 유교 예법에 대한 무지로 태조의 장례식은 다분히 불교적 색채를 띤 것이다. 태종께서는 이를 계기로 유교식 국가 의례를 연구하게 하셨다. 1415년 의례상정소의 허조 등에게 명하여 고제古制와 명나라의 사례, 태조의 장례식 등을 참작해 국상의제國喪儀制를 제정하게 하셨다. 그리고 이 의제는 1419년(세종1) 정종이 훙서했을 때와, 그다음 해 원경왕후(태종의 비)가 승하했을 때 시행되었다.

전환기에 인재 구하기 힘들다

태종과 나의 만남은 박석명朴錫命의 매개로 이루어졌다. 왕우王瑀(공양왕의 아우)의 사위였던 박석명은 어렸을 때부터 정종 및 태종 임금과 "같은 이불을 덮고 지낼 만큼" 친한 사이였다. 조선 왕조가 건국되자 한동안 은거하기도 했으나 태종이 즉위하자 박석명은 곧 지신사知奏事(지금의 비서실장)로 발탁되었다. 1405년 지의정부사知議政府事로 승진한 그는 나를 후임 지신사로 추천했다. 40세에 이르도록 별 볼 일 없는 관직만 전전하던 나를 승추부경력承樞府經歷이라는 요직에 발탁한 지 3년 만의 일이었다.

태종께서도 반대하지 않으셨다. 태종은 즉위한 직후 종래의 의흥삼군부를 폐지하는 대신 승추부를 만들어 왕명 출납 임무와 군기軍機 기능을 통합해 맡아보게 하셨다. 아마도 그때 내 능력을 좋게 보셨던 것 같다. 사실 나는 주어진 책무를 완수하려고 노력했을 뿐 특이한 재주를 가지고 있지는 않았다. 임금께서 지시한 것이면 설사 그것이 재상들의 뜻과 어긋난다 할지라도 충실히 이행할 따름이었다.

좌·우정승이 과거의 방식에 따라 이조와 병조의 인사에 사사롭게 개입하려고 했을 때, 나는 그것을 차단했다. 그리고 지신사로서 쓸 만한 사람들을 임금께 여럿 추천했다. 이 때문에 재상들은 나를 꺼렸고 나를 비난하는 내용의 "익명서를 만들어 두세 번 게시한 일"《태종실록》08/02/04도 있었다. 하지만 그 일 역시 임금의 의지를 실천에 옮긴 것에 불과했다.

특히 나는 내게 주어진 일이라면 온갖 수완을 발휘해 이루어내곤 했다. 어느 정도의 권한과 원만한 인간관계만 유지한다면 사실상 관료사회에서 해내지 못할 일은 별로 없는 듯했다. 간관諫官(사헌부와 사간원의 관리)의 예리한 비판의 눈길이 있었지만 그건 그들의 몫이었고, 나는 나대로 일을 해내야 했다. '말'이 두려워 '일'을 포기할 수만은 없다는 게 내 생각이었다.

이 때문이었는지 태종께서는 특별히 나를 신임해 국가의 긴요한 사무를 전적으로 맡기셨다. 당신은 "하루 이틀만 보지 못해도 답답해 하시며 반드시 나를 불러" 의논하시고는 했다. 생각해보면 창업기에서 수성기로 전환하는 시점에서 나라를 위해 할 일이 많았지만, 믿고 일을 맡길 만한 인물은 그리 많지 않다고 생각하셨던 것 같다.

"공신이 비록 많지만 어찌 사람마다 정사를 의논할 수 있겠느냐"는 《태종실록》18/05/11 말씀이 그것이다. 조금 쓸 만하다 싶으면 고려 왕조에 대한 단심丹心을 버리지 못하고 있었고(길재의 경우), 그도 아니면 1, 2차에 걸친 왕자의 난 등에 연루되어 숙청되었거나 죄를 뒤집어쓴 경우가 많았다.

태종의 유언 "황희를 중용하라"

태종의 속마음은 도무지 헤아리기 어려웠다. 이른바 수성기의 조선에 '걸림돌'이 될 만한 인물들을 하나하나 제거해 국가의 기틀을 닦는 것이 중요하다는 점은 나도 알고 또한 충분히 공감하고 있었다. 내가 때로는 훈구 대신들의 지탄과 모함을 받아가면서도 태종께서 지시한 일들을 차질 없이 수행할 수 있었던 것도 바로 당신이 생각하는 '국가의 최우선성' 때문이었다.

그런데 그런 나도 1416년(태종 16) 양녕대군을 폐위하는 일에 있어서는 상황 판단을 제대로 할 수 없었다. 태종께서 말씀하시던 것처럼, 국가의 질서가 안정되기 위해서라도 장자가 왕위를 계승해야 할 게 아닌가. 양녕의 실망스러운 태도들은 "나이가 아직 어린 탓"《태종실록》 18/05/11이라고 볼 수 있었다. 좀 더 시간이 흘러 더욱 성숙해지고, 또한 일단 보위에 올라 신료들의 보좌를 받으면 좋아질 수 있는 일이 아닌가.

그런데 태종께서는 나를 "세자에게 아부하려는" 사람이라고 말씀하셨다. 내가 지신사로 있으면서 당신의 명을 받아 민무구 형제를 제거하는 일에 깊숙이 관여했으므로 세자 교체를 반대하고 있다는 것이다. 후일 양녕이 왕이 되었을 때 그 공로를 인정받기 위함이 아니냐는 말씀이셨다. "너의 간사함을 미워한다"고도 말씀하셨다.

태종께서는 나를 관직에서 추방하면서 당신의 서운했던 속마음을 털어놓으셨다. "나는 네가 비록 공신은 아니지만 공신과 같이 대했고, 또 다년간 나를 섬겨 내 마음을 잘 알 것이라고 여겼다. 그래서 항상 나를 위해 목숨을 바치리라고 생각했는데" 지금 양녕의 편을 들고 있지 않느냐고 하셨다.

"인군人君이 된 자는 신하와 더불어 변명하는 말을 하지 않는" 법이지만, 나에 대한 "인정人情상" 말을 하지 않을 수 없다면서 다음과 같이 토로하셨다.

"지금의 인심은 대체로 옛것을 버리고 새것을 따르는 경향이 있다. 그러나 모두 새것만을 취한다면 노인은 어떻게 살아갈 수 있겠는가? 물론 자손을 위한 계책도 마련하지 않아서는 안 될 것이다. 그러나 늙은 자를 버리고 돌아보지 않는다면 어찌 되겠느냐?"《태종실록》 18/05/11

대권이 바뀔 때마다 왕위 계승자를 향해 줄을 대려고 발버둥치는 세태에 대한 지적이셨다. 정치적 격변기를 거치면서 사회의 원로가 소외되고 '혁명'과 '건국' 과정에 참여한 젊은 사람들의 비중이 지나치게 커진 데 대한 걱정이기도 했다.

태종께서는 나에게 배신감을 느꼈지만 "나에 대한 대신과 대간들의 거듭된 탄핵" 속에서도 시종 나의 목숨을 지켜주셨다. 유배지인 남원까지 가능한 한 편히 갈 수 있도록 배려하고 압송하는 일은 하지 말라고 사헌부에 명하셨다. 내 사위 오치선을 보내 내 속마음을 물어오시기도 했다. 나는 눈물을 흘리면서 "진실로 내게 다른 마음이 없다"는 것을 말했고, 오치선은 그대로 전해 올렸다고 한다.《태종실록》 18/05/11

1422년 2월, 태종은 다시 나를 부르셨다. 나는 수강궁壽康宮(지금의 창경궁)으로 찾아가 태상왕을 뵈었다. 마침 주상께서 옆에 계셨는데, 그 전 해부터 태상왕으로 존호가 바뀌신 태종은 "내가 풍양豊壤(남양주시에 위치)에 있는 이궁離宮에 있을 때 항상 경의 일을 주상께 말씀드렸다. 오늘에야 비로소 경이 서울로 돌아왔구나"라며 감개무량해하셨다. 이 자리에서 태종께서는 주상께 나를 '후하게 대접'하고 '중용'할 것을 당부하셨다. 내 과전科田과 고신告身(관직 임명장)을 다시 돌려주시는 것도 잊지 않으셨다. 《문종실록》 02/02/08

태종께서는 이로부터 3개월 후에 훙薨하셨다. 아! 부자간의 정으로도 이보다 더한 사랑과 배려가 있겠는가? 참으로 태종께서는 나를 '낳고 길러주셨다.' 이 지극한 은혜를 어떻게 보답할 것인가. 새로 지은 연화방蓮花坊에서 마지막 숨을 거두실 때는 곁에서 지켜드리지도 못했다.

결국 당신의 아들인 세종 임금께 머리털까지 아끼지 않고 충성되이 일하는 것, 그래서 당신이 그렇게 세워 지키고자 했던 '조선이라는 국가'를 반석에 올려놓는 일이야말로 그 은혜에 보답하는 것이리라. 그래서 남원의 촌로들이 걱정하는 것처럼 '조선이 제2의 후백제가 되지 않게 만드는 일'이야말로 내가 목숨 바쳐 해야 할 사명인 것이다.

이를 위해서는 무엇보다 '배제되고' '버려져 있는' 조선의 인재들을 모으는 일이 중요하리라. 그래서 "농사짓는 자들이 왕의 땅에서 밭갈려 하고, 장사하는 사람들은 왕의 저자에서 물건을 쌓아놓으려 하며, 벼슬할 만한 자들이 왕의 조정에 나아가려는" 《문종실록》 02/02/08 황희 졸기 여건을 만들어야 하리라.

또한 북쪽의 명나라 여진족과의 관계를 안정시키고, 세제를 개혁해 바닥난 국가 재정을 채우고 백성들의 어려움을 덜어주며, 혁명과 건국의 과정에서 무너진 사회 기강과 도덕적 문란을 바로잡는 일을 환수하실 수 있도록 전하를 돕는 일……. 이것이야말로 태종께서 내게 넘기신 과업이며 소명이리라.

훈희가 본 세종 2

조선에 살고 싶다
— 세종시대의 집단 귀화 현상

"조선국은 임금이 어질어서 중국 다음갈 만하다.
이제 만일 조선이 요동을 얻게 된다면
중국도 감히 맞서지 못할 것이다."
— 명나라 여수재女秀才《세종실록》 06/10/17

세종의 치세, 확실히 그것은 이 시대의 '국제적 사건'이었다. 1423년을 전후해 "조선에서 살고 싶다"며 들어오는 주변국 사람들의 '집단 귀화 현상'이 일어났다. 상上께서 어진 정치를 편다는 소문이 퍼진 결과였다. 물론 귀화 또는 '향화向化'해오는 사람들은 태조나 태종 임금 시기에도 있었다. 북변北邊의 여진족과 남방의 왜인들은 식량과 생필품을 얻기 위해서 우리 조선의 도움을 요청하거나 침입해오곤 했다. 특히 태조 가문의 근거지였던 두만강 주변의 여진족들이 귀화해올 경우 우리 조정은 관직에 임명하는 등 각별한 배려를 베풀어주었다. 이 때문에 건국 후 여진족을 비롯한 주변 민족들의 귀화는 줄곧 계속되었다.

'발로하는 투표' 집단 귀화 현상

그러나 세종 임금 시기의 귀화 현상은 과거와는 그 성격이 달랐다. 우선 규모로 볼 때, 과거에는 대체로 개개인 수준에서 '투화投化'해오던 것이, 이제는 수십 명씩 집단적으로 귀화해왔다. 1423년(세종 5) 여름에는 대마도의 왜인 변삼보라邊三甫羅 등 24명이 각기 처자를 데리고 바다를 건너왔다. "본도(대마도)에는 세금이 과중하여 생계를 잇기가 어려운데, 조선에는 어진 정치를 편다는 말을 듣고", "직업을 얻어 편히 살려고"^{05/05/21} 왔다는 것이다. "조선에는 인정仁政을 시행한다는 말을 듣고, 성덕盛德을 우러러 사모하여 귀화해"^{05/05/21}왔다는 이들에게 상께서는 양식을 제공하고 거처를 마련해주었다.

강 하나를 사이에 두고 있는 북변 여진족의 귀화는 더욱 빈번했다. 개별적으로 가족을 데리고 오는 것은 말할 것도 없고, 추장들이 집단적으로 귀순해오는 경우도 있었다. 건주여진의 천호千戶의 관직을 가지고 있던 동화응합童和應哈 등이 사람들을 이끌고 와서는 "조선에 살기를 원한다"^{17/03/28}고 말했다.

수주愁州 지역의 천호 거기대巨其大 등도 "조선에서 통사通事를 보내어 부르면 동류들을 거느리고 정성을 바쳐 귀순하겠다"^{16/10/8}고 집단 귀화의 의지를 전해왔다. 당시 조정에서는 이들을 "안접安接"시키면서도 주변 국가들과의 관계를 해치지 않기 위해서는 어떻게 해야 하는지를 의논해야 할 정도였다.

"귀화한 왜인도 나의 백성"

이들이 조선에 귀화하려는 동기는 다양했다. 왜인 변삼보라나 신분이 낮은 여진족처럼 자국의 무거운 세금이나 심각한 식량난을 피해서 탈출해오는 경우가 대다수였다. 이에 비해 여진족 추장들의 경우는 조선에서의 관직을 얻기 위해서, 또는 건주여진 이만주李滿住와의 갈등 때문에 들어오는 일이 많았다. 이들은 명나라에서 관직을 부여받고 그 지역 여진족을 관할하려는 이만주의 조선 침입 계획 등 중요한 군사정보를 함께 가지고 들어오곤 했다. 압록강 주변의 신4군(무창·자성·우예·위원)과 두만강 연안의 6진(종성·온성·경원·경흥·회령·부령)을 개척하는 등 "조종의 영토를 회복"하기 위해 노력하던 우리에게 이러한 군사정보는 대단히 중요한 것이었다.

태종 임금 때는 투화해온 왜인 평도전平道全을 이용해, 조선의 병선보다 "몇백 보나 빨리 달리는"《태종실록》13/01/14 왜선의 구조를 파악했다. 금상今上(세종) 초년에도 귀화한 왜인들의 제안에 따라 왜선처럼 조선의 배도 "배 양쪽에 꼬리를 달아서" 풍랑에도 심하게 기울거나 전복되지 않도록 하는 등 조선의 병선 체제兵船體制를 개선하는 데01/06/27 큰 도움을 받았다. 평도전이나 지문池文 등 귀화한 왜인들이 대마도 정벌 때 현지 정보를 제공하고, 우리 조정과 대마도주 사이에서 연락을 담당하기도 했다.01/06/20

왜인과 여진족들이 이처럼 집단적으로 귀화해온 이유는 무엇이었을까? 그것은 아무래도 왜인 변삼보라가 말했던 것처럼 '조선의 어진 정치' 때문이라고 보아야 할 것이다. 국왕이고 관리라 할지라도 '자기가 하기 싫은 일을 남에게 시키지 않으려는' 게 우리 조선의 정치 원칙이었다. 그리고 또 다른 이유로 "오랑캐를 변화시켜 백성으로 만든다"19/08/06는 전하의 포용정책을 들 수 있다. 사실, 아무리 정치가 어지럽고 식량이 부족하다고 해도, 물 설고 말 다른 타국으로 온 가족이 떠나기란 결코 쉬운 일이 아니다.

전하도 이런 사정을 알고 계셨던 터라 귀화해온 외국인들을 최대한 배려했다. 집을 지어주고 벼슬을 내리는가 하면 조선의 여자와 결혼시켜주기도 했다. 토지세와 요역을 일정 기간 면제해줌은 물론이다.06/07/17 매년 연말에는 이들의 향수를 달래주기 위해서 귀화인 활쏘기 대회 및 모구毛毬 시합을 벌이기도 했다.06/12/13 세밑 궁중의 불놀이에 초대하여 조선의 신료들과 함께 불구경을 할 수 있게 한 것도 이 때문이었다.06/12/29 매년 정월의 하례식 때에는 왜인·야인과 귀화한 회회인回回人(아랍인)과 승인僧人·기로耆老(연로한 고위 문신)들이 각기 자리를 차지하여 조선의 신료들과 함께 경복궁 근정전에 참석하기도 했다.09/01/01

세종 시기에는 조선으로 귀화한 일본인들이 많았는데,
이들 중에는 중요한 군사정보를 가진 자들도 있었다. 조정에서는 이런 정보를 활용해
조선의 병선 체계를 바꾸는 데 많은 도움을 얻었다. 즉, 일본 왜선 구조를 파악해
조선의 함선에 두 개의 꼬리를 달아 풍랑에도
전복되지 않는 배를 만들 수 있었다.

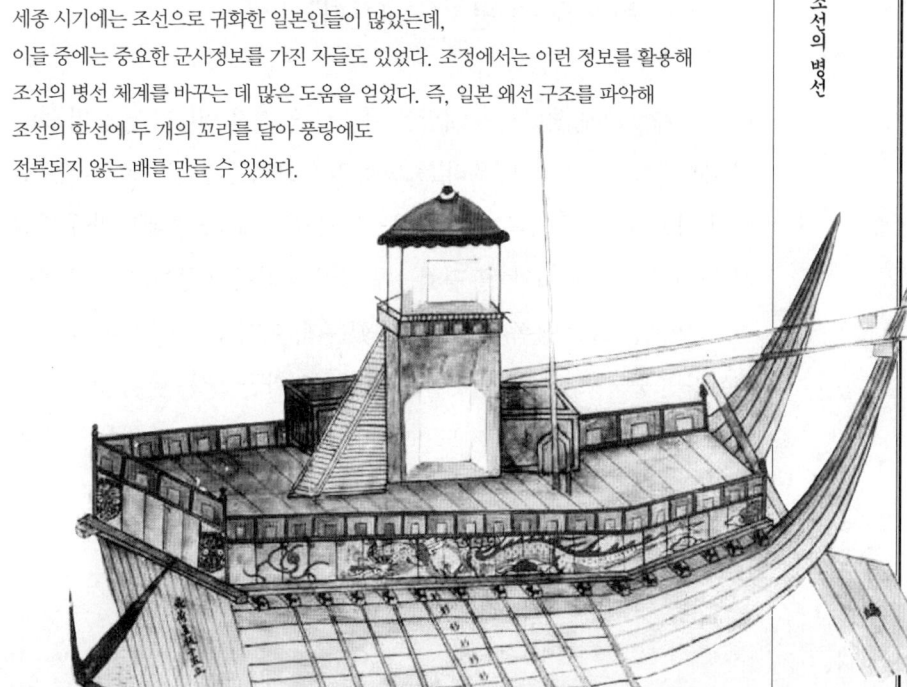

조선의 병선

"귀화한 왜인들은 곧 우리나라의 백성"01/05/15이라는 귀화인 포용정책은 인근의 이민족들에게 상당한 영향을 준 것으로 보인다. 우리나라에서 관직·토지·주택을 주어 귀순자를 우대할 뿐만 아니라, 앞서 왜인 변삼보라가 말한 것처럼 가벼운 조세와 적극적인 구휼정책으로 기근을 극복하고 있다는 소문이 퍼지자, 이들은 거리와 부족을 초월해서 조선에 '귀화'하려고 했다. 왜구와 여진족은 말할 것도 없고, 명나라 사람[唐人]들과 심지어 '남만인南蠻人'08/09/22들까지도 조선에 귀화하고자 했다.

상황이 이렇게 되자, 명나라 조정에서는 아연 긴장하지 않을 수 없었다. 건주위 등을 설치해 여진족을 분리 지배하는 한편 조선과의 관계를 이간시키려는 정책이 자칫 수포로 돌아갈 수도 있었기 때문이다. 무엇보다도 요동 지역의 여진족들이 조선에 '귀부'해서 조선이 어쩌면 "중화中華의 국가"로 성장할지도 모른다는 우려를 하고 있었다.

"조선이 중화국가가 될지도 모른다"

1424년(세종 6)에 영락제의 사망을 계기로 알려진 명나라 궁중의 조선에 대한 평가는 이러한 '우려'를 단적으로 보여준다. 즉 "조선국은 임금이 어질어서 중국 다음갈 만하다." "처음에 불교가 여러 나라에 퍼질 때 조선이 거의 중화가 될 뻔했는데 나라가 작아서 중화가 되지 못했다. 옛날에는 요동 동쪽이 조선에 속했는데, 이제 만일 (조선이) 요동을 얻는다면 중국도 항거하지 못할 것이 틀림없다"06/10/17는 말이 그것이다.

'조선이 중화국가가 될지도 모른다'는 말이 무엇을 뜻하는지 정확히 알 수는 없다. 하지만 "요동을 얻는다면 중국도 항거하지 못한다"라는 구절은, "동방 예의의 나라"《태종실록》08/03/09라는 말과는 확실히 달랐다. "사대의 예를" 극진히 해온 너희 조선은 "더욱 충순忠順을 굳게 하여 아름다운 이름을 길이 보전하라"《태종실록》01/02/06던 과거의 어투와는 그 성격이 사뭇 달랐던 것이다.

"옛날에는 요동 동쪽이 조선에 속했다"는 말도 그렇거니와, 영락제와 그 후궁들의 추문이 조선 조정에 알려지는 자체를 명나라가 몹시 꺼렸다는 중국 사신의 말은 더욱 놀라웠다. 1424년(세종 6) 10월 영락제의 추문이 '조선의 어진 임금'의 명성과 대조되는 것을 매우 싫어했다는 것이다. 사신이 전하는 바로는, 명나라의 궁궐에 드나들던 중국 상인의 딸 여씨呂氏가 궁인 어씨魚氏와 함께 환관과 간통한 사실이 들통날 것을 두려워해 스스로 목을 매 죽었다. 이에 화가 난 영락제는 관련자들을 직접 국문하고, "시역죄弑逆罪(부모나 임금을 죽인 죄)"를 뒤집어씌워 연루된 2,800명을 모두 "친히 나서서 죽였다"06/10/17('어여魚呂의 난').

이 과정에서 어떤 여자는 "자기 양기가 쇠하여 젊은 내시와 간통한 것인데, 누구를 탓하느냐"며 면전에서 황제를 욕하기까지 했다. 이에 더욱 화가 난 영락제는 "후세에까지 남기기" 위해 "화공畵工을 시켜 여씨가 젊은 환관과 포옹하고 있는 그림을 그리게" 했다. 이른바 '어여의 난' 때 조선에서 뽑혀 올라간 여자들[貢女] 다수가 처형되었다.

영락제가 사망했을 때도 많은 조선의 여자들이 죽었다. 궁인으로서 순장된 사람이 30여 명이었는데, 조선의 여자들이 거기에 다수 포함되어 있었다.

"죽는 날 모두 뜰에서 음식을 먹이고, 식사가 끝난 다음 함께 마루에 끌어올리니, 곡성이 전각을 진동시켰다. 마루 위에 나무로 만든 작은 평상을 놓아 그 위에 서게 하고, 올가미 안에 머리를 넣은 다음 평상을 떼어버리니, 모두 목이 매어져 죽게 되었다."06/10/17

이때 죽은 후궁들 가운데, 청주 한씨韓氏가 포함되어 있었는데, 그녀는 한영정韓永矴의 큰딸이자, 나중에 수양대군을 도운 정난공신 한확韓確의 여동생이었다. 고고한 미모를 지니고 있었던 그녀는 영락제의 총애를 받아, 자칫 외교적 곤경에 빠질 뻔한 조선을 구해내기도 했다.06/10/17 하지만 황제가 죽자 순장되어야 하는 운명이 되었다.

한씨는 순장되는 날, 새 황제인 인종仁宗에게 울면서 "우리 어미(유모)가 노령이니 본국으로 돌아가게 해달라"고 간청했다. 이를 애처롭게 여긴 인종 황제가 한씨의 유모 김흑金黑의 귀국을 허락했다. 그런데 김흑에 따르면, 명나라의 궁궐에서는 "근일 어여의 난은 옛날에도 없던 큰일"인데, "어진 임금이 다스리는 조선에 이러한 난을 알릴 수는 없다"고 하여 김흑의 귀국을 반대했다고 한다(우여곡절 끝에 김흑은 조선에 들어왔다).

그렇다면 "조선에서 살고 싶다"며 주변국 사람들이 귀화해오고, "중국도 항거하지 못할" 정도의 "중화의 국가"로 조선이 인식되고 부상하게 된 중요한 비결은 무엇일까?

영락제의 모습

명나라는 '어여의 난'으로 드러난 영락제의 추문이 조선에 알려질까 봐 전전긍긍했다. '조선의 어진 임금'과 영락제가 비교될까 우려한 것이다.

모진 안숭선, 천출 장영실도 추천

태종과 세종 임금께서 내게 기대하고 있는 것은 사실 다양한 인재의 발굴이었다. 마흔 살 무렵까지 '불우한 관운'으로 파직과 면직을 거듭하며 지방을 전전했던 나는 궁궐 밖에 버려져 있는 많은 인재들을 만날 수 있었다. 개중에는 '성균관 출신'이 아니라는 이유로 중용되지 못한 관료들도 있었고, '역적의 편'에 가깝다는 이유로 배제된 인물도 있었다. 천한 신분 때문에 아예 관직 근처에는 가보지도 못하는 인재들은 더욱 많았다.

나와 박석명이 허조許稠를 추천했을 때, 태종 임금께서는 처음에 허조가 민무구 형제에게 '아부'하려는 '간사한' 마음을 가지고 있다고 하여 반대하셨다.《태종실록》07/09/25 그러나 나는 허조가 고제古制와 법규에 매우 해박함을 알고 있었기에 정치적 입장을 떠나서 그를 다시 적극 추천했다. 허조는 우리의 기대를 저버리지 않았다. 대쪽 같은 원칙론자로서, 그리고 풍부한 식견을 가지고 태종에 이어서 세종의 정치를 보필했다.

내가 압록강 변의 4군을 개척하고 북변을 안정시킨 '호랑이 장수' 최윤덕을 영변 부사로 추천한 것과,15/01/11 왕명을 정확히 전달하고 민심을 세종 임금에게 잘 보고했다는 평가를 받은 안숭선安崇善을 주변의 '오해'와 '반대'에도 불구하고 강력 추

장영실

황희는 인재 발굴에 탁월한 능력을 발휘했다.
천출인 장영실은 물론, 허조, 최윤덕, 안숭선도 모두
황희가 천거한 인물이다.

천한 것은 인재의 적재적소 배치를 중시했기 때문이었다. 뿐만 아니라 "공교工巧한 솜씨가 보통 사람보다 뛰어났음"에도 불구하고, 그 아비가 외국인이고 어미가 기생이라는 이유로 버려질 뻔한 장영실蔣英實을 허조 등의 반대를 물리치고, 호군護軍이라는 관직에 제수하도록 한 것도 잘한 일이었다.[15/09/16]

　1429년(세종 11)에 내가 안숭선을 경기좌도 찰방으로 천거했을 때, 다들 사사로운 인사라고 비판했다. "함길도사咸吉都事로서 죄를 범한 지 겨우 한 달밖에 안 된" 그를 "황희가 억지로 추천"한 것은 순전히 개인적으로 친근한 안순安純의 아들이기 때문일 거라는 얘기였다. 세종 임금조차도 "어째서 아뢰지도 않고 갑자기 추천했는가"라고 나무라셨다.[11/10/10]

정치적 언어와 도승지의 조건: 최고지도자의 뜻 헤아리기

　그러나 내가 지켜본 바로 안숭선은 지신사(비서실장)로서 최적임자였다. 그는 문과에 장원으로 급제한(1420) 만큼 재자才子(재주 있는 젊은 남자)로서 아는 것을 풀어 쓰는 능력이 탁월했다. 세종의 특명을 받고 충청도 일대를 '찰방察訪'한 후 올린 그의 보고서나, 명나라에 서장관으로 갔을 때의 언행을 보면 그가 얼마나 수준 높은 문장을 구사하고 있는지를 알 수 있다. 뿐만 아니라 그는 임금의 생각을 명쾌하게 정리할 수 있는 능력을 가지고 있었다. 어떤 경우는 국왕조차도 표현하지 못한 임금의 마음을 간명 직절하게 전달하곤 했다.

이 점에서 그가 동부대언同副代言(승지)을 거쳐 지신사로 발탁된¹³/⁰²/²⁹ 것은 자연스런 결과였다. 많은 사람이 잘 모르고 있으나, 임금의 뜻을 정확히 파악하고 전달하기란 결코 생각처럼 쉽지 않은 일이다. 정치적 언어란 항상 사람들과의 관계에 따라 다르게 구성되게 마련이고, 그 말이 다른 장소, 다른 곳에 전달되는 순간 전혀 다른 의미로 변질되곤 한다. 특히 국왕과 같은 최고지도자의 말은 말하는 사람의 의도와 무관하게 다른 의미로 해석되고, 의도하지 않은 결과를 초래하곤 한다.

정치가의 말은 그 시대의 일정한 '맥락'과 '정치적 문법'의 틀 안에서 표현되는 것이 보통이지만, 정말로 중요한 생각은 말이 아니라 몸을 통해서, 몸짓이라는 '침묵의 언어'를 통해서 표출되기도 한다. 바로 그 점을 알고[知] 전달[申]해야 하는 존재가 바로 지신사이다. 만약 그 침묵의 언어를 왜곡하거나 차단 내지 과장할 경우 전달자의 힘은 커질 수 있지만 '정치'는 약화되게 마련이다. '정치'란 사람과 사람 사이를 잇는 '말의 소통'과, 정치가의 말을 국가의 정책으로 구체화하는 '일의 실천'을 그 생명으로 하는데, 중간에서 그 경로가 왜곡될 경우 전혀 다른 '일'이 터질 수 있기 때문이다.

안숭선은 그런 점에서 훌륭한 지신사였다. 세종 임금의 뜻을 잘 알고, 간명 직절하게 전달했으며, 나를 포함한 신료들의 생각을 전하께 곡해 없이 말씀드렸기 때문이다. "맹사성孟思誠은 착하기는 하지만 결단성이 없고 신개申槩는 그저 남의 의견을 따르기만 해 모든 인사 행정을 안숭선이 좌우했다"¹⁶/⁰⁸/⁰⁷는 평가처럼, 그가 조정의 인사를 실질적으로 주무를 수 있었던 것도 사실은 주상의 뜻을 간파하고 있기 때문이었다. 그가 비록 "사람됨이 모질고 팩하며 급하고 빨라서, 쉽게 노하고 쉽게 기뻐하여, 동료들이 혹 그 뜻을 어기면 문득 욕하므로, 동료들이 모두 원망하고 미워하였다"16/08/07는 말을 듣고 있었음에도 불구하고, 주상 전하의 신임을 잃지 않은 이유도 바로 이 때문이었다.

인재를 구별해 쓰는 법

"인재는 세상 모든 나라의 가장 중요한 보배다." 상께서 인재의 천거를 요청할 때면 늘 하시는 말씀이다. "한 시대가 부흥하는 것은 반드시 그 시대에 인물이 있기 때문이요, 한 시대가 쇠퇴하는 것은 반드시 세상을 구제할 만큼 유능한 보좌가 없기 때문"이라고도 하셨다. 당신의 말처럼, 세상의 모든 임금들은 인재를 들여 쓰고 싶은 마음이 있지만, 인재를 구별해 쓰는 방법을 알지 못한다. 이 때문에 성과를 거두지 못하는 일이 비일비재하다.

그 방법이란 다름이 아니라, 인재를 기르고 가려내어 적소에 배치하는 방도를 말한다. 상께서 1447년(세종 29)에 과거시험 문제로 출제한 것처럼, "현명한 사람과 어리석은 사람을 들여 쓰고, 내치는 데는 모두

강희맹신도비

방도가" 있는 것이다. "견문이 많고 총명하며 재주가 있으나 탐욕스런 사람, 몸가짐을 조심하고 지조를 굳게 지키나 속마음은 부드러운 사람, 행정처리를 잘해 이름이 드러나 오래 자리를 지키고 있으나 일 벌이기를 좋아하는 사람, 학문을 하지 않았으나 마음이 정직한 사람, 정직하고 지조가 굳으며 청렴하나 재능이 없는 사람"강희맹,《사숙재집》 등 인재의 종류는 천차만별이지만, 그 요체는 장점을 발견해 쓰는 지도자를 만날 수 있느냐다.

이날 장원급제한 강희맹의 답안이 백미였다. 그는 "세상에 완전한 재능[全才]을 갖춘 사람은 없지만, 적합한 자리에 기용한다면 누구라도 재능을 발휘할 수 있다"고 말했다. 그 사람의 "결점만 지적하고 허물만 적발한다면, 현명하고 유능한 사람이라도 벗어날 수가" 없다. 따라서 "단점을 버리고 장점을 취하는 것[棄短錄長]"이 인재를 구하는 가장 기본적인 원칙인데, 이렇게 하면 "탐욕스런 사람이든 청렴한 사람이든 모두 부릴 수"가 있다.

그런데 아무리 급하다 해도 인재를 다른 세대에서 끌어다 쓸 수[求用於異世]는 없다. 그 시대의 문제는 그 시대의 인재를 가지고 해결할 수밖에 없는 것이다. 따라서 인재를 구별해 쓰는 법이 매우 중요하다. 이를 위해서 강희맹은 첫째, 인재를 분류해야 한다고 보았다. 국가의 운명을 맡길 만한 '뛰어난 인재'와 반드시 '물리쳐야 할 인재'를 구분해야 한다. "오랑캐를 누를 만한 위엄을 갖고 있으나 늘 자신을 단속하는 사람, 마음에 중심을 확고하게 세워 자질구레한 절도에 얽매이지 않는 사람, 충성과 의분이 격렬해서 나라가 위태로울 때 자신의 목숨을 바치는 사람 등은 모두 국가의 운명을 맡길 만한 신하[社稷之臣]이자 한 시대의 뛰어난 인재"이다.

그러나 그런 인재를 찾지 못했을 때, 아니 정확히 말해서 "한 시대의 뛰어난 인재"인지 "물리쳐야 할 인재"인지를 구별하기 힘들 때 어떻게 해야 하는가.

물리쳐야 할 인재의 범주를 설정하라

강희맹은 이에 대해서 우선 반드시 '물리쳐야 할 인재'의 범주를 설정하라고 말했다. 상께서 말씀하신 것처럼, "현명한 사람을 들여 쓰는 데는 본래 정해진 방법이 없지만[立賢無方], 간사한 사람을 내칠 때는 분명한 기준이 있어야 한다." 강희맹은 재주가 있더라도 반드시 물리쳐야 할 인재로 "재물만을 탐하고 여색을 밝히며, 끊임없이 재물을 긁어들이면서도 부끄러워하지 않는 사람"을 들었다. "재물을 탐하면 정의를 해치고, 여색을 밝히면 예의를 해치기" 때문이라는 것이다. 무엇보다도 부끄러워하지 않는 자에게는 희망이 없다. 개선의 여지가 없기 때문이다. 물리쳐야 할 또 다른 부류의 사람은 "어질지 못하고 예의가 없으며 정의감이 없는" 자이다. 이러한 자들은 "민심을 순박하게 하는 데 있어서 독충"과도 같은 존재이기 때문에 마땅히 물리치고 버려야 한다.

둘째, 인재를 기르고 교화시키는 일이다. '국가의 운명을 맡길 만한' 뛰어난 인재와, 반드시 '물리쳐야 할 인재'를 제외한 나머지 사람들은 모두 교화의 대상이다. "견문이 많고 총명하나 탐욕스런 사람, 행정처리를 잘하나 일 벌이기를 좋아하는 사람, 배우지는 않았으나 마음이 정직한 사람" 등이 그 예이다. 교화의 초점은 이들의 '총명'과 '행정처리 능력'과 '정직한 마음'을 살려내는 데 있다. 이들의 '말'을 듣고, 적합한 '자리'에 배치하면서, 그들의 장점이 활성화될 때까지 가르치고 기다려야 한다는 것이다.

강희맹에 따르면, 정치야말로 가장 큰 교육의 장인데, 긍정적인 의미로 본다면 그것은 "성인聖人의 교화"를 통해서 "사람들 마음속에 누구나 가지고 있는 보편적인 마음[同然之心]"을 깨닫게 하는 과정이다. 비유하자면 "성인은 교화를 물레와 화로로 삼아, 한 시대의 인재를 빚어내고 단련시키는" 사람인데, 뛰어난 대장장이가 여러 가지 그릇을 만들어내듯 성인은 다양한 인재를 빚어낼 수가 있다. 이때 중요한 것은 불기운의 정도, 즉 교화의 정도이다. "불기운이 약하면 물체가 녹지 않듯이, 성인의 심기가 미약하면 교화가 이루어지지 않는다."

정치가 교육의 장이라는 말의 의미는 부정적인 측면에서도 찾을 수 있다. 즉 "방탕한 부모야말로 자녀들의 가장 큰 스승"이라는 역설적인 말이 있듯이, 잘못하는 정치가들 역시 좋은 정치교육의 선생이다. 중요한 것은 '정치의 중심'을 세우는 일이다. 아무리 당을 지어 다투고 혀에 칼날을 세워 싸운다 하더라도, 적어도 '정치의 중심'이 세워져 있는 한, 그것은 백성들에게 '타산지석'의 귀감이 될 뿐더러, 부패와 권력 남용을 방지해주는 '정쟁의 예방적 효과'를 거둘 수가 있다. 국왕이 '정치의 중심'에 서서 먼저 자신의 "마음을 맑게 다스리고(공정한 마음), 교화를 숭상하며(지혜의 구언), 어진 이를 격려(인재의 등용)"하는 한편, 정책을 중심으로 논쟁이 이루어지도록 일을 주도해나간다면, "억지로 기대하지 않아도 치세가 이루어지고, 만물이 제대로 자라나기" 때문이다.

셋째, 인재를 추천하고 정선精選하는 인사 전임 당상관 제도를 두는 일이다. "인재가 없어서가 아니라 인재의 종류가 너무 많기 때문에 가려내기가 힘들다"는 전하의 말씀처럼, 왕은 수많은 사람들을 만나고 추천을 받는다. 그들 중에는 진짜 인재도 있고, 인재인 척하는 사람도 있다. 문제는 최고지도자가 일일이 그들의 재능과 식견을 알아볼 시간도 기회도 가질 수 없다는 사실에 있다.

대사헌 오승吳陞 등이 인사 담당자에게 일정한 권한을 위임해야 한다고 제안한 것은 바로 이 때문이다. 즉 1431년(세종 13)에 오승이 지적한 것처럼 "전하께서는 (재위 초반부에) 사람을 쓸 즈음에 반드시 이조와 병조로 하여금 조사, 의논하게 하고, 몸소 관안官案을 상고하여 그 내력을 살핀 후에야 제수하곤" 하셨다.[13/11/05] 그런데 이처럼 "사람을 쓰는 법이 상세하고도 극진"하다보니, 전하께 일이 쏠리게 되었고, 과로로 병을 앓기까지 하셨다. 자칫 진시황이 "저울과 추로 서류를 헤아리던[衡石程書] 어리석음을 범할지도 모른다는 언관의 비판도 있었다. 한마디로 인재 선발권을 위임하라는 것이었다.

하지만 이를 비판하는 주장도 만만치 않았다. 장령 이사임李思任은 "태조께서는 사람을 쓸 때에 모두 몸소 골라서 썼고, 이 때문에 관직에 그 적임자를 얻었으니" 전하께서도 계속 "관리를 몸소 골라 써야" 한다고 주장했다. 이에 대해서 상께서는 "그 뜻은 비록 좋지마는 사세로 보아 능히 시행할 수 없다"고 말씀하셨다. 해당 인물의 "장점과 단점을 창졸간에 알 수가" 없으며, "여러 사람의 현능 유무를" 임금 혼자서 능히 알 수가 없다. 따라서 "반드시 책임자[有司]의 정선精選을 기다려 내가 마지막에 다시 살펴서 제수함이 옳다"는 말씀이셨다. 이 논의는 결

국 '담당자가 선별한 후에 국왕이 제수하는' 방식으로 결정되었다.[13/11/05]

신하의 허물은 공적으로 덮어라

돌이켜보면, 내 인생은 참으로 반전의 연속이었다. 초기의 불운한 관운을 뒤집고 태종 임금의 지신사로서 신임을 독점하다시피 한 것이 첫 번째 반전이었다. 태종의 뜻과 달리 양녕대군 폐세자를 반대하다가 4년 동안이나 남원으로 귀양간 것은 또 한 번의 반전이었다. 다행히도 태종께서는 서거하시기 3개월 전에 나를 불러 주상 전하께 중용할 것을 당부하셨다. 그러나 주상께서는 태종의 이 같은 '당부'에도 불구하고, 처음에는 중용하지 않으셨다.

그런 점에서 1423년(세종 5)에 있었던 강원도 지역의 대흉년은 나에게 기회였다. 당시 관동 지역의 기근은 어찌나 심하던지, 태종 때부터 신임을 받던 강원 감사 이명덕조차도 어떻게 손쓸 방법을 모르고 있었다. 하기는 인구의 27퍼센트(9,509호 중 2,567호)가 유리하여 없어졌고, 약 58퍼센트(61,790결 중 34,430결)의 토지가 황폐화되었으니[06/03/28] 묘책을 찾기가 쉽지는 않았을 것이다.

주상 전하께서는 나를 이명덕 대신 강원도 관찰사로 삼아 위기를 타개하도록 하셨다. 나는 먼저 사창의 곡식을 풀어서 기민飢民들에게 나누어주려고 했다. 그런데 도내 관청의 창고를 열어보니 거의 비어 있다시피 했다. 봄에 곡식을 빌려주었다가 가을에 거두어들여야 하는데, 중간에 아전의 농간과 수령의 묵인 속에서 창고의 곡식은 없고 허위 장부만이 매년 새로 작성되어 왔기 때문이다. 내가 허위로 회계를 기록한 도내 수령들의 처벌을 요청한 것은 이들 탐관오리의 부정부패에 대한 분노이기도 했지만, 사실상 이 지역 아전들의 또 다른 농간에 놀아나지 않겠다는 의지의 표현이기도 했다.

아전들은 흉년이 들어 조정에서 구황 지시가 내려오면, 거짓으로 사창의 곡식을 베푼 것처럼 하여 문서를 조작해 빈 창고와 맞추어놓곤 했다. 나중에 혹시라도 문제가 되면 모든 책임이 구황을 책임진 수령이나 관찰사에게 돌아감은 물론이다. 전하께서 구황의 임무가 더 급하니 지금은 수령들을 죄 줄 때가 아니라고 하셔서[06/02/05] 탐관오리들의 처벌이 이루어지지 않았지만, 아전들의 농간을 파헤치려는 나의 의지는 드러난 셈이었다.

다음으로, 나는 비교적 풍년이 든 하삼도(충청·전라·경상도) 지역에서 긴급히 식량을 이송해줄 것을 조정에 요청했다. 내가 귀양가 있었던 남원 지방의 지인知人으로부터 인근 경상도 지역의 식량 사정을 전해 들은 바가 있었다. 그 식량이 도착할 때까지 나는 도내의 창고를 열어 실태를 기록하게 하는 한편, 남은 곡식과 구황작물로 기민들의 생명을 연장하게 했다. 사실 수백 명 또는 수천 명씩 죽어가는 기근이야말로 위정자들의 노력 여하에 따라서 얼마든지 극복할 수 있는 인재人災다. 고관과 부호들의 창고에는 언제나 곡식이 쌓여 있게 마련이며, 나라 어딘가에 비축된 식량을 신속히 이동시키면 대규모 기근은 면할 수 있기 때문이다.

그런데, 구휼과 관련해서 정말로 중요한 것

은 관에 대한 신뢰였다. 처음에 기민들에게 음식을 나누어주는 진제장賑濟場을 설치했을 때 나는 주린 백성들이 떼를 지어 몰려올 것으로 생각했다. 그런데 어찌 된 일인지 진제장에 와서 음식을 받아먹는 사람들은 별로 없었다. 얼굴에 부황이 나 죽어가면서도 관에서 설치한 진제장에는 쭈뼛거리기만 하고 나서지 않는 것이었다. 자연 진제賑濟한다는 이름만 있고 그 실상은 없는 상황이 되었다.

나는 걱정이 되어 그 연유를 알아보았는데, 아전들의 태도에 문제가 있었다. 아전들은 기민들이 온 곳[所從來]을 확인한 다음에 음식을 주었다. 이 때문에 신분 노출을 꺼린 기민들이 진제장에 나타나지 않았다. 심지어는 출신 관청의 증명 문서를 발급 받은 사람에게만 음식을 제공하는 아전들도 있었다. 나는 즉각 음식 배급자를 교체했다. 인근 사찰의 선심善心이 있는 승도를 뽑아서 기민 구제하는 일을 주관하게 했다. 기민들에게 어디서 왔는지 묻지 않고 음식을 제공한 것은 물론이다.

아울러 "주린 백성을 많이 살린 자는 위에 아뢰어 포상하게 하고, 그 임무를 충실히 하지 못한 자는 그때그때 곧 죄를 주는" 등 상벌의 유인책을 썼다. 확실히 진제의 효과가 빠르게 나타났다.19/01/02 처음에는 기근 구제를 귀찮은 일로만 여기던 아전들도 발 벗고 나섰다. 아전을 어떻게 단속하고 이용하는가에 따라서 진제의 시책은 물론이고, 모든 지방 행정의 성패가 좌우된다는 점을 알게 된 것은 뜻하지 않은 성과였다.

이런 방법으로 나는 강원 지방의 기근을 효과적으로 극복할 수 있었다. 전하께서 이후로 나를 신임하고 '중용'하신 것은 물론이다. 1427년에는 나의 사위 서달徐達의 살인 옥사에 연루되어서, 그리고 1430년의 태석균太石鈞 옥사 사건에 개입했다가 파면되기도 했지만, 상께서는

1426년에 우의정에 발탁하신 후 1449년에 영의정 부사로 스스로 물러날 때까지 근 20여 년간을 나에게 정승 자리를 지키게 하셨다.

사람들은 나를 한 고조의 재상 소하(蕭何)(?~기원전 193, 중국 전한의 정치가. 유방을 도와 한나라의 기틀을 세웠으며 율구장(律九章)이라는 법률을 만들었다)에 비유하기도 한다. 그런데 한나라의 예제와 법제를 마련한 소하와 나를 비교하는 것은 내게 과분한 것이다. 하지만 세종대왕을 한 고조에 비유함은 실상 한 고조에게 과분한 것이라 생각한다. 세종께서는 "국가를 안정시켜 비옴과 개임을 적기에 하였고, 선비(儒)를 숭상하고 도(道)를 중하게 여겨 인재를 양육했으며, 예악을 제작하여 후손에게 잘 살 수 있는 길을 터놓았으니 우리나라의 정치가 여기서 융성"하였고, "우리나라 만년의 운이 세종에게서 처음 그 기틀이 잡혔기" 때문이다.이이,《율곡전서》, 동호문답

무엇보다도 세종께서는 나를 포함한 여러 신하들의 단점을 아시고도 "공적으로 그 허물을 덮을 수 있다"면서 시종 보호해주셨다. 바로 당신의 그러한 보호와 격려 때문에 나는 추문과 허물을 극복하고 '청백리'로 거듭날 수 있었고, 급기야는 죽어서 당신의 묘정에 배향되기까지 했다.

실로 내 인생의 최대 반전은 '간악한 소인'(조말생의 평)에서 "청렴한 정승"으로 거듭난 것이었다. 그리고 그것은 바로 태종과 세종 임금의 인재를 가려내고 기르는, 그래서 공적에 의해서 허물을 극복하게 만드는 '살림의 정치'가 있었기 때문에 가능했다.

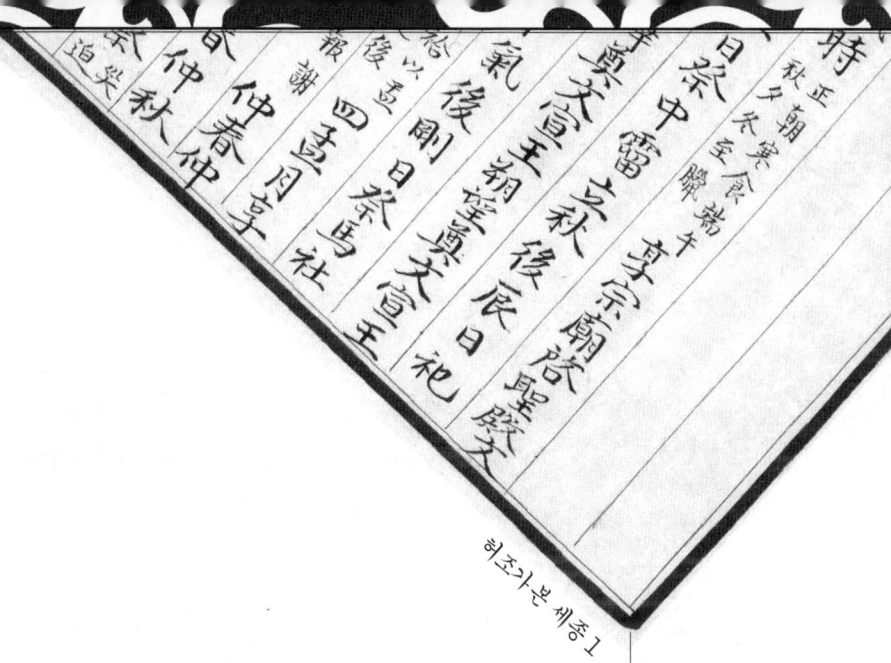

휘조가 본 세종 1

사회적 약자를 위한 보살핌의 정치

"임금의 직책은 하늘을 대신해
만물을 다스리는 것이다. 사물이 제 위치를 잃어도
대단히 상심스러운 일인데 하물며 사람의 경우랴.
임금이 어찌 양민과 천인을 구별해서
다스려야 하겠는가."

—세종 《세종실록》 09/08/29)

허조

허조許稠(1369~1439)는 황희와 함께 세종의 정치에서 빠뜨릴 수 없는 인물이다. 조선 건국의 핵심 멤버인 권근權近에게 배웠고, 고려 말인 1390년에 문과에 급제했다. 황희의 천거로 태종의 신임을 얻었는데, 태종은 세종에게 왕위를 물려주면서 "이 사람은 나의 주춧돌이다"라고 말했다. 어릴 때부터 몸이 야위어서 어깨와 등이 굽은 듯한 데다가, 깐깐한 업무처리 방식 탓에 사람들은 그를 "말라깽이 송골매 재상[瘦鷹宰相]"이라 불렀다. 세종 치하에서 10여 년간 이조판서로 봉직하면서 그는 천거된 인재를 꼼꼼히 검증했다. 그리고 일단 선발된 공직자에 대해서는 중대한 범죄를 저지르지 않는 한 보호하려 애썼다. 어전회의에서 제안된 정책이 잘못될 수 있는 소지를 지적해내는 것도 허조의 몫이었다. 파저강 정벌 과정에서 마지막까지 반대해 왕을 비롯한 신료들이 '집단 착각[group think]'에 빠지지 않도록 한 것은 유명한 사례다. 허조는 세종시대의 대부분의 인물들과 달리 부패나 스캔들이 없는 사람이었다. 그는 자기관리에 엄격했는데, 허기를 면할 정도의 식사에 만족했으며 여색을 가까이하지도 않았다. 어떤 사람이 "허공許公은 부부관계의 일도 알지 못할 것"이라고 놀리자, 그는 웃으면서 "내가 그걸 몰랐다면 내 아이들(허후, 허눌)은 어디에서 나왔겠는가"라고 응수했다. 그는 자손들이 방만해질 것을 우려해 재산을 남겨주지 않았다. 이 때문에 사관은 그에 대해 "밤낮으로 스스로를 경계한 인물"로 평가했다. 후대의 조광조 역시 "선배들의 극기의 공력[克己之功]이 이와 같았다"고 찬탄했다. 어려운 일이 생기면 그는 열 살 위의 형 허주許周와 의논했다. 허주는 탁월한 기억력과 공적인 자세로 도와주었다. 1439년(세종 21)에 71세의 나이로 사망했다. 황희·최윤덕 등과 함께 세종의 묘정에 배향되었으며, 조선조 청백리로 유명하다.

마침내 "수사를 중지하라"는 하명이 떨어졌다. 그녀를 핵문(문초)하는 것 자체가 사헌부 관리들에겐 고역이었다. 이번엔 누구누구의 이름이 그녀의 입에서 튀어나올지 아무도 예측할 수 없었다. 급기야 대간臺諫(사헌부와 사간원)의 전직 관리까지 연루된 것으로 드러나면서 누가 누구를 수사하느냐는 말까지 나돌았다. 누군가가 돌린 사발통문 한 장이 도성 안의 전현직 관리들을 전전긍긍하게 만들었다. 그동안 관가에 무수한 염문을 뿌리고 다니던 그녀와 관계한 관료들의 명단('유감동兪甘同 명부')이 하나 둘 밝혀지기 시작한 것이다.

1427년(세종 9) 8월 17일에 황치신·김여달 등 5명의 '근각根脚(범죄자 기록표)'이 처음 확인됐을 때만 해도 이 사건은 그저 흔한 추문의 하나로 간주됐다. 그런데 날이 갈수록 그녀가 쏟아낸 '간부姦夫'의 수가 불어났다. 그중에는 현직 재상도 포함된 것으로 파악되면서 조정은 아연 긴장했다.

광화문 앞 육조거리 오른쪽의 사헌부 관청에 누가 들어가느냐가 세간의 큰 관심거리였다. '유감동 명부'에 올라 있는 사람들이 하나둘씩 불려갔다. 자연히 그 건너편에 있는 이조吏曹에서도 누가 붙들려가는지 주목하게 됐다. 관리의 인사를 관장하는 내 직책(이조판서)상 조사 대상 인물에 관심을 가질 수밖에 없었다.

공개해서 얻는 이익보다 손실이 더 크다면

모두들 처음엔 딱 잡아뗐다. 하지만 당사자인 유감동 여인과 대질신문을 하자 상황은 일변했다. 그녀가 일시와 횟수를 정확히 기억하고 있을 뿐만 아니라 심지어 은밀한 정황까지 소상히 설명하자, 피의자는 물론 조사관까지 입을 다물지 못했다.

문제는 그녀가 여염집 정실부인이라는 점에 있었다. 가끔 한 명의 첩실을 두고 여러 사내가 다투거나, 기생 하나가 부자·형제와 관계를 해 문제가 된 적은 있었다. 하지만 이번처럼 현직 관료의 정실부인이 수십 명의 조정 신료들과 통간한 것은 매우 드문 일이었다. 물론 그녀가 처음엔 자신을 기생이라 속이기도 하고, 또 때론 아무개의 첩이라 말하기도 했다. 하지만 평강 현감 최중기의 아내라는 사실이 드러났음에도, 조정의 많은 신료가 한 번 내지 수차례씩 그녀와 동침하기를 멈추지 않았다.

사흘 후(20일) 총제 정효문, 상호군 이효량 등 9명의 명단이 추가로 공개됐다. 중앙군의 정예 당상관(정3품)들과 해주의 판관, 그리고 도성의 장인匠人과 상인 등 잡다한 인물도 포함돼 있었다. 주로 무반계 인사들이었다. 숙부와 조카가 동시에 통간해온 사실도 드러났다.
 그로부터 열흘 후(30일) 또 새로운 명단이 확인됐다. 이번엔 과거에 갓 급제한 자로부터 의정부의 재상(종2품 이상의 관직자)에 이르기까지, 현직 관료에서부터 퇴임한 관료까지 그야말로 다양한 신분의 이름이 나열됐다. 먼 지방으로 이미 파견 나간 수령도 많았다. 조사를 위해 그 수령들을 불러들일 것인지가 어전회의에서 논의됐다.
 "이 여자를 더는 추국하지 마라. 이미 십수 명의 간부가 나타났고, 또 재상까지 끼어 있으니 일의 대체大體가 벌써 다 이루어졌다."⁰⁹/⁰⁸/²⁰
 상上께서는 이 문제를 계속 수사할 경우 득보다 실이 크다고 판단하신 것 같았다. "뒷사람의 감계鑑戒(거울)"로 삼는 데서 얻는 이익보다 공직자들의 신뢰가 실추됨으로써 오는 손실이 더 크다고 보신 것이다.
 이조의 수장인 내 처지에서 가장 안타까운 것은 여러 재능 있고 덕망 높은 공직자가 이른바 '유감동 명부'에 올라 있다는 사실이다. 9월 2일 새롭게 드러난 성달생의 경우 공조판서(정2품)이면서도 자신의 딸을 중국에 공녀로 보냄으로써 온 나라에서 "진신縉紳(고위 관료)의 도리를 다 했다"는 평을 받고 있었다(성삼문의 조부이기도 함). 이국만리 명나라 황제를 위해 가족을 궁녀로 보내야 하는 약소국의 처지가 개탄스러웠지만, "일이 외국과 관계되어 있어서 피할 수도 없는"⁰⁹/⁰⁷/²¹ 연례행사였다. 1427년의 여름날 성달생의 17세 된 딸이 자물쇠가 채워진 가마를 타고 경복궁 동편의 건춘문을 출발할 때 부모 친척은 물론 구경하는 온 도성 사람들이 함께 울어 눈물바다를 이루었다.⁰⁹/⁰⁷/²⁰ 물론 할당된 공녀의 숫자를 채우기 위해 조정의 고위 관료가 자발적으로 나선 것이 이번이 처음은 아니었다. 이미 두 차례나 누이를 공녀로 보낸 소경少卿 한

확의 사례도 있었다. 어찌 됐든 현직 재상의 헌신적인 자기희생은 함께 끌려간 처녀들과 그들의 부모에게 큰 위안을 주었다.

사실 규명과 정치적 신중성 사이에서

"사면 이전의 죄에 대해서는 묻지 말라."

'유감동 사건' 연루자의 처벌 대상을 최소화하라는 주상 전하의 지시였다. 지지난해 극심한 가뭄이 들자 "혹시 형벌이 중도를 잃어 원통한 자의 탄식이 화기和氣를 상하게 하지는 않았을까"07/06/23 두렵다면서 전국에 사면령을 내리셨는데, 그 사면 이전의 잘못에 대해서는 추궁하지 말라는 말씀이셨다. '쥐를 잡으려고 들었던 돌을 다시 내려놓음은 항아리가 깨질까 두려워서'라는 속담처럼, 상께서는 법규를 기계적으로 적용하지 않음으로써 국가의 권위를 지키고, 유능한 인재도 구해내려 하셨다.

그런데 유감동의 조사 과정을 보면서 내겐 풀리지 않는 의문이 있었다. 단순한 색녀라면 욕정을 채우는 데 급급해야 하는데, 그녀는 동침한 상대의 이름과 관직까지 너무나 소상히 기억하고 있었다. 그것도 고위 관료나 공신 가문의 자손들에 대해서는 여러 차례 간통하면서 증거를 확보해두기까지 했다. 마치 무슨 보복이라도 하려는 사람처럼.

사건이 마무리된 9월 16일 이후에야 드러났지만, 그녀를 '음부淫婦'로 만든 자는 기실 김여달이었다. 전라도 무안 군수로 부임한 남편을 따라갔다가 병을 치료하기 위해 서울로 올라오는 유감동을 집단 강간한 것이다. 조사 결과 김여달은 어둔 밤에 무뢰배와 함께 거리를 휩쓸고 다니다가 유감동을 만나자 "순찰을 핑계로 외진 구석으로 끌고가 저항하는 그녀를 위협해 밤새도록 희롱"09/09/29한 사실이 드러났다. 추측건대 그 후부터 그녀는 작정하고 조정의 관료들과 관계를 맺었던 것으로 보인다. 아녀자 하나를 지켜주지 못하는 국가에 대한 자기 나름의 보복이었던 셈이다.

문제는 그 과정에 희생(?)당한 공직자들이었다. 나라가 세워진 지 30여 년이 지났다고 하지만 국가의 법제나 사회윤리는 아직 정립되지 않은 상태였다. 여염집 부녀들의 성윤리도 자리 잡히지 않은 상태에서 관료들의 건전한 성관념을 기대하는 것 자체가 무리였다. "우리나라 사람들은 부인들만 정조를 지키지 않을 뿐만 아니라 남자들도 더러 강포한 짓을 자행"09/09/04하고 있으니, 풍속을 바로잡지 않으면 "부부간의 큰 인륜을 무너뜨리는 사건이 그치지 않으리라"는 내 말이 그것이다.

사실 유감동 사건말고도 부녀자의 간통 사건은 부지기수였다. 중과 간통하다 남편에게 들킨 영돈녕부사 이지李枝의 부인이 꾸짖는 남편을 그 자리에서 "불알을 끌어당겨 죽인" 이지 살인 사건,09/01/03 친척을 포함한 뭇 남자와 간통한 사헌부 관리의 딸 동자童子, 유부녀 금음동金音同과 양자부楊自敷의 연쇄 간통 사건, 세자빈이 시녀와 동성애에 빠진 사건 등이 그 예다.

하지만 이들 치정 사건과 유감동 사건은 성격이 달랐다. 유감동 사건은 그야말로 '정치적인 사건'이었다. 주상께서 기계적인 법 적용을 넘어서 정치적 재량권, 즉 '권도權道'를 발휘하신 것도 바로 이 때문이다.

기존 법을 해치지 않으면서 잘잘못을 가려내라

집현전 응교 권채의 '인간 돼지 사건'은 또 다른 사회 문제였다. 이 사건은 형조판서가 우연히 발견했다. "모습은 사람 같은데 가죽과 뼈가 서로 붙어 파리하기 비할 데 없는" 이상한 물체를 지고 가는 노비를 길을 가던 형조판서가 수상하게 여겨 조사를 시작했다. 만약 그때 발견되지 않았으면 세상에 알려지지도 않았을 사건이란 점에서도 충격적이었다.

형조에서 조사한 바에 따르면, 권채는 여종 덕금을 첩으로 삼았는데, 그의 아내가 질투해 덕금을 '인간 돼지'로 만들어버렸다. 즉 권채의 아내 정씨가 "덕금이 다른 남자와 간통하고 도망쳐서 붙잡아왔다"고 말하자, 권채는 "여종의 머리털을 자르고 매질하고는 왼쪽 발에 고랑을 채워서 방에 가두라"고 했다.

다른 날 정씨가 칼로 덕금의 목을 베려 하자 다른 여종 녹비는 "그렇게 하면 사람들이 알게 될 터이니 고통스럽게 해 저절로 죽게 함이 좋겠다"고 말했다. 이에 정씨는 "그 말대로 음식을 줄이고 핍박해 스스로 오줌과 똥을 먹게 했다." 하지만 덕금이 오줌과 똥 안의 구더기를 보고 먹으려 하지 않자 정씨는 "침으로 항문을 찔러 그 고통을 참지 못해 구더기까지 억지로 삼키게 하는 등 수개월 동안 침학했다."^{09/08/24}

이 사건은 주상에게도 상당히 충격적이었던 듯하다. "나는 권채를 안존安存(성품이 얌전하고 조용함)하고 세밀한 사람으로 여겼는데, 그렇게 잔인한 사람이었는가. 아마도 그 아내에게 제어를 받아서 그렇게 된 것 같으니 끝까지 조사하라."^{09/08/20} 권근의 조카로 가학家學을 전수한 덕에 학문적 식견이 높을 뿐만 아니라, 집현전 학사로서 당신의 지우知遇(그 사람의 인격이나 재능을 알고서 잘 대우함)를 입은 권채가 그럴 리 없다고 여긴 것이다.

실제로 의금부에서 다시 조사한 바에 따르면 권채는 여종 덕금이 학대받는 사실을 알지 못했던 것으로 확인되었다. 권채가 집현전 일에 몰두해 있는 동안 그의 아내가 덕금을 학대했다는 진술이 남자 종과 또 다른 여종에게서 나왔다. 그런데 문제는 권채와 그의 아내 사이에 진술이 엇갈리고, 결정적으로 여종 녹비와 덕금, 그리고 권채의 말이 각각 다르다는 점이었다.

그렇다고 세 사람을 대질할 수도 없었다. 종이 주인을 고소하거나 그와 관련해 당국이 조사할 수 없게 만든 '수령고소금지법守令告訴禁止法' 때문이었다. 이 법은 사실 7년 전인 1420년(세종 2) 내가 건의해 제정됐다. "근자에 들어서 아랫사람이 윗사람의 일을 엿보다가 조그마한 틈이라도 발견되면" 참람하게 고소하는 일이 잦음을 보고, 나는 "아전이나 백성으로서 그 고을의 수령이나 감사를 고발하는 자가 있으면, 비록 죄가 있다 하더라도 윗사람의 죄를 논해서는 안 되며, 만약 사실이 아니라면 아랫사람에게 보통의 죄보다 더 무거운 벌을 부과하는"02/09/13 법을 제안해서 재결을 받았다. 그다음 해에는 '대명률'에 의거해 "노비가 주인을 고발할 경우 거짓과 참을 묻지 않고 그 노비를 모두 참형에 처하는"03/12/26 법규도 추가로 만들었다.

법이 이렇다 보니 의금부 관원들도 난처하게 됐다. 법조문이 사건의 진상을 가리지 못하게 하고 있는 셈이었기 때문이다. 이때 상께서 새로운 법 해석을 내놓으셨다. "권채의 일은 비록 종과 주인 사이의 일이라고는 하지만, 노비가 스스로 고소한 게 아니고 국가에서 알고 추핵推劾했으니"09/08/27

이 법을 적용해서는 안 된다는 말씀이셨다. 탁월한 해석이었다. 기존 법을 해치지 않으면서도 잘잘못을 가려낼 길을 열어놓으신 것이다.

이틀 후 보고된 수사 결과에 따르면 권채가 덕금의 학대 사실을 알고 있었던 것으로 나타났다. 의금부 제조 신상申商은 "이 사람은 글만 배웠지 부끄러움은 알지 못합니다"라면서 권채의 몰염치를 비판했다. 권채를 그의 종들과 대질한 결과 애초에 형조에서 조사한 것처럼 덕금의 학대에 연루된 것으로 드러났는데도, 끝까지 그 사실을 인정하지 않고 모든 것을 남에게 떠넘기고 있었다. 결국 권채는 직첩職牒(임명 사령서)을 회수당하고 지방에 부처付處(유배)됐으며, 그의 아내는 속전贖錢(곤장 맞는 대신 내는 돈)을 내고 풀려났다.09/09/03

이 판결에 대해 많은 사람들이 너무 가벼운 처벌이라고 말했다. 권채에 대한 처벌은 그렇다 쳐도, 그의 아내는 좀 더 무거운 벌을 받아야 하는 게 아니냐는 것이었다. 그러나 정흠지나 내 생각은 달랐다. 다행히 여종 덕금이 아직 살아 있고, 역모와 관련되지 않은 죄에 대해서 사대부집 부인을 함부로 처벌할 수 없는 국법이 있기 때문이다. 물론 권채의 문재文才를 아끼는 주상의 배려도 작용했다(권채는 곧 석방돼 집현전으로 복귀했다).

백성의 억울함 듣기와 유능한 관리 보호 사이

나는 오히려 권채를 처벌한 일 자체가 문제라고 생각했다. 조정 관원이 계집종을 학대했다고 해서 직첩을 회수하고 귀양을 보내면 "그로부터 강상綱常(사람이 지켜야 할 도리)의 문란이 시작되리라" 보았기 때문이다.

하지만 주상의 생각은 달랐다. "비록 계집종일지라도 이미 첩이 됐으면 마땅히 첩으로 대우해야 하며, 그 아내 또한 응당 가장의 첩으로 대우해야 할 터인데, 그의 잔인 포학함이 이 정도니 어떻게 그를 용서할 수 있겠는가."09/09/04

주상은 바로 그런 분이셨다. 상께서는 여종 덕금이 학대받은 사실에 대해서도 마음 아파하셨다.

"임금의 직책은 하늘을 대신해 만물을 다스리는 것[人君之職 代天理物]이다. 만물이 그 처소를 얻지 못해도 오히려 대단히 상심할 터인데 하물며 사람에 있어서랴."

덕금이 인간 대우를 받지 못한 데 대한 자책이셨다. 상께서는 모든 백성을 고르게 다스리려 하셨다. "진실로 차별 없이 만물을 다스려야 할 임금이 어찌 양민과 천인을 구별해 다스릴 수 있겠는가"09/08/29라는 말씀이 그것이다.

이런 생각을 가지셨기에 '수령고소금지법'에 대해서도 전적으로 찬성하지는 않으셨다. 즉 사회 기강을 위해 이미 제정된 법을 존중하되, "억울하고 원통함을 펴주는 정치의 도리"도 저버릴 수 없다는 것이었다. 특히 "수령이 관내 백성[部民]의 전답을 오판했는데도 고소하는 통로조차 막아버리면 장차 어떻게 되겠느냐"면서 이 법을 다시 논의해보라고 하셨다.13/01/19

그 후 2년간 계속된 토론과 숙의 끝에 절충안이 마련되었다. 상께서는 "부민이나 아전의 무리가 자기 위에 있는 관리를 고소할 수 없게 함은 진실로 좋은 법"이지만 "만약 자기의 원억冤抑, 원굴冤屈(누명을 써서 마음이 맺힘)함을 호소하는 소장을 수리하지 않는다면 억울함을 풀 수 없어서 정치하는 도리에 방해될 것이다. 그런데 그 고소로 인해 문득 오판의 죄를 처단한다면 낮은 사람이 높은 사람을 능범陵犯하는" 결과를 빚을 것인데 어떻게 하면 좋겠냐고 물으셨다.

황희, 맹사성 등의 동의를 얻은 다음 상께서는 내게 물으셨다. "자기의 원억을 호소하는 소장만을 수리해 바른 대로 판결해줄 뿐이고, 관리의 오판을 처벌하는 일은 없게 해 존비尊卑의 분수를 보전하게" 함이 어떻겠냐는 것이었다. 백성이 억울함을 호소할 수 있게 하되, 관리의 재량권도 존중하는 절충안을 내신 것이다.

사실 이것은 애초의 내 뜻과는 달랐다. 하지만 수 년 동안 논의하면서 주상이 강조하시는 "아랫사람들의 뜻을 통하게 하는[通下情]" 정치의 도리13/01/19도 "상하의 분별[上下之分]"10/07/13이라는 나라의 기강 못지않게 중요하다는 점을 알게 됐다. 그래서 나는 "신이 원한 바는 원억을 호소하는 소장을 수리하지 말아서 상하의 구분을 전일專一하게 함입니다. 그러나 이 교지를 반포하신다면 거의 중용中庸을 얻을 수 있겠습니다"15/10/24 라고 말씀드렸다.

백성의 눈높이에서 정치를 하라

솔직히 나는 주상과 달리 백성을 믿지 않는다. 상께서는 노상 "백성이 비록 어리석어 보이나 실로 신명한 존재"라고 말씀하셨다. "하늘이 내려봄은 우리 백성의 시선에서 시작되고, 하늘의 들음도 우리 백성의 귀에서 시작된다[天視自我民視, 天聽自我民聽]"03/09/07고 해 백성의 눈높이에서 정치를 시작하고, 백성의 목소리를 들으면서 정사를 결정하려 하셨다.

하지만 내 경험에 비춰볼 때 백성들은 대부분 신명하기보다는 어리석은 자들이었다. 눈앞의 이익에 급급해 공동의 삶이나 나라 발전을 저버리는 경우가 많았다. 앞의 '유감동 사건'만 해도 개인 차원의 '보복' 탓에 얼마나 많은 유능한 공직자가 희생될 뻔했는가. 궁궐 안의 신문고를 마구 두들겨 호소한 민원도 태반은 거짓된 것이었다. 도성 안의 대로를 자꾸 침범해 집을 짓는 간특한 백성은[09/11/17] 또 얼마나 많은가.

나는 참람하게 격고擊鼓하는 무리를 처벌하는 게 어떠냐고 여쭈어보았다. 하지만 상께서는 중국의 예를 들어 반대하셨다. 즉 "옛날 원나라에서 소송 절차를 거치지 않고 직소함을 금지하려고 중서성中書省을 두었는데, 이로 말미암아 백성의 뜻[下情]이 주달되지 못해 마침내 대란이 일어났다"는 것이었다. 이에 비해 명나라의 "태종 황제는 바로 대궐 안에 들어와 격고하게 하고 황제가 모두 친히 재결한다"[14/12/03]는 말씀이셨다.

그러나 내 생각은 달랐다. 대궐 안으로 뛰어들어와 억울함을 하소연하는 신민에게 "황제가 잠깐 사이에 한마디 말로 재결"할 경우 잘못된 판결이 내려질 수도 있다. "어질고 착한 사람을 가려 맡겨서 그 시비를 가리게 한 다음 다시 대신과 더불어 그 옳고 그름을 재결하는 우리 조정의 방식"이 더 좋다는 게 내 생각이다. 옆에 있던 신개도 "지존至尊으로서 친히 세세한 일을 재결하심보다는 유사有司(담당자)에게 맡김"[14/12/03]이 낫다고 말했다. 주상께서는 결국 우리 말을 받아들여서 '망령된 고발과 잘못된 판결[妄告誤決]'은 율문에 따라 처벌케 하셨다.

지방 수령의 임기 논란: 고약해와의 논전

그렇다고 주상의 생각과 내 생각이 늘 다른 것은 아니었다. 어떤 사안에 대해서는 놀랄 만큼 일치했다. '수령구임久任법'이 그랬다. 내가 이조판서가 된 지 1년 후인 1423년(세종 5) 종래 30개월의 수령 임기를 60개월(육기제)로 늘리는 개혁이 단행됐다. 나는 전라도 완산의 판관으로 나갔을 때(1399) 수령의 잦은 교체가 지방의 고질적인 폐단이라는 점을 깨달았다. 태조 대왕께서 "2~3개월에 한 번씩 갈리던 고려 말의 혼란"을 막기 위해 수령의 임기를 30개월로 늘려 정했지만 여전히 "구임하려는 본의"는 지켜지지 않았다. 창업과 내우외환의 와중에 필요한 인재를 임기가 만료되기도 전에 끌어다 쓰는 경우가 많았기 때문이다.

하지만 이제 수성守成하는 즈음에 이르러 "예부터 내려온 좋은 법[良法]"을 더는 미룰 수 없다는 게 주상과 내 생각이었다. 그렇다고 중국의 요순시대[唐虞]처럼 9년을 임기로 하기에는 너무 길고, 송나라나 우리 조선에서 국초에 시행했던 30개월은 너무 짧은 느낌이었다. 따라서 "그 중간인 5주년", 즉 60개월을 근무하게 함이 "수령을 맞이하고 보내는 폐단"을 없애는 데 도움이 된다고 보았다. 05/06/05

그러나 육기제가 모두의 지지를 받는 것은 아니었다. 아니, 오히려 대다수 젊은 신료는 반대했다. 반대 논리는 크게 세 가지였다. '공론'("혁파하려는 자가 10명 중 8, 9명"), '조종의 법제'(태조 때 이미 30개월로 정했음), 그리고 '수령의 가정 문제'가 그것이다. 가장 직접적인 이유는 역시 세 번째 것이라고 할 수 있다. 집현전의 신장 등 13인은 임기가 너무 긴 탓에 지방 관리들의 가정이 흔들리고 있다고 상소했다. 즉 "각 도의 수령이 모두 합해 330여 명인데, 그중에 아비는 남쪽에 있고 자식은 북쪽에 있어서 오랫동안 봉양하지 못한 자도 있으며, 아들이 크고 딸이 장성했어도 혼기를 놓친 자도"07/06/27 있다는 말이었다.

그런데 거론되지는 않았지만 실질적인 이유는 다른 데 있었다. 지방으로 내려가기를 꺼리는, 내려가더라도 곧 다시 올라오려는 관료들의 사사로운 동기가 그것이다. 용안龍顏에서 멀어지면 어심御心도 멀어질 거라는 관료들의 불안심리는 심각했다. 거의 '말싸움'에 가까웠던 1440년(세종 22) 3월의 어전회의는 그 같은 불안심리를 잘 보여주었다.

그날 회의는 처음부터 좀 이상했다. 주상과 신료들이 모두 좌정해 있는데, 호조참판 고약해高若海가 자리에 앉기를 피하면서 "소인"이라고 중얼거렸다. 순간 주상의 표정에서 웃음이 사라졌다. 어전회의에서는 '소신'이 아닌 '소인'이라는 말 자체가 격에 맞지 않았다.

"큰소리로 말하라."

상께서 꾸짖듯이 말씀하셨다.

허조는 지방 수령의 임기를 60개월로 늘리는 개혁을
단행했으나 중앙 정치에서 멀어지는 것을 두려워한 많은
신료들의 반발에 부딪혔다.

지방 수령의 행차 풍경

"소인이 오랫동안 천안天顔을 뵙지 못하여 일을 아뢰고자 했사오나 하지 못했습니다."

고약해가 머뭇거리며 말했다.

"해로울 게 없으니 우선 말하라."

주상의 허락이 떨어지자 고약해는 기다렸다는 듯 아뢰었다.

"소인의 충성이 부족해 천의天意를 돌리지 못하고 있습니다만, 신이라도 말하지 않는다면, 누가 감히 전하를 위해 말하려 하겠습니까."

여전히 소인이라는 말을 고집했다.

결국 육기제를 혁파하자는 말이었다. 고약해의 말은 계속됐다.

"육기의 법을 시행하면서부터 나라의 재물을 훔친[犯贓] 수령이 많아졌습니다. 또한 신하로서 5년 동안이나 밖에 있어, 조회에 참여할 수 없게 되니 그 마음에 어찌 억울함이 없겠습니까."

갑자기 옥음玉音이 높아졌다.

"신하는 군부에게 감히 망령되게 말하지 못하는 법이다. 그래 수령으로서 범장犯贓한 자가 누구냐?"

성난 옥음이 채 끝나기도 전에 고약해가 자신의 말을 하려고 했다.

"경은 내 말을 자세히 듣지도 아니하고 감히 말하는가. 경은 끝까지 들으라."

자제하려는 듯 잠시 멈추었다가 말씀을 이으셨다.

"지방 수령을 열두어 고을째 지낸 자도 있다. 경은 겨우 한 고을을 지내고서 그 싫어함이 이와 같으니 어찌 된 것인가."

고약해의 언성도 높아졌다.

"범장한 자를 신이 아무아무라고 지적해 진술할 수는 없사옵니다. 지금 사헌부 탄핵으로 장물贓物이 이미 드러난 자가 2, 3인이 되옵니다."

그는 나아가 작심한 듯 말했다.

"신이 처음 육기의 법을 혁파할 것을 청했으나 전하께서 윤허하지 않으셨고, 두 번째 청해도 윤허하지 않으시니 신은 실로 유감이옵니다. 전하께오서 만약 성명聖明하지 않으시다면 신이 어찌 감히 조정에 벼슬하겠나이까."

거의 자리를 박차고 뛰쳐나갈 기세였다. 고약해의 말은 계속됐다.

"대간과 재상들이 다 좌우에 있사온데, 신이 어찌 감히 한 몸의 사정私情을 함부로 주상 앞에 진술하겠나이까. 이제 비단 불윤不允하실 뿐 아니옵고 도리어 신더러 그르다 하시오니, 신은 실로 실망했습니다."

'실망했다'면서 고약해가 자리에서 일어서자 주상께서도 적잖이 당황하신 듯했다. "알아들었으니 다시 자리에 앉으라"고 하명하셨다.22/03/18

그날 고약해의 태도는 내가 보아도 도를 넘은 것이었다. 그것은 이미 군신 간의 대화가 아니었다. 국왕의 말 도중에 끼어들어 불만을 터뜨리고, 자신의 주장이 받아들여지지 않자 급기야 자리에서 벌떡 일어서기까지 함은 분명 '불경不敬'의 선을 넘어선 태도였다. 하지만 상께서 노여워하시는 까닭은 다른 데에 있었다. "고약해가 오늘 한 말은 틀림없이 후일을 의식해서"라는 말씀이 그것이다. "신하된 자는 진실로 험하고 편함을 가리지 않아야 하는데" 고약해는 다시 외직에 나갈 일을 꺼려 육기제 자체를 혁파하려 한다는 말씀이셨다.

"법령은 후세에까지 내려간다. 따라서 큰 폐해가 없다면 마땅히 준봉해 시행하는 데 힘써야 한다. 만약 한 몸의 사사로운 마음을 가지고 서

둘러 뜯어고치려 한다면 그 고치는 일이 끝이 없을 것이다."[22/03/18]

사사로운 동기로 제도를 바꾸려 했을 때 어떤 폐해가 있는지를 지적하신 것이다. 하지만 고약해 처벌이 그리 간단하지는 않았다. 헌납 김길통이 말했듯이 무례를 이유로 고약해를 처벌한다면, 앞으로 누가 감히 진언을 하겠느냐는 것이었다. 주상께서도 이 점을 의식하고 계셨는지 "내가 그를 탄핵하려고 하는데, 혹시 사람들이 내 뜻을 알지 못하고 나더러 간諫함을 싫어한다고 할까 염려된다"[22/03/18]고 말씀하셨다.

결국 '불경한 태도'만을 벌하기로 했다. "임금으로서 남의 속마음을 억측해서는 안 된다"[22/03/18]는 판단에 따라 고약해의 '사사로운 마음' 부분은 문제삼지 않기로 했다. 상께서는 마지막으로 황희 등의 의견을 들으신 다음 고약해를 일단 파면했다(고약해는 다음 해 5월에 다시 임용됐다).

맡겼으면 의심하지 말고, 의심 나면 맡기지 말라

상께서는 대의에 맞고 백성에게 이로운 일이라면 "남들이 다 불가하다고 하는 것도 홀로 여러 사람의 논의를 배제하고 행"[26/07/23]하셨다. 그리고 관리들의 사사로운 언행에 대해서는 용안을 붉히면서까지 꾸짖으셨다. 결국 수령 육기제는 이 같은 당신의 굳은 의지와 나의 적극적인 추진 덕분인지 점차 "관리들이 법 받들기를 삼갔으며"[07/06/27] 급기야 "중외中外(조정과 민간)가 다 편안하고 백성이 직업에 안심"하게 됐다.

'어떤 방식으로 국정을 운영해나갈 것인가'에 대해서도 주상의 생각은 나와 비슷했다.

즉위한 다음 해였다. 편전에서 정사를 보고 술상을 마련해 여섯 순배 쯤 돌아갈 무렵 의정부의 참찬 김점은 "앞으로 금상황제今上皇帝의 법도에 따라 정사를 하셔야 될 것"이라고 말했다. 명나라 영락제처럼 모든 정사를 친히 재결하는 방식을 본받아야 한다는 말이었다. 그 자리에서 나는 "중국의 제도는 본받을 것도 있고 본받지 못할 것도 있다"고 반대 의견을 말했다.

그러자 김점은 얼굴에 노기를 띤 채로 "황제가 친히 죄수를 끌어내 자상히 심문하는 것을 신이 직접 보았습니다. 전하께서도 본받아주시기를 바랍니다"라고 재차 강조했다. 나는 "그렇지 않습니다. 관官을 두어 직무를 분담했기 때문에 각기 맡은 바가 있사온데, 만약 임금이 친히 죄수를 결제하고 대소를 가리지 않는다면, 관을 두어서 무엇하오리까"라고 반박했다.01/01/11

"신이 친히 뵈오니, 황제는 위엄과 용단이 측량할 수 없이 놀라워 6부의 장관이 정사를 아뢰다 착오가 생기면, 즉시 금의錦衣의 위관衛官을 시켜 모자를 벗기고 끌어내립니다."

김점의 국왕 친정론도 만만치 않았다. 한마디로 "전하께서 온갖 정사를 친히 통찰하셔야 하옵고 신하에게 맡기시는 것은 부당하다"는 주장이었다. 나도 지지 않고 "그렇지 않습니다. 어진 이를 구하기 위해 노력하고, 인재를 얻으면 편안해야 합니다. 맡겼으면 의심을 말고, 의심이 있으면 맡기지 말아야 합니다"라고 강하게 말씀드렸다.

이미 대신을 선택해 6조의 장으로 삼았다면 그들에게 "책임을 지워 성취토록 하실 것이 마땅하며 몸소 자잘한 일에 관여해 신하가 할 일까지 하시려고 해서는 안 된다"고 보았기 때문이다. 특히 중국 황제처럼 6부 장관을 끌어내림은 생각할 수도 없는 일이었다. "대신을 우대하고 작은 허물을 포용함은 임금의 넓으신 도량이거늘, 이제 말 한마디의 착오로 대신을 욕보이며 조금도 두남두지(가엾게 여겨 도와줌) 않는다면 너무도 부당하다"[01/01/11]는 게 내 주장이었다. 끝까지 논의를 지켜보시던 상께서 나를 보고 빙긋이 웃으셨다. "대신에게 오로지 위임하고" 유능한 관료를 뽑아 맡길 때 국가가 번창한다는 게 당신의 변함없는 소신이었던 것이다.

유능한 공직자를 보호해야

유능한 관료를 보호하기란 생각보다 쉬운 일이 아니었다. 어떤 범죄 사실에 연루됐다는 혐의를 받은 공직자의 목숨은 도마 위의 생선과도 같았다. 사람들은 평소 공직자들과 친하게 지내려 하고 또 그들의 도움을 바란다. 다행히 그것이 수용되면 좋아하지만, 그렇지 않을 경우 원망하기 일쑤다. 그러다가 어느 공직자가 작은 뇌물 사건에라도 연루되면 평소 친근하던 모습을 싹 바꾸어버리곤 한다.

백성은 그렇다 치고 동료나 상관들의 태도는 어떤가. 그들은 혹여 불똥이 자기에게 튈까 두려워 가까이 접근하는 것 자체를 꺼린다. 1408년 '목인해의 난'과 관련해 "종친 조대림趙大臨을 모해한 허조를 잡아 가두라"는 태종 임금의 지시가 떨어졌을 때가 그랬다. 의금부 관원의 모진 고문보다 나를 더욱 괴롭힌 것은 바로 동료들의 싸늘한 시선이었다.

나는 조직 내에서 완전히 외톨이가 돼 있었다.

그때 내게 정말 필요했던 것은 동료들의 진실한 한마디 말이었다. "허조의 원래 의도는 이랬다"는 말 한마디가 나를 살릴 수도 있었고 죽일 수도 있었다. 공자께서도 "도가 사람을 넓히는 게 아니라 사람이 도를 넓힌다[人能弘道]"《논어》 위령공편고 말씀하시지 않았던가. 좋은 사람이 있을 때 하늘의 도 드러날 수 있듯이 훌륭한 공직자가 있을 때 비로소 좋은 정치도 가능한 법이다.

다른 것은 제쳐두고라도 현실적으로 한 명의 유능한 관료를 선발하고 키우기까지 들어간 비용은 도대체 얼마인가. 그리고 공직자의 권위가 실추되면 국가의 신뢰도는 어떻게 되며 국가를 믿을 수 없을 때 어떤 일이 발생하는가. '국가가 붕괴된' 고려 말의 혼돈상태에서 우리는 얼마나 많은 비용을 치르며 살아야 했던가.

내가 사헌부 관료로 공직 생활을 시작하면서 공직자에게 정말 중요한 게 무엇인가를 깨달은 사건이 있었다. 하루는 사헌부의 잡단雜端(지평, 정5품)으로서 일을 마치고 어둑어둑할 무렵 집으로 돌아오는데 한 무리의 응방인鷹房人(매 사냥을 주관하는 응방 소속의 관원)들과 마주쳤다. 마침 주상이 아끼시던 매를 잡아오는지 그들은 거들먹거리며 내 앞을 스쳐 지나갔다. 나는 사헌부 소속 아전을 시켜 그들의 종을 잡아 가두었다. 같은 정5품 관직이라지만 내시부 소속의 응방인이 감히 사헌부 관리를 능멸하도록 내버려둘 수는 없었기 때문이다. 이 말을 들은 태종 임금께서 나를 부르셨다. 어찌하여 응방의 종을 가두었느냐고 추궁하셨다.

"왕명을 받들어서 관리의 기강을 세우는 저희를 저들 무리가 능멸했사옵니다."

임금께 나는 강한 어조로 항변했다. 동료인 전순 역시 "허조가 국가의 기강을 떨침으로써 왕명을 높였으니 그를 용서해야 한다"고 아뢰었다. "허조라는 한 사람에 관한 일이 아니옵니다. 왕명을 띤 사헌부 관원을 무시함은 곧 임금의 명령을 두려워하지 않음"이니 오히려 응방인을 벌주어야 한다는 주장이었다. 《태종실록》 01/01/25

그날 태종께서는 나와 응방인을 다 같이 처벌하셨다. "응방인은 곧 내가 패를 준 자이니, 오히려 경들이 과인을 무시했다"는 이유에서였다. 하지만 당신은 나를 곧 부르셨다. 그뿐만 아니라 "사람을 얻었다"면서 이조정랑으로 승진시켜주셨다. 나의 무엇이 태종 임금의 믿음을 얻게 했을까? 아마도 그것은 '국왕 개인'이 아닌 '왕명으로 상징되는 국가'의 우선성이며, 공직자에게 가장 중요한 것은 바로 공공성公共性이라는 신념이 아니었을까.

임금이 직접 내린 연향宴饗은 녹평지향鹿苹之饗이라 불렸다. 이는 사슴이 좋은 쑥을 발견하면 소리 내어서 함께 나눠 먹듯이, 왕이 인재를 초대해 잔치 베풂을 뜻했다.

도덕성보다 필요성이 중요하다

내가 10여 년 동안 이조판서로 있으면서 끝까지 지키려고 했던 인사의 원칙도 바로 이 점이었다. 황희 등이 여기저기서 뽑아 올린 인재를 정밀하게 검증해보면 허물이 없는 인물은 없었다. 당장 정승인 황희 자신부터가 문제가 많은 사람이었다. 하지만 그들의 '개인적인 도덕성'이 아니라 그가 '국가에 필요한 공직자인가'를 따져보면 다른 결론이 나오곤 했다. 내가 낭관郎官들과 함께 "평론에 평론을 거듭"하고, "마침내 중의衆議에 합한" 결정이 내려질 때까지 중시한 인선의 원칙21/12/28이 바로 그것이다.

이런 인사 원칙 때문에 나를 비난하는 말도 많았다. 주상께서 한번은 "경이 사사로이 좋아하는 자를 임용한다고 하더라"고 내게 말씀하셨다. 그 자리에서 나는 "진실로 그 말씀과 같사옵니다. 만일 그 사람이 현명한 자라면 비록 신의 친척이라 할지라도 구애되지 않고 임용하고 [如其賢也, 雖親戚 臣不避嫌] 있사옵니다."21/12/28라고 말씀드렸다. 태종께서도 바로 이 점을 인정하셨는지 상왕으로 계실 때 주상께 "이 사람은 곧 나의 주춧돌이다"라고 말씀하셨다.

그런데 주춧돌도 다듬고 아껴야 비로소 제 구실을 하는 법이다. 아무리 좋은 돌도 방치하거나 잘게 쪼개 쓴다면 결코 그 구실을 할 수 없다. 반면 버려진 돌도 귀하게 여기고 다듬는 석공을 만나면 궁궐의 주춧돌이 될 수 있다. 한마디로 인재를 귀하게 여기고 정당한 대우를 할 때 훌륭한 인재가 나올 수 있는 것이다. 대우는 하지 않으면서 훌륭한 역할을 기대하는 것은 마치 씨 뿌리지 않고 열매가 맺히길 바람과 다를 바 없다.

1429년(세종 11) 정월에 관리들의 지나친 시험 단속을 비판한 것도 같은 맥락이었다. 그 전날 성균관 입학시험을 목도한 나는 과시科試 방식에 문제가 있음을 깨달았다. 시험 단속관들은 유생들을 마치 범죄 용의자 다루듯 했다. 물론 부정을 저지르는 자들을 가려낼 필요가 있었다. 하지만 그보다 더 중요한 것은 선비들의 사기가 꺾이지 않게 하는 일이었다. "동당東堂(과거의 2차 시험[覆試])은 금령이 다소 엄하고, 감시監試(성균관의 입학시험)는 다소 너그러운데, 어제는 책을 끼고 들어감[挾書]을 너무 심하게 단속했다."11/01/18 몸수색까지 서슴지 않는 성균관 아전의 무례에 대한 나의 지적이었다.

선비란 자존심과 명예를 먹고사는 존재다. 그들의 사기를 꺾기란 쉬워도 기개 있는 선비를 길러내기란 대단히 어려운 법이다. 그런데 선비들의 사기가 살아 있지 않으면 국왕 앞에서도 당당하게 간쟁하고, 부패나 유혹으로부터 꿋꿋하게 자신을 지킬 수 있는 관료를 찾기 힘들게 된다. 시험 감독관은 바로 그 점을 놓치고 있었다.

"간諫하면 행하시고 말하면 들어주셨다."

상께서 문병차 사람을 보내오셨다. 동교東郊(지금의 서울 동대문구)에 거둥해 매 사냥을 구경하시고 환궁하는 길이라 했다. 나는 그에게 도승지를 불러달라고 말했다. 한식경이나 지났을까, 도승지 김돈이 급히 달려왔다. 주상께서 "허 의정이 너를 보려고 함은 반드시 아뢸 일이 있어서일 터이니 속히 가서 보라"고 하셨다고 했다.

내 나이 이미 70을 넘었지만 상께서는 여전히 사직을 허락지 않으셨다. 마냥 고집을 부릴 수도 없었다. 여섯 살이나 위인 황희 정승도 "나라의 큰일을 재결"하는 데 참여하고 있었기 때문이다. 하지만 두 달 전부터 숙질이 악화되어 도무지 병상에서 일어날 수가 없다. 죽음이란 이렇게 찾아오는 것일까. 갑자기 숨이 차오르고 맥박이 잦아진다. 나는 가족들을 모두 내보낸 후 동쪽으로 돌아누우며 도승지에게 말했다.

"예전에 정명도程明道(송나라의 정호) 선생도 죽을 때 자제들과 더불어 국사를 말하지 아니했다 하오. 내가 포의布衣(벼슬 없는 선비)로서 주상의 은혜를 입어 지위가 정승에 이르렀고, 나이가 70이 넘었으니 마음에 한스러운 게 없소. 다만 살아서 다시 용안을 뵙지 못할 것 같아서 그대에게 나의 회포를 말해 올리려 하오."

점점 말하기조차 힘들어졌다. 하지만 그만둘 수는 없었다.

"지금 신하들은 다퉈가며 태평성대라고 말합니다. 허나, 우리나라는 북쪽으로 야인이 있고 동쪽으로 섬오랑캐가 있습니다. 만약 양쪽에서

과거시험 합격자를 축하하고 있는 풍경을 그린 풍속화

일시에 난리가 나면 나라는 곧 위태로워집니다. 원컨대 이 말씀을 아뢰어서 변경을 더욱 튼튼히 하게 하오."²¹/¹²/²⁵

이제 숨쉴 기력도 남아 있지 않았다. 돌이켜보면 때로 역린逆鱗(임금의 분노)을 자초하면서까지 주상의 뜻에 반대한 적도 많았다. 모두들 "가可하다"고 하는데도 내 주장¹⁵/¹⁰/²³을 고집해 관철시킨 적도 있었다. 이 때문에 상께서는 "허조는 고집불통이야"라고 불만을 드러내기도 하셨다. 하지만 상께서는 늘 끝까지 내 의견을 경청하셨고, 내가 제기한 문제를 해결한 뒤에야 그 정책을 시행하셨다. 그야말로 "간諫하면 행하시고, 말하면 들어주셨다[諫行言聽]."²¹/¹²/²⁸

그 때문이었을까. 나는 한 번도 이 나라의 객客이라 생각해본 적이 없다. 언제나 "국가 일을 내 자신의 임무로 여기며[自以國家之事爲己任]" 살아왔다. 이제 죽음의 그림자가 찾아온 지금 나는 감히 "태평한 시대에 나서 호연히 홀로 부끄러울 것이 없다"고 말할 수 있다. 이것은 결코 나의 조상들에게 있지 않았고, 또한 "나의 후손들이 미칠 바가 아니다."²¹/¹²/²⁸ 바로 주상과의 아름다운 만남이 있었기에 이 모든 게 가능했다.

허조가 본 세종 2

세종 정치의 아킬레스건, 왕위 계승 문제

"성상聖上은 내가 간諫하면 행하시고 말하면 들어주셨으니, 죽어도 여한이 없다."
─허조 《세종실록》 21/12/28

세자의 얼굴이 잔뜩 일그러져 있었다. 평소에도 "계집아이 같다"는 핀잔을 받던 세자의 표정이 오늘은 더욱 창백해 보였다. 느즈막한 시간에 상께서 편전으로 부르실 때 짐작은 했었다. 며칠 전 전하께서 "세자빈이 입에 담기조차 부끄러운 일을 저질렀으니 어떡하면 좋겠느냐"고 물으셨을 때, 나는 "빨리 세자의 후궁을 들여야 한다"고 말씀드렸다. 세자가 합궁合宮을 거절하는 상황에서 제아무리 부모라도 부부관계를 강요할 수는 없다고 보았기 때문이다.

　사정전思政殿 추녀마루 위의 잡상雜像들이 유난히 요사스럽게 보였다. 세자빈을 폐하는 일이 벌써 두 번째다. 아무리 공자께서도 아내를 내쫓은 일이 있었다지만, 십 년 사이에 두 번씩이나 세자빈을 쫓아냄은 조정으로서도 몹시 부담스런 일이 아닐 수 없었다. 그럼에도 세자빈 봉씨의 소행을 그대로 묵과할 수 없다는 데 전하의 고민이 있었다.

첫 번째 세자빈 폐출

생각해보면 세자 이향李珦(나중의 문종)은 처복이 지지리도 없는 사람이었다. 누대의 명문가 딸이라고 하여 간택한 첫 번째 세자빈 김씨는 일종의 정신병을 앓고 있었다. 태종 임금의 후궁이었던 고모[明嬪]의 영향 때문이었는지 김씨는 지나칠 정도로 세자의 사랑을 독점하려 했다. 하지만 병약한 세자는 열네 살의 나이답지 않게 세자빈을 영 가까이 하려 하지 않았다.

세자빈은 늘 독수공방 신세였다. 동궁의 정원에는 꽃이 만발하고 기암괴석이 가득해도 젊은 세자빈의 마음은 언제나 공허했다. 삼삼오오 궁녀들의 웃음소리는 그녀를 비웃는 소리 같았고, 즙희문緝熙門 밖 대나무 숲의 새소리조차 그녀를 조롱하는 듯했다.

고민하던 세자빈이 드디어 일을 저질렀다. 세자의 마음을 얻기 위해 술법을 사용한 것이다. "여자가 남자의 사랑을 받는 술법"을 가르쳐준 것은 시녀 호초였다. '남자가 좋아하는 여인의 신을 잘라다가 불에 태워서 가루를 낸 뒤 술에 타서 남자에게 먹이면 남자는 그 여자만을 좋아하게 되고 신발 주인을 싫어하게 된다'는 압승술壓勝術이 그것이다. 실제로 세자빈은 세자가 좋아하는 두 시녀, 즉 효동과 덕금이의 신발을 가져다가 손수 잘라서 숨겨두었다. 그런데 좀처럼 세자를 접할 기회가 없었다.[11/07/20]

그래서 세자빈은 다른 술책을 찾았는데, 호초가 당시 기생이나 애첩들이 애용하는 방법을 알려주었다. 그것은 "두 뱀이 교접할 때 흘린 정액을 수건으로 닦아서 차고 있으면, 반드시 남자의 사랑을 받는다"는 민간요법이었다.[11/07/20]

사고는 엉뚱하게도 세자빈의 집종 때문에 터졌다. 세자빈을 따라 궁궐에 들어온 집종 순덕은 우연히 자신의 약낭藥囊(약을 넣어서 차는 주머니) 속에서 가죽신 조각을 발견했다. 대뜸 그녀는 그것이 자신의 주인 세자빈을 해치려는 누군가의 술법이라 생각하고 지밀상궁에게 고해 바쳤다. 주상은 일일이 시녀들을 불러 전후 사실을 조사했다. 세자빈도 모든 것을 자백하지 않을 수 없었다. 숨겨놓은 신발 조각이 증거물로 제시되었기 때문이다. 결국 세자빈 김씨는 "서인庶人으로 강등되어 사삿집으로 쫓겨났다. 11/07/20

두 번째 세자빈의 성性

그런데 "요망하고 사특"한 며느리라 하여 쫓겨난 폐빈 김씨는 두 번째 세자빈에 비하면 그래도 점잖은 편이었다. 김씨를 폐하고 석 달 만에 가례를 올린 세자빈 봉씨는 아마도 대궐에 들어오기 전부터 이미 '성'을 알고 있었던 듯하다. 열여섯 살의 세자는 친영親迎한 첫날밤 이후 그녀를 멀리했다.

첫 번째 세자빈의 박행薄行한 행동을 본 상께서는 두 번째 세자빈을 세자와 함께 종학宗學에 입학시켰다. 왕실 교육기관인 종학에 들어가 아내다움을 익혀 내조를 잘 하는 맏며느리[冢婦]가 되어주길 바라는 전하의 바람에서였다. 하지만 이런 바람은 어김없이 무너졌다.

봉씨는 상께서 직접 내려주신 《열녀전》을 내동댕이친 것은 물론이고, 종학의 시녀들이 사용하는 화장실을 들락거렸다. 벽 틈으로 경복궁

건춘문을 오가는 남정네들을 훔쳐보기 위함이었다. 밤에는 궁궐 여종들에게 "남자를 사모하는 노래"를 부르게 했다.

이 정도에서 머물렀다면 그래도 괜찮았을 터이다. 연달아 세자빈을 폐함은 보통 일이 아니었기 때문이다. 하지만 세자빈 봉씨는 시아버지의 신뢰를 잃고 말았다. 주상과 중전께서는 세자를 불러 "정실부인正嫡을 멀리 해서는 안 된다. 왕실을 위해서라도 정실부인에게서 아들을 보도록 하라"고 타이르시곤 했다. 사실 적장자에게 왕위를 계승하려는 전하의 의지는 매우 강한 것이었다. 당신 스스로 장자가 아닌 몸으로 왕위에 올랐고, 그 때문에 겪어야 하는 심리적 압박감 때문에 더욱 그러했는지 모른다.18/10/26

그 때문이었을까? 세자는 그 후 몇 차례 세자빈의 침소를 찾았다. 그러던 어느 날 봉씨의 입에서 "태기가 있다"는 말이 나왔다. 주상을 비롯해 온 궁궐이 경축 분위기에 들뜬 것은 물론이다. 중전께서는 아예 세자빈의 거처를 중궁전으로 옮기도록 했다. 세자빈의 안정을 유지하려는 배려였다. 그런데 한 달쯤 지났을까. 봉씨는 갑자기 "낙태를 했다"고 말했다. "단단한 물건이 형체를 이루어 나왔는데 지금 이불 속에 있다"는 것이었다. 급히 궁궐의 늙은 여종에게 달려가 보게 했는데, 이불 속에서는 아무것도 발견되지 않았다. 임신했다는 말은 거짓이었음이 드러났다.

'거짓 임신 사건'까지만 해도 그것은 주상의 말씀대로 "여자가 사리의 대체를 알지 못했기 때문"이랄 수 있었다. 하지만 세자빈이 시녀와 동침한 사실은 결코 묵과할 수 없는 일이었다. 궁궐 안팎으로 파다하게 퍼진 소문을 잠재울 방법도 없었다. 시녀와의 동성애 사건은 세자빈 봉씨를 결정적으로 폐출하지 않을 수 없게 만들었다.

사실상 궁궐 안의 동성연애는 공공연한 비밀이었다. 대비 등 웃어른을 제외한 궁궐 안의 모든 여자가 국왕의 잠재적인 잠자리 상대인 상황에서 동성애는 불가피한 일이기도 했다. '수백 대 일'이라는 절대적인 성비性比의 불균형은 깊은 밤 궁궐 안 여성들의 한숨 소리를 자아내기에 충분했다. 가끔 거세한 내시의 성기능이 되살아나 궁궐 내 스캔들을 일으키기도 했고, 액정서掖庭署(왕명의 전달과 안내, 궁궐의 관리 따위를 맡아보던 내시부 소속 관사) 소속의 젊은 경호원인 별감들과의 사이에서 목숨을 건 연애 사건이 일어나기도 했다. 하지만 이미 중성화된 그들에게서 무엇을 기대한다는 자체가 무망한 일이었다.

이 때문에 후궁과 시녀들은 궁궐의 지엄한 법도에도 불구하고 알게 모르게 "서로 좋아하여 동침하고 자리를 같이하곤 했다." 하긴 신체 건강한 수백 명의 여성들이 오로지 한두 명의 남자만을 바라보고 평생을 보낸다는 것 자체가 고역이었다. 어쩌다가 임금의 눈에 띄어 "성은聖恩"을 입게 된 경우도 있다지만, 그것은 그야말로 실낱 같은 희망이었다.

이런 그들에게 궁궐이란 화려하고도 거대한 감옥과도 같았다. 일단 입궁하면 의식주 문제는 해결되었고, 고향집에 어느 정도 도움을 줄 수도 있었다. 현물(쌀·콩·북어)로 지급되는 월급을 아껴놓았다가 고향집에 보낼 수 있었기 때문이다. 하지만 '살아서 걸어 들어와 죽거나 중병이 들어야만 실려 나갈 수밖에 없는' 운명의 궁녀들에게 여염집 부부의 평범한 삶은 그야말로 비원悲願이었다. 신명호,《궁궐의 꽃 궁녀》, 196쪽

궁궐 안의 동성연애는 공공연한 비밀이었다. 궁궐이라는 폐쇄된 공간 내에서 억눌린 욕구를 분출할 수 있는 통로 중 하나가 동성애였다.

궁궐 내 동성애 사건

이 화려한 감옥에서 억압된 성욕을 해소할 수 있는 길이 전혀 없는 것은 아니었다. 그것은 "대식"이라 불린 궁녀들의 동성애였다. 궁녀들은 보통 한 방에서 2~3명씩 함께 생활했다. 고참 상궁들의 간섭이나 동료들과의 불화는 한정된 공간의 궁궐에서 가장 힘든 일이었다. 하지만 그것은 다른 한편 서로의 외로움을 달래는 길이기도 했다. 젊은 나이의 또래 궁녀들끼리 우정과 애정을 넘나드는 사귐은 늘상 있는 일이었고, 또 묵인되었다. 하지만 후궁과 시녀들 사이의 애정행각은 거의 대부분 말썽을 일으켰다. 거기에는 시기를 넘어선 '권력관계'가 작용하고 있었기 때문이다.

세자빈 봉씨가 좋아한 여자는 궁궐의 여종 소쌍召雙이었다. 세자가 계속 밖으로만 돌자 봉씨는 술에 의지해 살았다. "항상 방 속에 술을 준비해두고는, 큰 그릇으로 연거푸 술을 마시어 취하기를 몹시 좋아했다. 혹 어떤 때는 시중드는 여종으로 하여금 업고 뜰 가운데로 다니게 하고, 혹 어떤 때는 술이 모자라면 사사로이 집에서 가져와서 마시기도"18/11/07 했다.

나아가 그녀는 자신의 침실을 돌보는 지밀나인인 소쌍을 아예 데리고 자기 시작했다. 소쌍이 주상께 아뢴 것처럼, 봉씨는 밤낮을 가리지 않고 연애행각을 벌였다. "지난해 동짓날에 빈께서 저를 불러 내전으로 들어오게 하셨습니다. 다른 여종들은 모두 지게문 밖에 있었습니다.

빈께서 저에게 같이 동침하기를 요구했으나 저는 사양했습니다. 그러나 빈께서 윽박지르므로 마지못하여 옷을 반쯤 벗고 병풍 속에 들어갔습니다. 그러자 빈께서 저의 나머지 옷을 다 벗기고 강제로 들어와 눕게 하여, 남자와 교합하는 형상과 같이 하여 서로 희롱하였습니다."[18/10/26]

그런데 세자빈은 소쌍을 육체적인 동성애 상대로서뿐만 아니라 정신적으로도 사랑한 듯했다. 소쌍이 다른 궁녀와 친하게 지냄도 질투하고 막으려 했다. 기실 소쌍이 좋아하던 사람은 따로 있었다. 그 사람은 권승휘承徽(세자궁의 후궁)의 사비私婢 단지端之였다. 그들은 "서로 좋아해서 함께 자기도 했다." 이 사실을 안 봉씨는 단지를 불러 "거의 죽을 지경에 이르도록 때렸다."[18/11/07] 그녀는 소쌍을 자기 주변에서 떠나지 못하게 했다. 잠시라도 소쌍이 곁을 떠나면 그녀를 원망하면서 "나는 너를 매우 사랑하는데, 너는 나를 그다지 사랑하지 않는구나"라고 성을 내었다. 소쌍은 이런 세자빈을 두려워했다. 게다가 상께서 불과 얼마 전에 궁녀들 사이의 '대식'이 적발될 경우 곤장 100대나 70대씩 때려 다스리라고 엄명하신 터였다.

세자빈의 동성애 소문을 들은 상께서는 펄쩍 뛰셨다. 엄한 형벌로 '음탕한 풍습'을 겨우 멎게 했는데, "어찌 세자빈이 이러한 풍습을 본받아 이같이 음탕할 줄 생각이나 했겠는가"라고 말씀하셨다. 즉시 소쌍을 불러 사실 확인을 한 다음, 세자빈 봉씨를 찾았다. 주상과 중전 앞에 불려 온 봉씨는 딱 잡아떼었다. "소쌍과 단지가 서로 사랑하여 밤에 같이 잘 뿐만 아니라 낮에도 목을 맞대고 혓바닥을 빨았습니다. 이것은 저희들끼리 하는 짓이지 저는 애초에 동침한 일이 없습니다."[18/10/26]

상께서는 세자의 의견을 물었다. 세자는 세자빈의 "투기가 심해서 비록 칼날이라도 가리지 않을 것"이라고 대답했다. 또 이대로 간다면 "옛날의 한나라 여후呂后(한 고조의 황후로 외척 발호의 원인이 되었음)보다 못하지 않을 것"18/11/07이라고도 말했다. 마지막으로 안평대군과 임영대군으로 하여금 조정 신료들의 의견을 묻게 했다. 이는 왕실의 문제이자 동시에 국가의 일이기도 했기 때문이다. 그 결과 영의정 황희, 우의정 노한, 찬성 신개도 모두 "마땅히 폐해야 한다"고 말했다. 봉씨 역시 사가로 폐출되었다.

세자가 이처럼 봉씨를 멀리하고 급기야 여후까지 거론해 폐출시킨 데에는 그럴 만한 이유가 있었다. 봉씨와의 관계가 좋지 않은 세자를 걱정하는 주상께 나는 "빨리 후궁을 들여야 한다"고 말씀드렸다. 상께서는 그 말씀을 받아들여 세자가 가례를 올린 지 2년 만에(1431) 승휘 세 사람을 뽑았다. 세자는 그중 한 사람인 권 승휘(현덕왕후)를 인애하고 있었다. 네 살 연상의 권승휘가 어떻게 세자의 마음을 사로잡았는지 모르겠으나, 허약한 세자의 총애를 받아 임신까지 하게 되었다.

이 소식을 전해 들은 세자빈 봉씨는 꺼이꺼이 큰 소리를 내며 울었다. 궁중에까지 들릴 정도로 큰 소리로 울던 봉씨는 시녀에게 "권 승휘가 아들을 낳으면 우리를 쫓아낼 것"이라고 말하기도 했다. 그녀는 권씨를 원망하고 투기하는 한편 소쌍의 연인이자 권 승휘의 사비인 단지를 데려다 죽도록 때리곤 했다.

세자빈 봉씨의 기도가 이루어졌는지 권씨는 아들을 낳지 못했다. 권씨 역시 세자만큼이나 건강하지 못한 체질이었다. 그런데 봉씨의 말과는 반대로 권 승휘는 오히려 봉씨가 쫓겨난 다음에 아들을 낳았다. 봉씨를 폐출한 지 두 달 만인 1436년(세종 18) 12월에 권 승휘는 세자빈에 올랐다.

권 승휘처럼 후궁(종4품)이 전격 세자빈(정1품)으로 승격되는 일이 흔한 일은 아니었다. 처음에 여러 대신들은 "응당 숙덕淑德이 있는 규수를 잘 골라 뽑아야 한다"고 주장했다. 상께서도 처음엔 그에 따라 "서울과 지방의 명문가의 딸 몇 사람을 간택하여 그 길흉을 점치고, 그 덕용德容을 관상 보게 하였다." 하지만 좀처럼 주상의 마음에 드는 세자의 배필을 구할 수가 없었다. 두 차례나 세자빈을 폐출한 경험이 있는 만큼 신중하게 사람을 골라야 하는데, 그럴수록 더욱 까다로워져서 어떻게 해야 할지 모르는 지경에 이르렀다.

결국 상께서는 이미 검증된 여자를 선택하기로 하셨다. "시험해보지 않은 사람을 새로 얻는 것보다는 본래부터 궁중에 있으면서 부인의 도리에 삼가하고 공손한 사람을 뽑아 세움이 더 낫다"고 판단하신 것이다. "첩을 아내로 만드는 일은 비록 옛날 사람들이 경계한 바"이지만, 대신들도 후궁을 승진시켜 빈으로 삼자고 말한 만큼 그 뜻에 따르겠다는 말씀이셨다.18/12/28

안타까운 것은 세 번째 세자빈 권씨의 불운이었다. 그녀는 후궁 시절에 딸을 낳은 뒤 좀처럼 아이를 갖지 못하다가 1441년(세종 23) 7월에야 아들(나중의 단종)을 낳았다. 무려 9년 만에 출산을 한 세자빈 권씨는 안타깝게도 이틀 만에 죽고 말았다.

동성애 문제로 폐출당한 세자빈 봉씨의 뒤를 이어 권 승휘가 세자빈에 올랐다. 그러나 권 승휘는 단종을 낳은 지 이틀 만에 죽고 말았다. 후에 현덕왕후로 추존되었다.

그래도 '제가齊家'에 성공한 세종

생각해보면 상께서도 후궁보다 낮은 노비 출신의 신빈愼嬪 김씨를 총애하여 후궁 중의 최고 자리인 빈嬪으로까지 올리신 분이다. 소헌왕후 심씨의 시녀였던 김씨가 주상의 성은을 입은 때는 재위 8년째인 1426년 여름이었다. 당신은 이미 수년 전부터 소헌왕후의 침실을 돌보는 착하고 예쁜 김씨를 눈여겨보고 있었다. 그러던 그해 한여름 서른 살의 한창 나이인 상께서는 스물한 살의 김씨를 침소에 들게 했고, 1년 후에는 첫아이를 낳았다.

아이를 낳자 김씨의 신분이 바뀌었다. 왕후의 지밀나인에서 후궁[嬪]으로 수직 상승한 것이다. 김씨는 이후 12년 동안 임신과 출산을 반복하여 무려 아들 여섯과 딸 둘을 낳았다. 흥미로운 것은 신빈 김씨와 소헌왕후의 관계이다. 소헌왕후는 자신의 시녀가 주상의 총애를 받고 있었지만—왕후는 1427년 이후 7년 동안 출산을 못했다—김씨를 미워하거나 시기하지 않았다. 오히려 일곱째 아들인 평원대군을 낳은 지 7년 만인 1434년 4월에 막내아들 영응대군을 낳았는데, 왕후는 신빈 김씨에게 그 아들의 양육을 맡겼다. 김씨에 대한 신뢰가 없으면 할 수 없는 일이었다.

사실 상께서는 자신의 즉위 후 그야말로 초토화된 처가를 생각해서 인지 소헌왕후 심씨를 극진히 대했다. 신빈 김씨와 사랑에 빠졌을 때도 "나는 중궁의 내조에 크게 힘입었다"면서 왕후를 존중하고 아꼈다. 왕후와 신빈 역시 서로 질투하지 않고 존중했다. 그 덕분에 김씨는 노비 출신으로서 일약 종1품의 빈으로 상승하여 아들딸 잘 낳고 다복한 생애를 누릴 수 있었다.

세종의 가계도

세종은 9명의 부인 사이에서 총 18남 4녀를 두었다

소헌왕후 심씨 — 문종 / 세조 / 안평대군 / 임영대군 / 광평대군 / 금성대군 / 평원대군 / 영응대군 / 정소공주 / 정의공주

영빈 강씨 — 화의군

신빈 김씨 — 계양군 / 의창군 / 밀성군 / 익현군 / 영해군 / 담양군

혜빈 양씨 — 한남군 / 수춘군 / 영풍군

창의궁주 박씨

숙원 이씨 — 정안옹주

의정궁주 조씨

상침 송씨 — 정현옹주

혜순궁주 이씨

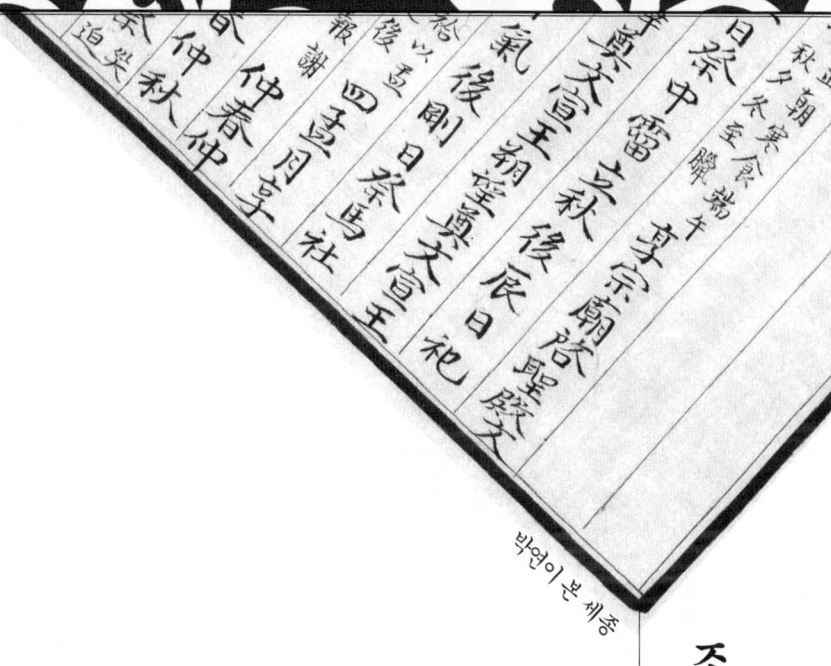

박연이 본 세종

조선의 황종음을 찾아라

"아악은 본래 중국 음악이다.
중국 사람들은 평소 늘 들어서 익숙하니
제사에 사용하는 게 당연하다.
하지만 살아서 향악을 즐기던 우리나라 사람들이
죽어서는 아악을 들어서야 되겠느냐."

-세종《세종실록》12/09/11

{박연}

'책을 숭배한 조선의 음악가.' 난계蘭溪 박연朴堧(1378~1458)은 책에 실린 것은 틀림없는 사실일 거라고 생각한 사람이었다. 중국에서 들여온 음악이론서를 신봉해 적힌 그대로 악기를 제작해내는 그의 모습에서, 그리고 풍수서적을 믿고 승문원 터, 즉 지금의 국립고궁박물관 앞뜰에서 황제가 난다고 확언하는 그의 얼굴에서 책 숭배자 박연을 볼 수 있다. 충청북도 영동永同에서 태어난 그가 1411년(태종 11)에 진사시험에 합격했을 때만 해도 그에게 음악은 멀리 있었다. 조부 박시용은 대제학을 지냈으며 부친 박천석도 이조판서를 역임했다. 전형적인 문관 집안에서 자란 그가 음악 전문가로 변신한 것은 세종을 만나면서부터였다. 세종은 1424년(세종 6)에 그를 악학별좌로 임명한 뒤 "오로지 음악을 맡아 주관하게[專掌樂事]" 했다. 《연려실기술》을 보면, 박연이 세종에게 음악을 위임받은 다음부터 "앉아서나 누워서나 매양 손을 가슴 밑에 얹어서 악기를 다루는 시늉을 했다"고 한다. 입 속으로는 율려律呂 소리를 익힌 지 십여 년 만에 비로소 (음악에 관한 일을) 이룩했다"고 한다. 박연은 세종 7년부터 해주에서 나는 기장으로 율관을 제작했으나, 실패했다. 네 차례 이상의 시행착오를 거친 끝에 그는 마침내 중국의 황종음에 맞는 악기를 제작했다. 1433년(세종 15) 1월 1일의 회례악 연주는 그 노력의 결과였다. 그러나 박연의 이런 노력이 세종을 만족시키지는 못했던 것 같다. "박연에게 맡기면 성음聲音의 절주節奏 정도는 이뤄질 것"이라는 말처럼, 세종은 그에게 전문기술자 이상의 의미를 두지는 않았다. 그러면 세종이 추구하는 진짜 목표는 어디였을까? "음악을 들으면 그 나라의 정치 수준을 알 수 있다[審樂以知政]"고 본 세종은 궁중의 정제된 음악뿐만 아니라 방중房中 부인들의 음악과 여항의 노래까지도 귀중하게 생각했다. 무엇보다 중국인이 중국 음악을 즐기듯이 조선 사람은 우리 악기로 우리 노래를 즐겨야 한다는 세종의 생각을 책 숭배자, 특히 중국 서적과 음악이론을 숭배한 박연은 이해하지 못했다.

"박연이 병들었으니 장차 이 일을 누구에게 맡길 것인가?" 상上께서 사뭇 걱정스런 표정으로 승지들에게 물었다. 기실 내가(박연) 하고 있던 일은 한 두 가지가 아니었다. 혁명과 천도遷都 와중에 소실된 악기와 악서樂書들을 다시 만들고 편찬하는 것은 차라리 쉬운 일이었다. 악학樂學(태종 6년에 설립된 음악 관장기구)에 소속된 젊은 문신들에게 악기와 악보법을 그리고 쓰게 하여 악기도감樂器都監의 장인들에게 제작하게 하면 되었기 때문이다.

  하지만 상의 뜻은 훨씬 더 높은 데 있었다. 물론 음악의 격조를 아는 문신들을 참여시켜 각종 국가행사에 소용되는 아악을 바로 잡는 것도 중요했다. 응당 있어야 할 악기가 없는 일이 다반사였고, 그나마 있는 악기도 엉뚱한 곳에 놓여 있는 일이 비일비재했다. 예를 들어 음악이 시작될 때 필요한 당상堂上의 악기인 부拊가 없어서 당하堂下의 악기인 고鼓로 대용하고 있었다. 질장구(진흙을 구워 만든 화로 모양의 악기) 역시 엉터리였다. 중국의 요 임금 때부터 사용되었고 "온 세상이 좋아하는"

이 악기가 "우리나라에서는 두드려도 소리가 나지 않고 다만 헌가軒架에 매달려 구색만 갖추고 있는" 상황이었다.12/02/19 이처럼 꼭 필요한 악기를 다시 제작하는 일도 내게 맡겨진 중요한 일이었다. 그런데 상께서 원하시는, 그리고 내가 꿈꾸는 바는 그 이상의 일이었다. 그리고 상의 말씀처럼, 나는 그 꿈을 위해 "마음을 쓰고 힘을 기울이다가 마침내 병에 걸리고"12/07/28 말았다.

예정에 없던 음악인의 길

1411년(태종 11) 내가 문과에 급제했을 때만 해도 음악의 길을 걸으리라고는 생각도 못했다. 이조판서를 역임한 아버지[박천석朴天錫]께서는 내가 집현전 교리가 되는 걸 보시고는 일찍이 대제학을 지내신 조부님[박시용朴時庸]의 뒤를 이어 집안의 문명을 떨치리라 기대하셨다. 그런데 상께서 나를 악학별좌로 임명하신 1424년(세종 6)부터 나의 길은 달라졌다.

어떤 계기로 내가 음악에 관한 주상의 지우知遇를 받게 되었는지는 잘 모른다. 다만 경연에서 나는 "매번 아는 것을 극진히 다 말씀드리곤 했다[反覆開陳 知無不言 言無不盡]." 그러면 상께서는 "우리나라가 태평한 때를 맞이했으나 아직도 예악문물에 미비됨이 많다"면서 여러 서책을 내려주시곤 했다. 나는 그러한 상의 권장에 고무되어서 고례古禮와 옛 제도에 의거해 여러 가지 예악 관련 개혁안을 말씀드리곤 했다.박연,《난계선생유고蘭溪先生遺稿》부록 시장(홍계희 찬撰)

아마도 그 과정에서 상께서는 음악에 대한 나의 소질을 발견하신 듯하다. 이후로 당신께서는 마치 뛰어난 석공이 바위를 쪼아 조각품을 만들 듯 나를 다듬고 가르치셨다. 집현전에서, 그리고 태종 6년에 설립된 악학에서 음악에 관한 온갖 문헌들을 섭렵하게 함은 물론이다.

황종음, 중국과 조선의 문화 경쟁의 가늠선

조선의 황종음을 찾는 일, 그것이 상께서 내게 내리신 제1의 과업이었다. 소리[聲]를 변화시켜 곡조가 있는 음音으로 만들고 그 음에 춤을 포함시킨 악樂으로 나아가기 위해서는 기본음을 찾는 일이 무엇보다 중요했다.《예기》악기 그 기본음인 황종黃鍾의 음높이를 정하지 못하면 각종 악기의 제작은 물론이고 연주와 춤의 공연도 불가능해진다. 그 점에서 송나라 휘종이 고려 예종에게 보내온 악기 편종編鐘은 왕조를 뛰어넘어 역대 군신들에게 열등감의 원천이었다.

궁궐의 연못에서 송나라에서 보내온 종鐘과 경磬 등이 발견되었을 때, 즉 홍건적의 난리 때 어느 늙은 악공이 악기들을 연못에 던져놓은 게 발견되었을 때, 모두들 기뻐 춤추었다. 하지만 그다음이 문제였다. 봉상시에 근무하던 악공들조차도 음률을 전수받지 못해 엉터리 음악이 연주되기 일쑤였다. 예컨대 "석경石磬 대신 흙으로 구운 와경瓦磬을 쓰고, 종도 어지러이 매달아서 그 수효를 채우지 못하여, 그 외설되고 망령된 연주가 반복되었으나 으레 관습으로 알고 있었다."[15/01/01]

《주례》를 비롯한 고전의 악서樂書의 음높이에 가장 근접한 그 편종의 음을 만들기 위해 기울인 노력들은 번번이 좌절되었다. 심지어 명나라에서 보내온 종과 경조차도 그 음을 따라잡지 못하고 있었다. 중국마저 송나라 때의 이상적인 황종음을 잃어버리고 만 것이다.

대군 시절부터 악기와 음률에 타고난 감각을 가지고 계셨던 주상께서는 지금까지의 기준음 찾기에 만족하지 못했다. 봉상시奉常寺에 보관되어 있는 송나라의 편종으로 황종의 음높이를 조율하는 종래의 방식으로는 새로운 문명의 소리를 만들 수 없다고 보신 듯했다. 게다가 지금은 어느 나라가 먼저 그 이상적인 소리에 근접한 악기를 만들 것인가를 놓고, 중국과 조선이 치열한 경쟁을 벌이고 있는 때가 아닌가. 단순한 악기의 문제가 아니라 국격國格과 자존심을 건 국가 간 경쟁이 벌어지고 있다.

신이 지금 동적전東籍田(국왕이 직접 가꾸던 서울 동쪽의 농지)에서 기른 기장으로 쌓아올려서 황종관을 만들어 불어보니, 그 소리가 중국(송나라)의 황종보다 한 음률이 높았습니다. 이는 아마도 땅이 메마르고 기후가 가물어서 기장이 자랄 때 화기和氣를 잃은 때문인 듯합니다.……신이 원하옵기는 남쪽 지방의 여러 고을에서 기른 기장을 모두 가져와서 세 등급으로 골라서 쌓아올려서 관管을 만들되, 그중에서 중국의 음과 서로 합하는 것이 있으면 삼분손

편종

익히어 12율관을 만들려 하옵니다."12/02/19

이미 1차와 2차 율관 제작에 '실패'한 내가 3차 율관 제작을 건의하면서 올린 상소다. 즉 1425년(세종 7) 가을에 해주에서 기장이 나고 그다음 해에 경석이 남양에서 생산되자 상께서는 음악을 혁신시키겠다며 내게 편경 제작을 지시하셨다. 하지만 온갖 노력에도 불구하고 악서의 이론대로 만든 황종 1관은 중국의 악기보다 음이 약간 높았다(세종 7년 1차 율관 제작 실패).

이에 나는 거서秬黍(빛깔이 검은 기장)와 대나무를 이용해 황종관의 길이를 맞추려던 그동안의 생각을 버렸다. "우리나라는 지역이 동쪽에 치우쳐 있어서 중국 땅의 풍기風氣와는 전혀 다르므로"12/09/11 송나라에서 황종관을 제작할 때 쓰던 기장을 얻기란 불가능하다고 판단했기 때문이다. 대신 나는 밀랍蜜蠟을 이용했다. 꿀을 짜낸 찌꺼기를 녹인 다음 해주산 거서 중 두 번째로 큰 낟알 크기로 여러 개의 밀랍 낟알을 만든 것이다. 낟알 한 개를 1푼으로 계산하고 열 낟알을 1촌으로 삼아 9촌 길이의 황종관을 만들었다. 이렇게 만든 황종율관을 불어보니 비로소 중국의 음과 서로 조화를 이루었다.09/05/15; 15/01/01 하지만 상께서는 만족하지 않으셨다. "중국의 황종과 박연이 만든 율관의 소리를 살펴보면 그 조화되고 조화되지 않음을 알리라"09/09/04는 우회적인 말씀이 그것이다

(세종 9년 2차 율관 제작 실패).

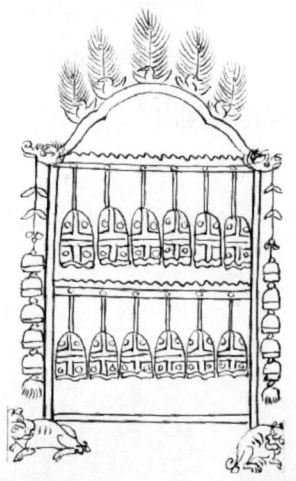

편종은 원래 중국에서 수입해서 써왔으나
세종 11년 이후 한강변에 설치된 주종소에서 만들기
시작했다. 하단의 사자 문양은 편종의 소리가
사자가 포효하는 소리와 같다 하여
형상화한 것이다.

홍인지문 밖 동적전의 기장으로 시도된 3차 율관 제작도 실패로 끝나고 말았던 1430년(세종 12) 12월엔 참으로 암담했다. 중국의 음과 합치되는 황종관이 만들어져야 거기서 삼분손익三分損益하여—즉 삼분손일三分損一과 삼분익일三分益—을 차례로 반복하여—"12율관을 만들어 오성을 조화시키고, 그것에 기준하여[黃鐘尺] 자[度]·되[量]·저울[權衡]도 살피게 될 것인데" 번번이 소리가 괴리되니 답답한 노릇이 아닐 수 없었다. 오죽했으면 내가 "성음의 높낮이는 시대마다 차이가 있었고, 오늘날 중국의 음률도 오히려 참된 것이 아닌데, 우리나라의 기장이 실제로는 진짜를 얻은 것인지 어찌 알 수 있겠습니까?"12/02/19라고 상언했겠는가(세종 12년 3차 율관 제작 실패).

연이은 좌절로 참담하던 내게 문득 떠오른 생각은 동銅을 이용한 율관의 제작이었다. 3차 율관 제작에 실패한 2년 뒤인 1432년(세종 14)에 나는 동률관으로 황종관을 제작하기로 했다. "대로 만든 율관[竹律]은 가볍고 가운데가 비어서 추위와 더위에 쉽게 변성된다. 햇볕이 나고 날씨가 건조하면 소리가 높고 흐리고 추우면 소리가 낮으니" 날씨 영향을 받지 않는 동으로 율관을 만들어보기로 했다. 상의원尙衣院 소속의 장영실에게 도움을 청했다. 몇 번의 시행착오와 조율 작업 끝에 마침내 우리는 명나라의 악기에서 나오는 소리와 거의 똑같은 황종음을 만들어낼 수 있었다. 조정의 대소 신료들은 "박연의 악률과 장영실의 기술이 결합해" 거둔 성과라고 치하해주었다.《중종실록》14/02/02 상께서도 "성음聲音의 절주節奏가 거의 되었다"라고 칭찬해주셨다. 하지만 동율관 시도도 실패로 끝나고 말았다. 그 소리가 정미精微하지 못할 뿐더러,《문종실록》01/04/10 동율관에서 나오는 독특한 기계음이 다른 소리들과 조화를 이루지 못했기 때문이다(세종 14년 4차 율관 제작 실패).

　상은 잇따른 실패에도 불구하고, 우리를 다독여주셨다. 3차와 4차 때의 율관은 비록 만족할 수준은 아니지만, 이미 명나라의 음악 수준과 비슷하거나 그보다 앞서고 있다고 격려해주기도 하셨다. 당신은 우리에게 말씀하시곤 하셨다. "성음의 절주節奏" 수준을 넘어선 세계 최고의 황종음, 나아가 조선의 자연환경과 백성들의 정서를 담은 '조선의 황종음'을 찾아내야 한다고.

음악을 보면 그 나라 정치를 알 수 있다

"우리나라는 본디 향악에 익숙한데, 요즘 종묘의 제사에 으레 당악唐樂을 먼저 연주하고 겨우 삼헌三獻에 가서야 향악을 연주한다. 조상 어른들이 평시에 들으시던 음악을 쓰는 게 어떨지, 맹사성과 더불어 의논하라."07/10/15 종묘제향을 지내고 환궁하면서 하신 말씀이다. 우리 고유의 음악인 향악을 삼헌, 즉 맨 마지막에 가서야 연주함이 마음에 들지 않으셨던 것이다.

　당악, 즉 중국 음악 위주의 연주는 사실상 내가 주창했다. 이왕 중국과 문화 경쟁을 시작했으면 악서에 나온 그대로 재현해 우리나라가 문화 선진국임을 외국의 사신들에게도 당당히 보여줄 수 있어야 하지 않은가. 그리고 기왕 우리나라에서 생산되고 제작된 악기를 가지고 궁중의 음악을 정비할 바엔 팔관회나 연등회 등을 통해 전해 내려온 불교계통의 향악까지 혁신할 필요가 있지 않은가.

나의 아악 전용론은 곧 상의 반대에 부딪쳤다. "아악은 본래 우리나라 음악이 아니고 중국 음악이다. 중국 사람들은 평소에 늘 들어서 익숙하기 때문에 제사에 사용하는 것은 당연하다. 하지만 우리나라 사람들이 살아서는 향악을 즐기고 죽어서는 아악을 듣게 되니 도대체 어찌된 일인가."12/09/11

살아서 익숙하게 듣던 음악을 죽은 뒤 제사 때도 들어야 한다는 상의 주장이 일리가 없는 것은 아니다. 제사 음악이란 본디 돌아가신 분의 넋을 달래기 위한 것인 만큼 그분들의 취향에 맞춤이 합당하다. 하지만 종묘나 사직의 제사는 경우가 다르다. 조상의 넋을 달래는 일보다는 국가행사의 상징성을 높이는 게 중요하고 따라서 이 시대 최고의 음악을 연주할 필요가 있다는 게 내 생각이다. 외국의 사신은 물론이고 만조백관이 다 모인 장소에서 연주되는 음악은 사자死者를 위로하는 것 이상의 큰 의미를 갖기 때문이다.

"아악의 제작은 중국 역대에서도 같지 않았다. 황종의 소리 또한 높고 낮지 않으냐. 이것으로 보아 아악의 법도는 중국에서도 확정 짓지 못했음을 알 수 있다. 비록 조회 때나 하례 때 모두 아악을 연주하려고 하나, 그 제작의 적중함을 끝내 얻지는 못할 터이다. 우리나라가 동쪽 일각에 위치하고 있어 춥고 더운 기후 풍토가 중국과 현격하게 다른데, 어찌 우리나라의 대[竹]로 황종의 관을 만들어서야 되겠는가."12/09/11

'우리나라 악기는 조선의 대를, 황종관은 중국의 관을 사용해야 한다'는 상의 주장은 맹사성 대감의 지지를 받았다. 우의정 맹사성은 "축柷을 쳐서 시작하고 어敔를 쳐서 그치는데 그 사이에 생笙과 용鏞으로 연주한다"는 악서의 구절을 들어 "사이사이에 속악俗樂을 연주한 것은

축. 연주의 시작을 알리는 악기.

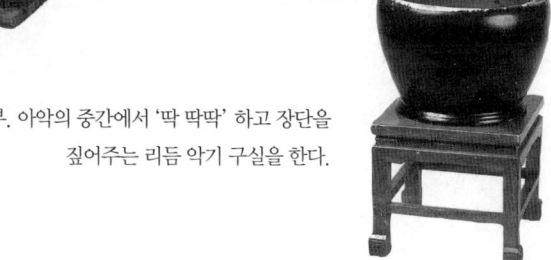

부. 아악의 중간에서 '딱 딱딱' 하고 장단을
짚어주는 리듬 악기 구실을 한다.

어. 음악의 끝을 알리는 악기.
호랑이 등줄기를 드르륵 긁어내린다.

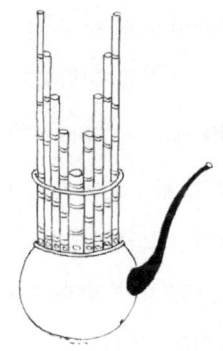

생. 아악에 쓰는 관악기의 하나.
고구려, 백제 때부터 있었다. 세종 12년에는 진동판이 36개 있는
생을 만들었으나 이를 제대로 부는 이가 없었다고 한다.

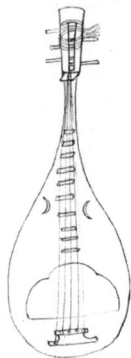

향비파. 향악에 쓰이는 현악기로, 신라 때 만들어진 것으로 전한다.
성현의 《용재총화》에는 향비파는 배우기 어려워 잘 타는 사람이
적다고 기록되어 있다. 그 연주법도 전해지지 않는다.

삼대三代 이전부터 이미 있었던"¹²⁄⁰⁹⁄¹¹ 일이라고 하여 상의 '아악-향악 병용론'을 이론적으로 뒷받침했다.

상의 음악정책에서 더욱 이해할 수 없는 것은 '여악女樂 사용론'이다. 우선 여악은 중국 사람들에게 매번 지적되는 부분이었다. 중국의 사신들은 우리나라의 높은 예악 수준을 보고 찬탄하다가도, 여악이 함께 사용되는 것을 보면 늘 혐의쩍게 여기곤 했다. 일찍이 김종서가 지적한 것처럼, "오늘날의 정치는 지난 옛날이나 앞으로 오는 세상에 없을 것"인데, 유독 중국인들이 "모두 천히 여기는 여악"¹²⁄⁰⁷⁄²⁸을 고집하시는 이유를 알 수 없었다.

물론 상께서 지적한 바, 무동舞童의 확보 문제와 재정적 부담이 염려되지 않음은 아니었다. 즉 "우리나라에는 사람이 매우 적고 비용도 넉넉지 못하다. 만약 남악만을 쓸 경우 여덟 살 이상 된 사람을 써야 하는데 두어 해가 못 되어서 그들이 장성해 변성기가 되면 쓸 수 없게 된다. 그리고 그들의 치장도 모두 나라에서 공급해야 하는데 재물이 넉넉지 못하니 어찌 할 것인가"²⁵⁄⁰⁴⁄¹⁷라는 말씀이 그것이다.

하지만 공자께서도 "정鄭나라 음악이 아악을 어지럽히는 것을 미워한다[惡鄭聲之亂雅樂也]"《논어》양화 18고 말씀하셨으며, 계환자季桓子가 제齊나라의 여악女樂을 받아들이자 서둘러 노魯나라를 떠나시지 않으셨던가.《논어》미자 4 그리고 모름지기 음악이란 "즐거우면서도 음탕하지 않고, 슬프면서도 화和를 해치지 않아야[樂而不淫 哀而不傷]"《논어》팔일 20 되는데, 여악을 쓰면 자칫 즐김을 넘어 음탕한 데 빠질 수가 있다는 게 내 생각이었다.

결국 남악과 여악을 같이 쓰는 방식이 채택되었다. 기존의 여기女妓를 쓰면 치장을 준비하는 데 따로 비용이 들어가지 않고 "모습도 오랫동안 늙지 않으며" 무엇보다 "부인들의 방중房中 풍악을 없앰은 옳지 않다"25/04/17는 주장이 힘을 얻었기 때문이다. 부인들의 방중 풍악이 중국 사람들 보기에는 천해 보일지 모르나 오랫동안 내려온 우리의 전통[土風]이며, 특히 "우리나라의 음악이 다 잘 되었다고 할 수는 없으나 반드시 중국에 부끄러워 할 필요가 없다"12/12/07는 상의 판단에 따른 것이다.

재위 15년 설날 아침의 회례음악

1433년(세종 15) 1월 1일. 상께서는 이른 아침 왕세자 및 문무 여러 신하들을 거느리고 망궐례望闕禮(중국 황제에게 올리는 예식)를 올리셨다. 망궐례를 마친 다음 근정전에 나아가서 왕세자의 절을 받고 여러 신하들의 하례도 받았다. 여느 때처럼 일본 사신[倭使]과 야인들의 인사도 받았다. 이어서 의복과 안장 갖춘 말을 올리자, 각 도의 관찰사가 보내온 축하의 인사말[箋文]과 지방 특산물[方物]이 바쳐졌다. 어느 것 하나 과거와 달라진 게 없었다.

하지만 내게는 오늘 이 행사가 더 없이 귀중했다. 어좌御座의 우편에 입시해 있는 좌의정 맹사성 대감도 평소의 느긋한 모습과 달리 무척 긴장하고 계셨다. 어젯밤 한잠도 못 주무신 듯하다. 여러 신하들이 하례를 올릴 때 처음으로 황종궁의 정음正音이 울려 퍼지자 궁궐 가득히 감탄의 소리가 새어나왔다. 노

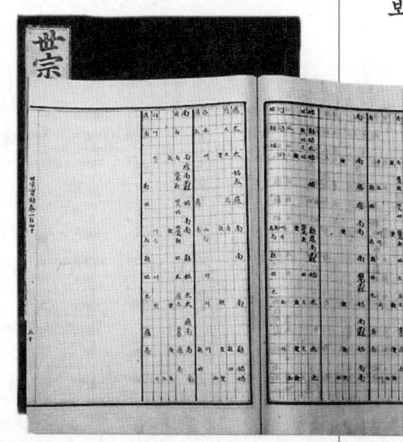

래 없이 처음으로 연주되는 황종궁의 서안지악舒安之樂이었기에 그동안의 변음變音과는 차원이 다름을 금방 감지한 것이다.

이 첫음을 잡기 위해 그동안 얼마나 애를 썼던가. 재위 9년의 경험에 따라 밀랍을 이용해 황종척을 만들었고, 원경圓經은 3푼 4리釐 6호毫의 법을 취하였다. 율관은 해죽海竹을 선택했다. 동율관은 "정미하지 못해서" 다른 소리들과 조화를 이루지 못했기 때문이다.《문종실록》01/04/10 단단하고 굵고 몸이 큰 해죽을 골라서 조심스럽게 구멍을 뚫으니 다행히 원경의 푼수[分數]에 꼭 맞았다.

그다음에는 관管의 길이였다. 이것 역시 그동안 촌법寸法에 맞추기 위해 무수한 시행착오를 겪었다. 밀랍을 가지고 기장 낟알 1,200개를 만들어서 관 속에 넣어보니 진실로 남고 모자람이 없었다. 그 소리가 송나라의 황종 소리 및 당악唐樂의 필률觱篥 합자合字 소리와 서로 합한 것은 물론이다. 나아가 이 관을 삼분손익해 12율관을 만들어 부니 소리가 곧 화하고 합하였다. 드디어 "이 악기가 한번 이룩되자, 제악祭樂 팔음의 악기에 근거가 있게" 되었다.15/01/01

어쨌든, 설날 아침의 회례음악은 장엄하게 진행되었다. 당상 위의 편종과 편경 사이에서 노래 부르는 자들이나, 당하의 취각인 및 악기 연주자들, 그리고 그 아래에서 좌우로 6열 종대로 늘어선 무인舞人들까지 상기된 표정으로 각자의 몫을 다해주었다.

새로 제작한 관복冠服 역시 그 분위기를 한층 웅장하게 만들었다. 당상과 당하의 악공들은 개책관介幘冠을 쓰고, 문무와 무무를 추는 무인들은 각각 진현관進賢冠과 가죽고깔[皮弁]을 썼다. 악정樂正은 흰옷을 입었고, 악사樂師는 비취색翡翠色 옷을 입었다.15/03/22

박연은 여악을 천하게 여겼으나 세종은 그것이 우리의 전통이었음을 지적하며 우리 음악이 반드시 중국의 방식을 따를 필요는 없다고 생각했다. 궁중에서 여기女妓들이 음악에 맞춰 춤을 추고 있는 풍경. 봉수당진찬도奉壽堂進饌圖.

정제된 화려함 속에서 각각의 소리가 완벽히 재연되자 궁궐 안 전체가 신령스런 상황으로 바뀌었다. 흡사 "축과 어를 치고 금슬을 연주하며 노래를 하니, 돌아가신 선조의 신령이 나타나 감격하고, 여러 직위의 어른들이 서로 겸양하며 화목하는" 것만 같았다. 그리고 "당하에서 피리를 불고 북을 울리고 축과 어를 치고 간간이 생황과 대종을 연주하니 새나 짐승들이 내려와서 총총히 춤을" 출 것만 같았다. 비록 "순 임금의 음악인 소악韶樂을 아홉 번 연주하니 봉황이 내려와서 함께 취하는" 일은 발생하진 않았지만, "군신 상하가 모두 화해 분위기에 젖어든 것"만은 사실이었다.《서경》악직 그야말로 "음악이란 하늘에서 생겨나서 사람에게 연결되는 것이고, 텅빈 허공에서 우러나서 자연계의 현실로 존재한다"《악학궤범》는 말은 바로 이런 상황을 일컫는 것이리라.

그런데 내게 황종음을 찾아내는 일보다 더 힘든 게 있었다. 그것은 조정 신료들의 불신이었다. 내가 밀랍을 이용해 중국 편종의 음과 합치되는 황종관을 만들고, 그 관을 삼분손익하여 12율관을 제작해 올렸을 때, 도승지 정흠지조차도 "악기 모양의 제도와 성음聲音의 법을 어디서 취했는가"라고 물었다. 어디서 베껴왔느냐는 말이었다. "모양과 제도는 모두 중국에서 내려준 편경에 의거했지만, 성음은 신이 스스로 만들어냈습니다"라고 대답했다. 그러자 고개를 갸웃거리던 여러 승지가 내뱉듯이 말했다. "중국의 음을 버리고 스스로 율관을 만듦이 과연 옳은가?" 모두들 내가 "거짓말"을 하고 있는 것이라 여겼다. 그래서 나는 다시 "현재 명나라에서 보내준 악기도 올바른 게 아니옵니다. 으레 낮을 음이 높고, 높아야 할 음이 도리어 낮으니 제대로 만들어진 악기가 아니라고 사료되옵니다. 그래서 소신은 삼가 중국 황종의 소리에 의하여 황종의 관을 만들고, 그것을 기준으로 삼아 손익하여 12율관을 이룩해 음률에 맞추었습니다."

그러자 상께서는 "명나라의 경磬 1가架와 (박연이) 새로 만든 경 2가와 소簫·관管·방향方響 등의 악기를 들여오게" 하셨다. 이들 악기의 소리를 그윽이 듣고 계시던 상께서 말씀하셨다. "명나라의 경磬이 오히려 화음을 이루지 못하고, 지금 박연이 만든 경이 옳게 된 것 같다. 경석磬石을 얻음이 이미 하나의 다행인데, 지금 소리를 들으니 또한 매우 맑고 아름답다. 또한 율律을 만들어 음을 비교함은 뜻하지 아니한 데서 나왔으니, 내가 매우 기뻐하노라." 그런데 말씀 끝에 뜻밖의 질문을 던지셨다.

"이칙夷則 1매枚의 소리가 약간 높음은 무엇 때문인가?"

나는 깜짝 놀라 악기를 살펴보았다. 과연 가늠한 먹이 아직 남아 있었다. 도공이 다 갈지[磨] 않은 것이다. 쥐구멍이라도 찾고 싶은 심정이었다. 나는 즉시 먹을 갈아 다 없앴다. 그러자 "소리가 곧 바르게 되었다."

상께서는 의외로 나를 처벌하기보다는 악기를 만드는 책임을 맡기셨다. 즉 남양에서 조회朝會에 쓰일 악경樂磬을 만들고, 조회와 제사에 쓰일 악종樂鍾을 한강가에서 만들게 하신 것이다. 게다가 대호군 남급南伋으로 하여금 모든 일을 제쳐놓고 나를 도우라고 하명하셨다.[15/01/01] 항상 어좌의 좌우편에서 운검雲劍을 들고 보좌하는 종3품의 대호군을 내게 붙여주심은 상징적 의미가 컸다. 이 작업은 상께서 직접 주관하시는 일이라는 의미를 갖기 때문이다.

어떤 이는 불과 얼마 전 여연 지역에 야인들이 침탈했고, 그에 대한 공벌을 의논하고 있는 마당에 아악을 연주하고 새 악기를 만드는 데 힘을 쏟아서야 되겠느냐고 비판하기도 했다. 하지만 내 생각은 달랐다.

하례를 올리러 온 야인들이 어차피 양쪽의 정보를 옮기는 '이중간첩'이고 보면, 오히려 이런 행사를 통해 저들의 경계를 느슨하게 할 수 있기 때문이다. 상께서 최윤덕 등을 파저강으로 보내놓고 궁궐을 떠나 온양 온천에 행행하신 것도 이런 같은 맥락에서 하시는 일이었다.

지금의 정치는 후세인들이 평가하게 하자

"당대의 일을 찬양歌頌하게 할 수는 없는 일이다."

회례 때 사용할 춤의 악장에 "오늘날의 일도 가사를 지어 노래 부르게 해야 합니다"는 나의 건의에 대한 상의 대답이었다. 태조 임금과 태종 임금의 "성공을 기리고 덕을 송찬頌讚"한 후에 그것이 어떻게 계승되었는지를 밝히기 위해서라도 현재의 정치를 언급하지 않을 수 없다는 게 내 생각이었다. 하지만 당신께서는 "주나라 무왕은 무로써 천하를 평정하였는데 뒤의 성왕 때에 이르러 수공이 대무大武를 지었나. 역대에서 다 그렇게 했었다. 더구나 나는 겨우 왕위를 이었을 뿐인데 무슨 송찬할 만한 공덕이 있겠는가?"라고 말씀하셨다.

주상은 그런 분이셨다. 당신의 업적은 낮추고 선대 임금들의 공적은 높이려 하셨다. 1445년(세종 27)에 지어진 《용비어천가》는 그런 주상의 뜻에 따라 목조穆祖로부터 태종에 이르기까지 조선 왕조의 개국 과정의 공적만을 송찬하였다. '여민락與民樂'이라는 호칭처럼 선대 임금들이 ―나중에 추존된 이씨 가문의 조상들까지 포함해―국내외의 도적들을 제거하여 백성의 삶을 안정시키고 편안하게 하였다는 《시경》의 문체[詩經體]를 이용했다.

　결국 논란 끝에 당대의 정치는 송찬하지 말고, "뒷세상에서 평가하여 그때 노래하게 하자"는 좌부대언 권맹손의 뜻에 따르기로 했다. 이처럼 자기 자신에게 엄정한 분이셨기에 나의 재주를 그토록 아끼시면서도 나의 허물을 무섭게 질책하기도 하셨다.

　재위 15년 원단의 회례악 연주로 한껏 마음이 부풀어 있을 때였다. 당시 조정에서는 풍수학 문제를 놓고 논란이 한창이었다. 태종릉(헌릉)의 내맥에 해당하는 뒷길을 열어야 할지,15/07/07 경복궁의 북쪽 주산의 내맥의 길을 막을 것인지, 그리고 궁성 안에 못을 파서 "명당"의 조건을 갖추어야 할 것인지15/07/21를 놓고 신료들이 서로 다른 의견을 내놓았다. 주로 "사람의 수명이나 화복은 모두 처음부터 타고나며, 착한 일을 하면 백 가지 복이 내리고 착하지 않은 일을 하면 백 가지 재앙이 내림은 당연한 이치"라고 믿는 입장과, "역대 국왕들이 도읍을 정하고 능자리를 정하는 데 풍수 전문가의 말을 채용해왔으며" "그 학문도(풍수학) 역시 국가를 위해 소용되니 폐해 버릴 수 없다"는 주장으로 나뉘었다. 나도 역시 궁궐 안 각종 공사 담당 부서인 공조의 한 관리로서 이 문제에 관심을 가지지 않을 수 없었다. 그러다가 우연한 기회에 예조의 좌참판 권도權蹈에게 승문원 터(지금의 세종문화회관과 고궁박물관 사이)에 대한 내 생각을 말했다. "이 터는 필시 호걸이 나는 것을 막기 위해서[防豪傑之出] 지어진 것일 겝니다." 권도는 그게 무슨 말이냐고 물었다. 나는 다시 "한나라 역사에 '동방에 천자의 기운이 있다'고 쓰여 있는데, 아마도 이 터를 가리킨 듯합니다." 나라에서도 그 점 때문에 이곳에 외교 문서를 관장하는 승문원을 지었는데, "이는 호걸이 나면 나라에 도움이 안 된다"고 판단했기 때문일 거라고도 말했다.

그런데 이 말이 주상의 귀에까지 들어간 듯하다. 상께서는 즉시 나를 불러 불호령을 내리셨다.

"그대 또한 서생인데, 어찌 사리의 근본을 알지 못하고 망령되게 간사한 생각을 내었느냐."

황망한 가운데 감히 답변도 드리지 못하고 엎드려 있는데 상의 말씀이 계속되었다.

"내 너를 요망스런 말로 사람들을 현혹한 죄로 벌함이 마땅하나, 늙은 서생이 경중을 모르고서 망발한 것이라 여긴다. 또한 아악을 전문으로 맡아서 공을 세운 바가 없지 않으므로 다만 그 벼슬만을 파직하되 그대로 악학에 근무토록 하여라."15/07/21

알지 못한 것을 함부로 발설한 잘못을 생각할 때 귀양을 보내도 할 말이 없는데, 계속 악학에서 일하도록 한 주상의 배려에 감읍할 따름이었다. 이후로 나는 상의 배려에 보답하는 뜻에서 음악에 관한 사항이 아니면 가급적 발언을 삼갔으며, 오로지 내게 맡기신 일에 대해서만 성심을 다했다.

천금으로도 자식을 어질게 만들 수 없다

망신수는 뜻밖의 곳에서 터져 나오기도 했다. "천금이 있어도 자손의 어짊은 사기 어렵다[有錢難買子孫賢]"02/04/14더니 자식 문제는 나로서도 어쩔 도리가 없었다. 막내아들 녀석이 혼인한 다음 날 그의 아내를 내치는 일이 발생했다. 아들 녀석 말로는 며느리가 혼전에 "실행失行한 일"이 있었기 때문이라고 했다. 나도 맨 처음엔 그렇게 알고 '파혼'을 허락했다. 그런데 문제가 그렇게 간단히 마무리되지 않았다. 사돈 되는 전 현감 정우鄭㝢가 이 문제를 사헌부에 고발했기 때문이다. 정우에 따르면 아들 녀석이 "혼수의 적음과 신부의 뚱뚱하고 키 작음"에 불만을 가졌는데, 엉뚱하게도 "실행했다고 칭탁하고 내쫓았다"는 것이다.

상황이 이렇게 되자 나도 가만 있을 수는 없었다. 아들 녀석이 괘씸하긴 하지만 '돈 때문에 아내를 버린 놈'이라는 불명예를 쓰게 할 수는 없지 않은가. 조사기관인 의금부에 손을 써서 "만취하여 술주정한 것"으로 처벌하는 수준으로 마무리해달라고 의뢰했다. 그러나 결국 주상께서 이 문제의 실체를 간파하시고 판결을 내리셨다.

"그 여자가 정말로 실행을 했다면 박자형이 그날 밤에 즉시 버리고 떠났을 것이다. 그런데 신부 집에서 첫날밤을 자고 아침이 되어 유모가 가져온 예물까지 받았다. 이로써 혼례는 이루어진 것이다. 그런데 그 후에 박자형이 이불과 요 그리고 의복이 화려하지 못함을 보고 빈한함을 싫어하여 실행했다고 칭탁하고 버림이 분명하다. 의금부에서 다시 조사하라."

의금부에서 재조사한 결과, 상의 말씀대로였다. 아들 녀석은 다시 며느리를 받아들일[完聚] 수밖에 없었고, 무고죄까지 추가되어 장 60대에 도徒(죄인을 중노동에 종사시키는 형벌) 1년의 형을 선고받았다. 의금부에 청탁한 내 죄는 알면서도 묻지 않으신 듯했다.[27/10/09]

그 외에도 낯부끄러운 일들은 많았다. 상의 지시로 중국의 예악 수준을 조사하기 위해 북경에 갔다가 회동관會同館에서 신분증을 소매치기

당했다. 중국의 연향 모습을 보기는커녕 입궁조차 못할 형국이었다. 다행히 그곳 관리가 소매치기에게 부신을 빼앗아 보관하고 있다는 말을 듣고 급히 통역관을 보내 찾아왔다. 돌아와서 복명할 때 그 문제를 감추려 했으나 함께 간 서장관 김중량이 사실대로 아뢰고 말았다. 그 때문에 나는 고신告身(벼슬아치의 임명장)을 압수당하는 벌을 받았다.28/01/28

그뿐만 아니라 고향인 충청도 영동에 사는 누나가 죽었을 때 초상을 급히 치르고 내 몫의 유산을 챙겨 급히 귀경했다는 비난이나, "악학 제조로서 사사로이 악공을 데리고 영업 행위를 했다"는 등 여러 말들이 들어왔다.30/03/10 하지만 상께서는 이런 모든 탄핵을 물리치시고 "박연은 대신인데 어찌 작은 일로 처벌하겠는가"25/09/11라는 말로 지켜주셨다. 나를 악기나 제작하는 자로 천시하는 사람들에게는 "박연은 이미 세상 일에 통달한 선비[通儒]"10/02/20라고 변호해주셨다. 이처럼 상께서는 못난 나를 다듬고 가르치시면서 일을 이루게 하셨다. 그리고 내게 여러 차례 말씀하시곤 하셨다.

"너는 내가 아니었으면 음악을 만들지 못했을 터이고, 나도 네가 아니면 음악을 만들기 어려웠을 것이다."《성종실록》09/11/07

조선의 소리를 담은 음악정치[樂政]를 꿈꾸며

운이 무척 좋은 날이다. 새벽녘에 집을 나서 무쇠리(지금의 마포구 신수동)에 들렀을 땐 벌써 해가 동터 오르고 있었다. 질장구 70개가 거의 완성되어가는 모습을 보니 뿌듯하기 그지없다. 마치 내가 나은 자식새끼를 보는 것만 같다.

처음엔 소리가 제대로 나지 않아 질장구는 헌가軒架의 천덕꾸러기로 여겨졌다. 하지만 질장구의 두께를 적당히 맞추어놓자 다들 "질항아리 아홉 개가 오성五聲·사청四淸의 소리를 다 낸다"며 신기해들 했다. 하지만 각종 제사와 조회 등에 쓰일 질장구의 수는 절대적으로 모자랐다. 뿐만 아니라 소리가 고르지 못해 높고 낮음을 조절할 필요가 있었다. 그래서 나는 질그릇을 잘 굽는 유기장鍮器匠과 음률을 잘 아는 악공에게 짝을 지어 질장구를 제작해달라고 요청했었다. 즉 "대개 소리가 나고 안 나고는 질그릇의 잘 익고 익지 않음 때문이며, 소리가 높고 낮은 것은 악기의 두껍고 얇음, 깊고 얕은 관계"이니, "질그릇 잘 굽는 사람을 선별하여 인력도 공급하고 품삯도 주어서 일을 맡길 뿐만 아니라, 음률을 알고 사리를 잘 살피는 사람을 시켜 조석으로 왕래하면서 질그릇을 친히 감독케"12/02/19 해달라고 요청한 것이다. 상께서는 물론 나의 요청을 들어주셨다. 오늘은 열 번째 작품이 도가니에서 나오는 날이다.

나는 서둘러 무쇠리를 빠져나와 밤섬을 향했다. 대금에 넣을 떨판[聽, 진동판]으로 쓸 갈대막을 오늘은 꼭 구해야 하기 때문이었다. 내가 가장 좋아하는 대금은 가벼우면서도 기품이 있는 악기다. 대금 연주에 몰두해 있으면 온갖 잡생각이 다 사라지고 오로지 자연의 소리에 젖어들 수 있어 좋다. 마치 황종관을 불면 대나무 소리와 기장밭의 소리가 어우러져 나는 것처럼, 대금을 불면 갈대밭에 홀로 앉아 있는 듯한 착각을 일게 한다. 겨우 20여 판의 떨판을 구하고 나니 해가 중천으로 올라 있었다.

타고 갔던 나룻배를 되잡아 타고 마포나루에 올라섰다. 마침 관리들에게 녹봉으로 나눠줄 곡식을 점검하던 광흥창廣興倉의 부사副使와 승丞

이 손을 들어 아는 체하는 모습이 띄었다. 밥과 음악, 이 둘은 얼핏 보면 별개의 물건이듯 하나 기실 신분 고하를 떠나 좋은 삶을 살아가는 데 없어서는 안 됨을 우리는 알고 있다.

내일은 어가를 따라 온천으로 떠나야 한다. 그래서 출발할 때와 환궁하실 때의 음악을 준비해야 한다. 특히 돌아오실 때 연주되는 융안지악隆安之樂은 지쳐 있는 군신들에게 힘을 불어넣고 행렬의 대오를 정비할 수 있는 음악인만큼 각별히 신경을 써야만 한다. 모든 일이 그렇듯 음악도 끝마무리가 좋으면 중간에 실수가 있더라도 용서될 수 있다. 배천 온천으로 떠나시기 얼마 전에 상께서는 "박연과 하위지가 온천에서 목욕하고 차도가 있었다는데 사실이냐?"고 물으셨다. 물론 효험이 있었기에 모두들 적극적으로 상의 온천행을 권장했다. 여러 가지 산적한 일 때문에 걱정하시던 상께서도 드디어 마음을 정하셨다. 이번에도 나를 동행케 하셨다.

나는 얼마 전까지만 해도 굳이 나를 온천까지 데리고 가는 이유를 제대로 알지 못했다. 왕세자나 왕비, 또는 종친과 의정부 신료들과 함께 가시는 것은 이해가 되었지만, 악기 제작과 연주 연습 등으로 바쁜 나를 꼭 데리고 가야 할 이유는 없었다. 그런데 얼마 전의 행차에서 비로소 깨달았다. 당신은 내게 백성들의 소리를 듣고 우리 조선의 자연의 소리를 느끼며, 군신들의 호흡을 담아서 그야말로 '조선의 음악'을 발견할 것을 기대하고 계셨다. 그리고 바로 그 음악을 적을 수 있는 악보와 악기를 만들어내는 것을 지상과제로 주셨으며, 당신께서는 그것을 바탕으로 자연의 순리와 백성의 소리를 반영한 당대 최고의 음악정치[樂政]를 펼치려는 뜻임을 내 나이 70이 넘어서야 깨달았다.

정인지가 본 세종

학문 사대주의를 넘어서

"주자는 후세 사람이 진실로 논의할 대상은
아니나 간혹 잘못을 바로잡은 말에
의심스러운 점이 있다.……비록 주자의 말이라도
다 믿을 수 없는 듯하다."

−세종《세종실록》 19/10/23

정인지

태종에게 권근이 있었다면 세종에겐 정인지鄭麟趾(1396~1478)가 있었다. 권근權近(1352~1409)이 태종 집권기의 국가 석학으로서 중요한 문장, 예컨대 '사병 혁파 상소'와 태조 이성계의 신도비문 등을 찬술한 것처럼, 정인지는 세종시대 '문형文衡(최고학자)'으로서 거의 대부분의 편찬 사업을 주도했다. 정인지는 태종시대에 이미 두 번의 장원급제로 명성을 떨쳤고, 문학·어학·역사·천문학·수학 등 거의 모든 분야에 해박한 지식을 가지고 있었다. 그 때문에 "정인지도 이렇게 말했다"면서 세종은 신하들을 설득하곤 했다. 정인지는 세종 정치의 '비판적 지지자'였다. 세제 개혁이나 훈민정음 창제, 그리고 《고려사》 편찬 등에 대해 그는 세종을 적극 지지했다. 그러나 세종의 '호불적好佛的 태도'에 대해서는 강한 비판을 서슴지 않았다. 정인지에게 가장 괴로웠던 일은 역시 함께 집현전에서 공부한 동료들을 저버린 일이었던 듯하다. 세조 정권에서 공신으로 정승이 된 그는 술만 마시면 매번 세조를 경멸하고 비판하는 발언을 서슴지 않았다. 술이 깬 다음 "취중이라 전혀 기억나지 않는다"면서 딱 잡아떼는 그를 언관들은 불경죄로 처벌할 것을 요구했다. 하지만 세조는 "정인지가 취중에 한 말은 모두 오랜 친구의 정情을 잊지 못하고 한 말이지, 다른 뜻이 있어서가 아니"라면서 보호했다. 정인지가 죽었을 때 사관은 그의 "성품과 생활이 검박했으나 재산 늘리기를 좋아하여 수만 석이 되고 전원을 널리 차지했다"고 평가했다. 그러나 가난한 시골(부여) 수재의 출세와 재산 증식은 후손에게 이어지지 못했다. 급기야 영조 초년의 '이인좌의 난' 때 반란군 편에 서면서 그의 집안은 풍비박산되었다.

"둥근 도끼 구멍에 네모난 도끼자루!"

그렇다. 우리말을 한문으로 적을 때의 부자연스러움[鋤]은 시간이 지나거나 공부를 더 한다고 해결될 문제가 아니었다. 《고문진보古文眞寶》에 실린 한유韓愈와 유종원柳宗元의 시를 다 외운들 내 머리 속에서 뭉게구름처럼 피어오르는 생각들을 어찌 다 적을 수 있겠는가. 게다가 우리나라에서 배운 한문이 중국에서 그대로 통용되는 것도 아니었다. 조선식 한문이 중국에서 쓰는 한어漢語와 다를 뿐더러 그 발음도 중국말, 즉 화어華語와 같지 않기 때문이다.

1439년(세종 21) 겨울 북경에 갔을 때 나는 저들이 '공자孔子'라는 말도 못 알아듣는 것을 보고 놀랐다. 함께 간 통사通事(통역관)에 따르면 저들은 '꽁쯔'라 발음한다고 했다. 고려시대에는 한어도감漢語都監을 설치해 그 안에서 오로지 중국말[華語]만 사용하게 하고, 중국인[漢人]이 와서 직접 가르쳤기 때문에 우수한 통사들이 많았다.[23/08/11] 그런데 아조我朝(조선)에 들어 명나라와의 관계가 소원해지고, 또 통역이 낮은 직급의 일로 간주되면서 중국말 잘하는 재상 찾기가 어렵게 되었다.

세종의 중국어[漢語] 정책

상上께서 명 조정의 반대에도 불구하고 북경에 "생도生徒들을 보내 중국의 음훈音訓을 학습시키려" 한 것이나,²¹/¹²/⁰⁴ 강이관講肄官과 별재학관別齋學官을 증설하시고 생활비를 주면서 중국말 배우기를 권면하신 것은 ²³/⁰⁸/¹¹ 바로 이 때문이다. 심지어 당신께서는 중국의 명사名士가 요동에 귀양왔다는 말을 듣고 신숙주申叔舟·성삼문成三問 등을 보내 한어를 배워오라고까지 하셨다.《선조실록》⁰⁶/⁰¹/¹¹ 하지만 내 경험에 비춰볼 때, 제아무리 중국말에 익숙하고 최고의 중국학자들에게 배운다 해도 우리말을 한어로 적는 데는 한계가 있었다. 그야말로 "모두 각기 처지에 따라 편안하게 해야만 되고, 억지로 같게 할 수는 없다"는 게 내 생각이다.²⁸/⁰⁹/²⁸

"글 배우는 사람은 문맥을 이해하는 데 어려움이 있고, 옥사獄事 다스리는 자도 그 곡절을 잘 표현하지 못한다."²⁸/⁰⁹/²⁸

1443년(세종 25) 겨울, 전하께서 정음正音 28자를 창제하신 것은 바로 이런 문제점 때문이었다. 상께서는 후자, 즉 억울한 옥사를 없애는 데 초점을 맞추었다. 하지만 내 생각은 약간 달랐다. 중국 사람들도 힘들어하는 그 많은 한자를 배우기 위해 투자해야 하는 엄청난 시간과 노력들, 그리고 무엇보다 언제까지 중국의 학문을 수입해야 하는지가 내겐 더 큰 의문이었다.

물론 예조판서란 직책상 나는 한문의 통달은 물론이고 중원 학문의 흐름을 누구보다 빨리 파악하지 않으면 안 되었다. 유교 정치의 '지식인 지배체제'에서 학문의 후진은 곧 국력의 약세를 뜻했고, 외교관계에서 갖은 멸시를 당할 수도 있었다. 하지만 글 배우는 사람이 자기 뜻을 자유롭게 읽고 쓸 수 있도록 하고, 창발적인 생각이 넘쳐나게 하며, 그래서 이 나라를 문명 국가의 반열에 올려놓는 것, 그 일이야말로 나라 교육을 담당하는 예조의 더 큰 책무가 아닌가.

그러나 이런 생각을 드러내놓고 말할 수는 없었다. 그럴 경우 최만리 등 '중화를 사모하는' 자들이 곧장 나를 "문명에 흠절을 내려는 자"로 공격해올 것이다. 그렇지 않아도 같은 집현전 안의 정음 반대파는 나와 성삼문에게서 트집거리를 찾으려고 호시탐탐 기다리고 있지 않은가. 물론 저들의 공격이 무서워서 내 생각을 숨기고 있는 것은 아니었다. 한문을 통하지 않고는 중원으로 모여드는 지식과 정보를 배울 수 없는 게 엄연한 현실이며, 잘 안 맞는 도끼자루라 할지라도 새 도끼자루를 만들 때까지는 억지로 잡아 매서라도 쓸 수밖에 없기 때문이다. 결국 도끼 구멍에 들어맞는 둥근 도끼자루 역시 지금의 헌 도끼자루를 이용해 만들 수밖에 없지 않은가.

우리글을 제작한 사실이 "중국에라도 흘러 들어가서 혹시라도 비난하는 자가 있으면" 어떡하겠느냐는 최만리의 말 역시 빈말이 아니었다. 이미 태조의 즉위교서에서 조선은 중국의 제후국임이 선포되었고, 또 태종 임금 때부터 명나라의 신임을 얻기 위해 지성으로 사대의 노력을 기울이고 있는 터에, 독자적인 언어 제작은 자칫 중대한 외교 문제로 비화될 수 있었다. 고려 말의 '윤이尹彝·이초李初의 사건'(1390)이나 주상 초년의 '적휴適休 사건'(1419)에서 이미 겪은 것처럼, 중국 황제가 불교를 숭상한다는 이유 하나만으로도 사찰 개혁에 지장을 받는 게 우리의 처지가 아니던가.

그 때문에 상께서도 최만리의 정음 반대 상소 속의 사대 문제에 대해서는 일체 언급하지 않으셨다. 그 대신 언어 문제를 거론하셨다. "너희들이 '음을 사용하고[用音] 글자를 합함[合字]이 모두 옛글에 위반된다' 하였는데, 설총의 이두吏讀 역시 음이 (중국말과) 다르지 않으냐"라고만 말씀하셨다. 나아가 이두를 만듦도 백성을 편리하게 하기 위함이었으며, 그 점에서 정음 창제 취지나 다를 바 없는데 "너희들이 설총은 옳다 하면서 군상君上의 하는 일은 그르다 함은 무엇이냐"라고 비판하셨다.[26/02/20]

하지만 부제학 최만리에게 "네가 운서韻書를 아느냐. 사성칠음四聲七音에 자모字母가 몇이나 있느냐"라며 얼굴을 붉히신 점은 내가 보기에도 좀 지나치셨다. 최만리가 '우려하는 바'를 당신께서 모르시는 바도 아니고, 경연 석상도 아닌 자리에서 음운학적인 문제로 신하에게 무안 주는 것은 평소의 당신 모습이 아니었다. 아마도 중국과의 문명 경쟁을 벌이고 있는 시점에서 여전히 '수입 학문'에 의존하고 현실에 안주하려는 태도, '외교적인 우려'를 내세워 편민便民의 새 길 찾기를 저지하려는 지식인들의 근시안이 답답하셨을 것이리라.

그런데 주상을 가장 화나게 한 것은 바로 정창손의 발언이었던 듯하다. 처음에 '언문 제작'을 찬성하다가 반대하는 쪽으로 돌아선 김문을 제외하면 정음 반대파 중에서 유일하게 '파직'이라는 중벌을 받은 자가 정창손이다. 정창손은 내가 보기에도 주상의 가장 아픈 부분을 찔렀다. 처음에 상께서는 "만일 언문으로《삼강행실三綱行實》을 번역하여 민간에 반포하면 어리석은 남녀가 모두 쉽게 깨달아서 충신·효자·열녀가 반드시 무리로 나올 것"이라면서 정음 창제의 필요성을 역설했었다. 이에 대해 정창손은 《삼강행실》을 이미 반포했지만 충신과 효자 등이 나오지 않고 있는데, 이로 볼 때 백성이 잘하고 못함은 그 사람의 자질 문제이지 글을 알고 모르고의 문제가 아니라고 반박했다. 그러자 상께서는 "이따위 말이 어찌 선비의 이치를 아는 말이겠느냐. 아무짝에도 쓸데없는 용속庸俗한 선비"라며 중벌을 내리셨다.26/02/20

'용속한 선비' 정창손의 말과 행동

'용속한 선비'라는 꾸중을 들은 정창손은 실제로 우직한 학자였다. 1426년(세종 8) 문과 급제자로 집현전에 들어온 그는 속마음을 감추지 못하는 사람이었다. 주상께 언문 창제의 효과 없음을 아뢴 것이나, 나중에 '단종 복위 사건'을 세조에게 고변한 일에서 볼 수 있듯, 그는 말할 때 앞뒤를 저울질하지 않았다. 하지만 맹자가 자막子莫(노나라 현인으로 양자와 묵자의 극단론을 피하고 그 중간을 취할 것을 주장)을 비판하면서 지적했듯이, 정치 세계에서 고지식한 정직은 때로 일을 망쳐놓는다. 청렴과 정직[淸直]이란 소신은 그에게 "단정한 선비"28/10/10라는 이름을 가져다주었다. 하지만 그의 발언이 과연 이국편민利國便民이란 집현전의 설립 목적에 얼마나 부합되는 것일까.

하긴 좌우를 돌아보지 않고 말하는 점은 그의 집안 내력이기도 했다. 그의 부친인 문경공文景公 정흠지는 김종서와 함께 6진을 개척한 공신이면서도 '곧은 말' 잘하는 인물로 유명했다. 일찍이 주상께서 철원에 강무 가셨을 때 짐승을 많이 잡은 자에게 벼슬로 상을 주겠다고 하자, 정흠지 대감이 홀로 나섰다.

"지금 짐승 많이 잡은 자를 벼슬시키면 뒤에 전공이 있는 자에게는 장차 무엇으로 상을 주시렵니까?"

주상은 뜨끔하셨고 결국 그의 반대를 받아들이셨다.《21/06/16》

정창손의 맏형 정갑손 역시 만만치 않은 사람이었다. "남들은 말할 수 있되 행할 수 없음을 근심하나, 공은 말할 수도 있고 행할 수도 있었다[公則有言又有行]"라는 그의 제문(정창손 지음)이 말해주듯, 정갑손은 말과 일을 모두 "절직切直하게" 하는 신료였다. 예를 들어 이조판서 최부崔府가 자기 아들을 무리하게 승진시키려 하자 정갑손은 어전회의에서 "인사 담당자가 이 모양"이라면서 그의 잘못을 통렬히 비판했다. 그러자 최부는 땀으로 등을 적셨으며 주상께서도 "내가 사람을 밝게 쓰지 못했으니, 매우 부끄럽다"고 말씀하셨다.《문종실록》01/06/26

정갑손은 이처럼 매양 굽히지 않는 강직한 간관이었을 뿐만 아니라, 공공의 자세로 일하는 성실한 관료였다. 사헌부 감찰에 임명됐을 때, 그는 전국에서 올라온 쌀[稅糧] 중에서 조정에 바치고 남은 것으로 사헌부 관원들의 주육비酒肉費로 쓰던 오랜 관행을 고쳤다. 그는 동료들의 갖은 회유에도 불구하고 남은 쌀을 전부 국고에 집어넣었다. 그가 병조좌랑으로 있을 때는 단 한 명의 직원도 사사로이 부리지 않았고, 일체의 청탁을 거절했던 일도 유명하다. 그가 대사헌으로 있는 동안 "사헌부의 기강이 크게 진작되었고 조정이 숙청肅淸되었다"는 사관의 평가가 그의 자세를 말해준다.《문종실록》01/06/26

세금과 '백성 살리는 정치'

"충청 감사 정인지는 일을 잘 돌보지 않아 전세 수입이 형편없습니다."
　도승지 신인손辛引孫은 내가 세액을 책정할 때 그저 백성들의 말만 듣고 너무 낮게 매겼다고 주상께 아뢰었다. 영의정 황희 역시 "정사政事에 경험이 없는 자가 관직을 맡으면 매양 재용이 부족하게 된다"고 거들었다. 거의 삼 년을 주상께 요청하여 겨우 외관직에 부임하였는데, 이제 영락없는 무능한 관찰사로 낙인찍히는 순간이었다. 하지만 주상께서는 "옛사람의 말에 '백성이 넉넉하면 임금이 어찌 넉넉하지 않겠는가' 하였고, '제왕의 부는 백성이 저장한다'고 했으니, 어찌 백성에게 후한 정사를 했다고 벌줄 수 있겠는가"라고 말씀하셨다.
　사실 나로서도 할 말이 없지 않았다. 내 비록 홀로 계신 아버지의 봉양을 위해 지방 근무를 자청했지만, 나름대로 계획이 없는 건 아니었다. 주상께서 노상 강조하시는 "백성 사랑하는 정치[愛民之政]"09/11/11를 실천하는 게 왜 그리 어려운지, 어떻게 하면 "백성을 살리는 정치[生民之政]"18/07/21를 구현할 수 있는지 직접 알아보고 싶었다. 하지만 궁궐은 극히 선별된 정보만이 전달되는 공간이다. 민생의 고통을 실감하기엔 너무 폐쇄적이었다. 상께서는 낮 경연이 끝나면 지방에서 올라온 수령들을 붙잡고 백성들의 형편을 물어보셨다. 하지만 대부분의 수령들은 그저 좋은 얘기만 말할 뿐이었다. 물론 자기 자신의 치적을 자랑하려는 뜻도 있었겠지만, 다른 한편 임금께 걱정을 끼쳐드리지 않으려는 마음도 있는 듯했다. 그러다보니 민생과 관련해 꼭 필요한 정보는 종종 차단되곤 했다.

즉위 초 주상께서 "신하 중에는 상서祥瑞(좋은 징조)를 말하기 좋아하는 자도 있고, 재변을 말하기 좋아하는 자도 있다. 하지만 오로지 상서만 말하고 재변을 말하지 아니하면 어찌 가하겠는가. 상서를 만나면 상서를 말하고, 재변을 만나면 근심과 두려움을 말함이 옳다"01/07/25라고 말씀하신 것은 바로 이 때문이었다. 치우치지 않는 정보를 가지고 가장 적실한 판단을 내리려는 게 주상의 의도였다. 그러기 위해서는 백성들의 삶을 직접 돌아보고 그들의 말을 들어보는 일이 중요했다. 하지만 왕의 궁궐 밖 출입은 제한이 컸다. 따라서 상께서는 나에게 지방 백성들이 공법貢法 도입을 어떻게 생각하는지 직접 듣고 오라고 지시하곤 하셨다. 관찰사가 된 다음에도 나는 최대한 많은 백성들을 만나보려 했고, 들판을 돌아보려고 노력했다.

백성들과의 직접적인 만남은 상당한 인내력과 체력을 필요로 했다. 고개를 숙이고 침묵으로 일관하는가 하면, 막무가내로 무리한 요구를 해오기도 했다. 조금이라도 세액을 적게 책정받기 위해 얄팍한 수법을 쓰기도 했다. 하지만 민초들의 그런 불합리하고도 이기적인 태도에도 불구하고, 그들의 눈빛에 보이는, 말로 표현할 수 없는 조정에 대한 희망과 기대를 보면서 '정치의 본령'이 과연 무엇인가를 거듭 생각하곤 했다. 무엇보다도 촌락의 실정은 조정에서 들었던 것보다 훨씬 심각했다. 1436년(세종 18)의 작황이 내가 부임하기 일 년 전의 흉년보다 덜하다고들 하지만, 실제로 백성들이 느끼는 고통은 그때와 다를 바가 없었다. 그런데도 조정에서는 세금을 더 많이 걷지 못해 안달이었다. 하지만 굶주린 백성들의 사정을 뻔히 알면서도 무능한 관리라는 말을 듣지 않기 위해 세금을 독촉할 수는 없는 일이었다.

지방 관리는 모름지기 세금을 많이 걷어 올리기보다 "백성을 이롭게 하는 정사"를 잘해야 한다고 배웠다. 그러기 위해서는 "상평의 아름다운 뜻"을 잘 살려야 한다는 게 내 생각이었다. 내가 이듬해 올린 '흉년 구제 방책'에서 말했듯이, "백성을 살리는 정치는 식량과 재화 두 가지를 넉넉히 하는 데 달려 있는 바, 풍년이면 값을 올려서 수매하고 흉년일 경우 낮은 가격으로 (식량을) 내다팔아야 했다."18/07/21 이런 내 생각을 주상께서도 인정하셨다. 신인손 등이 나를 탄핵하려 하자 "정인지는 근시近侍로 있으면서 문학을 오로지 담당하고 정사에는 경험이 없지만, 내가 듣건대 백성을 사랑하는 마음이 많다고 하더라"라고 말씀하셨다.17/12/17

키질을 하고 있는 풍경

아버지의 존재, 그리고 세종의 효성

15개월의 걸군乞郡(관직자가 부모를 공양하기 위해 고향의 수령 자리를 청하던 일) 생활. 그것은 내 개인으로서도 뜻깊은 시간이었다. 아버지의 존재, 그것은 말로 형언할 수 없는 외경의 대상이었다. 내 나이 19세 되던 1414년(태종 14) 문과에 급제해 당신 곁을 떠나기까지, 아버지는 우리들에게 틈을 보이지 않으셨다. 망설임과 신중함, 말하기 전의 시간과 말하고 난 후의 시간 고려, 재빠른 대답보다는 책임 있는 말의 침잠······. 이 모든 것을 당신은 몸으로 보여주셨다. 이제 쉰셋의 나이에 나는, 네 아들의 아비로서 아버지의 길이 얼마나 무겁고 벅찬 것인가를 절감한다. 아이들을 낳고 키우면서 비로소 아버지가 되어간다는 사실을—아비 된 자격을 갖춰 자식을 낳는 게 아니라—새삼 깨닫는다.

1427년(세종 9)에 어머니가 돌아가셨을 때 나는 곤혹스러웠다. 부여군 석성石城 현감을 지내신 아버지는 홀로 그곳(부여)에서 여생을 마치겠다고 고집하셨다. 우리 사남매 중에서 두 누이는 이미 시집을 갔고 경기도 광주로 장가간 아우는 생활이 곤란한 형편이었다. 그나마 봉양할 수 있는 자식이라곤 나밖에 없는 처지라 주상께 걸군을 간곡히 요청했지만 《고려사》 편찬 등을 이유로 번번이 거절하곤 하셨다.

그런데 내가 무슨 일이 있더라도 아버지를 모셔야겠다고 마음먹은 계기는 다른 데 있었다. 그것은 다름 아닌 주상의 효성이었다. 상왕 전하에 대한 주상의 효성은 이미 정평이 나 있었다. 하지만 내게 그보다 더 인상적인 것은 대비에 대한 당신의 태도였다. 재위 2년 여름 대비 원경왕후께서 학질병에 걸리셨을 때 주상은 거의 제정신이 아니었다.

학질은 여러 곳을 자주 옮겨 다녀야 환자에게서 떨어진다[出避之以圖離病]는 말에 따라 당신은 5월 27일부터 7월 10일까지 43일간 무려 12곳을 전전展轉하셨다. 그 기간 동안 당신께서는 수라는 물론이려니와 "침소에도 들지 아니하며 정성을 다하여 기도하셨다."02/06/01

주상께서는 "말 한 필에 내시 두 사람만을 데리고 대비를 모시고" 병 치료를 위해 옮겨 다니셨다. 한밤중에 길을 잃어 엉뚱한 곳으로 가기도 했다. "주야로 잠시라도 대비 곁을 떠나지 않는" 주상 때문에 상왕께서 불가불 환자인 원경왕후를 찾아가지 않을 수 없는 일이 발생하기도 했다. 왕께서 "탕약과 음식을 친히 맛보지 않으면 드리지 않았고, 병환을 낫게 할 수 있다는 말이 있으면 어떠한 일이든지 하지 않음이 없는"02/06/20 것을 보고 상왕도 감동을 받았다. 그간 소원했던 두 분의 관계가 회복된 것은 순전히 주상의 효성 덕분이었다.

그러나 이 같은 지극 정성에도 불구하고 7월 10일 대비께서는 끝내 눈을 감으셨다. "임금은 옷을 갈아입고 머리를 풀어 헤친 후, 발을 벗고 부르짖어 통곡"하셨는데, 그 곡성이 너무나 슬퍼 이를 바라보는 모든 사람들의 애간장이 녹아내렸다.02/07/10 그때 그 슬픔이 너무나 강하게 내 마음을 움직였다. 성격이 '냉정한' 내게까지도 주상의 뜨거운 마음이 그대로 전해졌다. 고향에 계신 부모님을 반드시 봉양해야겠다는 다짐을 한 것도 실은 그 자리에서였다.

1436년 9월 아버지께서 세상을 떠나시기까지 곁에서 나는 참 많은 것을 배웠다. 아버지는 내게 권력에 대해 말씀하곤 하셨다. 상왕으로부터 "정인지는 크게 등용할 만하다"《성종실록》 09/11/26는 칭찬을 들었다는 소식에 당신은 오히려 걱정을 하셨다. 국왕의 총애를 받게 되면 자칫 다른 사람들의 견제와 시기에 휘말릴까 염려하셨다. 당신이 보기에 공자는 권력을 혐오하지 않았다. 권력의 매력을 인정하되 그것에 얽매이지 않았으며 기꺼이 군주를 위한 조언자로 나섰다. 주공이 그랬던 것처럼 공자는 어떻게 하면 권력이 악용되지 않고 좋은 공동체를 건설하고 유지하는 데 쓰일 수 있는지를 깊게 연구한 사람이었다고 하셨다. 내 이름 '인지麟趾'는 땅, 곧 정치 세계에 발을 딛되 극히 조심스럽게 발걸음을 옮기라는《시경》국풍 주남 의도에 따라 지은 것이라 하셨다.

《동국정운》과 세종의 '전략'

1448년(세종 30)《동국정운東國正韻》이 배포되기 전까지만 해도 사람들은 '정음'의 위력을 실감하지 못했다. 4년 전 최만리 등은 정음을 "야비하고 상스럽고 무익한 글자"라고 비판하면서 "언문의 시행"을 저지하는 데만 총력을 기울였다. 언문이 공문서나 과거시험의 공식 언어로 사용될 경우 "관리된 자가 오로지 언문만을 습득하고 학문하는 문자를 돌보지 않아서……성현의 문자를 알지 못하게 될 것"이라고 주장하면서. 그 때문이었을까. 주상은 1446년에 훈민정음을 반포한 후에 애초의 계획과 달리 정음을 문과시험 과목으로 채택하지 않으셨다. 하지만 주상의 '전략'은 최만리 등의 생각을 뛰어넘고 있었다. 최만리 등이 문과시험에 매달려 있는 동안 상은 신숙주 등에게《동국정운》을 편찬하게 하셨다.

전해오는 문적을 널리 상고해 각각 고증考證과 빙거憑據를 두어 바른 음에 맞게 하시니, 옛날의 그릇된 습관이 이에 이르러 모두 고쳐진지라.《동국정운》서문

신숙주의 서문에 언급된 것처럼, 당신은 한문을 배우는 첫걸음부터 뜯어 고치고[悉革] 계셨다. 신숙주의 말처럼 "글의 뜻을 알기 위한 요령은 마땅히 성운聲韻부터 알아야 하며, 성운은 곧 도를 배우는 시작[權輿]이다."29/09/29 그런데 국가에서 표준음을 정하고 훈민정음에 따라 발음하도록 한 상황에서 어느 유생이 정음을 계속 외면할 수 있겠는가.

최만리는 "27자의 언문으로도 족히 세상에 입신할 수 있다면 누가 고심노사하여 성리의 학문을 배우려 하겠느냐"26/02/20고 하여 언문 배우기의 용이성을 힐난했다. 하지만 《동국정운》이 나오면서 정음은 용이성이 아닌 다른 측면, 언어 생활의 기초라는 측면에서 영향력을 발휘했다. 상께서는 그 파괴력을 이미 예상하셨던 듯하다. "억지로 가르치지 말고 배우는 자의 의사에 따라 하게 하라"30/10/17는 지시가 그 점을 보여준다. 이미 "음音을 전하는 돌쩌귀[樞紐]가 된 정음을 수험준비생[擧子]들이 배우지 않으면 안 되었기 때문이다. 물론 저항이 없었던 것은 아

집현전 학자들이 왕명에 따라 편찬한 운서.
우리나라 한자음을 새로운 체계로 정리한 최초의
음운서로 훈민정음 창제 원리 및
배경 연구에 귀중한 자료가 된다.

동국정운

니다. "과거시험에서 《동국정운》을 쓰게 되었으나, 아직 인쇄 반포되지 않았으니, 옛날에 쓰던 《예부운禮部韻》에 의거해" 시험을 치르게 해달라는 요청이 그 한 예다. 《단종실록》 00/12/24

어떤 이는 정음이 조선의 공식 문자로 채택되지 않은 점을 들어 훈민정음 사업이 실패했다고 보기도 한다. 하지만 이는 정음의 이 같은 파괴력과 지식인들에게 미친 영향을 간과한 데서 나온 단견이다. 우선 한문에 대한 유학자들의 태도가 바뀌었다. 한문 배우기 그 자체를 높이고, 한 글자라도 더 많이 아는 것을 목적시 했던 많은 유생들이 한문이란 지식 획득을 위한 도구에 불과하다는 점을 깨닫게 되었다. 주상께서 늘 강조하시던 바, 아악이 중요한 만큼 향악도 필요하고, 중국의 역법이 있듯이 조선에 맞는 역법과 시계가 있어야 한다는 생각을 사람들이 비로소 이해하기 시작했다. 상께서는 《치평요람》을 편찬할 때 중국의 사례와 마찬가지로 단군부터 고려에 이르는 우리나라 역사에서도 배울 만한 행적이 있으면 응당 포함해야 한다고 말씀하셨다. 하물며 한문보다 훨씬 쉽고 수준 높으며 천지자연의 이치에도 부합되는 정음으로 우리의 말과 소리를 적겠다는데 어느 누가 반대하겠느냐는 말씀이셨다.

정음 창제의 최대 수혜자는 사실상 나 자신이다. "지혜로운 자는 아침나절이 되기 전에 이를 이해하고, 어리석은 사람도 열흘 안에 배울 수 있다"《훈민정음》서문는 말처럼, 훈민정음은 정말로 배우기 쉬운 문자였다. 주상의 설명을 듣고 불과 한나절 만에 나는 "바람 소리와 학의 울음소리, 닭 울음소리는 물론이고 개 짖는 소리까지도 모두 표현해 쓸 수" 있게 되었다. 그야말로 "스승이 없어도 스스로 깨달을 수 있는" 언어를 알게 된 다음부터 나는 중국의 고전들을 더 잘 읽는 것은 물론이고 그

것을 체화하는 경지로 나아갈 수 있었다.[28/09/29]

국가 자존심을 건 지식 경쟁: 정인지와 예겸의 만남

1450년(세종 32) 명나라 사신이 왔을 때가 그랬다. 상께서는 과거에 그랬던 것처럼, 나와 성삼문·신숙주 등에게 운서韻書를 묻게 하셨다. 태평관에 찾아가 상견례를 마친 후 나는 조심스럽게 물었다.

"우리나라가 중국에서 멀리 떨어져 있어서 바른 음을 알고 싶어도 그러지 못했습니다. 오늘 두 대인을 뵈었으니 가르쳐주시기 바랍니다."

그러자 사신은 "이 나라의 음이 복건福建주의 음과 똑같으니 그 음을 따라 하면 되겠소"라고 대답했다. 나와 신숙주는 마침 가지고 간《홍무정운洪武正韻》을 가지고 음운의 같고 다름을 강론했다.

조선 태조 4년(1395)에 돌에 새긴 천문도로, 세종 15년(1433)에 복각되었다. 중국의 순우천문도淳祐天文圖 다음으로 오래되었다.

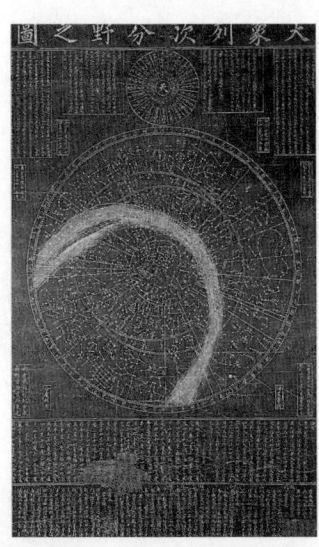
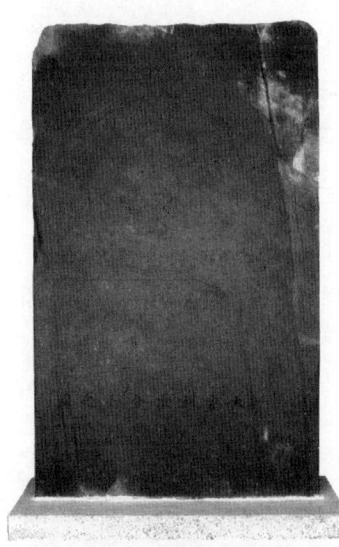

묻고 대답하기를 한참 한 후에, 명 사신 예겸倪謙은 어찌 그리 음운학을 잘 아는지 내게 물었다. 나는 《동국정운》의 편찬 경험을 얘기하고, 아울러 《홍국정운》의 문제점도 몇 가지 일러주었다. 한동안 말이 없던 그가 문득 내게 물었다. "月在何分(월재하분)이오?" 하마터면 나는 밤하늘을 가리킬 뻔했다. 하지만 "달이 어디 있느냐"라는 물음이 요구하는 답은 다른 데 있었다. 나는 즉시 "在東井(재동정)이오[동정에 있소]"라고 대답했다. 《예기禮記》의 월령 오월五月편에 있는 동쪽 별자리[東方井宿]를 지칭함으로써, 고전에 대한 해박한 식견은 물론이고 지금 사신[月]이 와 있는 지리적 위치[東方], 그리고 천상열차분야지도天象列次分野之圖로 대표되는 우리나라 천문학 수준을 동시에 보여주었다.

잠시 탄복하여 마지않던 예겸은 신숙주를 향해 "일접상과삼日接常過三"이라고 다시 운을 뗐다. 이번에는 운자를 가지고 승부하겠다는 말이렷다! 유려한 시의를 구성하기가 쉽지 않은 '삼三' 자 운을 사용하고 있지 않은가. "매일 접대가 늘 삼경三更(밤 11시에서 새벽 1시 사이)이 지나서 끝나고 있소"라는 그의 말에 나는 "世間夸毘子 利盡德二三(세간과비자 이진덕이삼)"이라고 했다. "세상에 굽신거리는 자들은 이로움이 없으면 덕을 가지고 이랬다저랬다" 하지만 우리는 늘 한결같은 마음으로 손님을 접대하고 있다는 뜻이었다. 옆에 있던 신숙주 역시 내 말을 받아 "意到瞥電掣 立就思無三(의도별전철 입취사무삼)"이라고 차운했다. "생각할 때 찰나의 순간이나, 뜻을 세움에 잠시라도 한결같지 않아서는 안 된다"는 말이었다. 이 말을 들은 예겸은 비로소 "천지가 인재를 낼 때 하나의 기운에 의거했다더니 과연 중화와 변방이 구분되지 않습니다"라고 말했다. 《황화집》I, 29~31쪽 우리나라 지성의 수준을 인정한 것이다.

이윽고 밤이 깊어 헤어져야 할 시간이 되었다. 뒤따라 나오던 예겸이 말했다.

"如夜深何(여야심하: 밤이 깊었으니 어찌 하오)." 나는 이번에도 지체 없이 "可怕李金吾(가파이금오: 아마, 이금오는 두려워해야겠지요)"라고 대응했다. 당나라의 두보가 밤 늦게 헤어지면서 이금오를 놀리며 한 말로 맞장구를 쳐준 것이다. 여기에는 또한 금오金吾, 즉 의금부 관리는 역시 두렵다는 약간의 과장도 섞여 있었다. 그러자 다시 예겸은 "莫逢王玉汝(막봉왕옥여: 허나 왕옥녀는 만나지 마시오)"라고 말했다. '송나라의 엄격하기로 유명한 관리인 한진韓縝, 즉 옥녀나 만나지 마시게'라는 말이었다.《집주두시集注杜詩》권18 마침내 우리는 "천하에 대구對句 없는 시란 없습니다그려"라고 크게 웃으며 헤어졌다. 서거정,《필원잡기》권1

이후 중국 사신들의 태도가 달라졌다. 처음엔 거만한 태도로 우리를 깔보거나 따져 묻는 식으로 말을 하던 그들이 "조선에도 해 그림자를 측정하고 있는지," 32/01#/07 양촌 권근이 "一水繞南 三山鎭北(일수요남 삼산진북: 한 물줄기 남으로 둘러 있어 넘실 흐르고, 세 산이 북쪽을 눌러 우뚝 솟아 있네)"이라고 읊은 한강가의 희우정喜雨亭에 가는 게 어떨지 32/01#/16 제안하기도 했다. 심지어 중국 사신들이 으레 받아가던 선물에 대해서도 그들은 "만약 이것을 받는다면 조선 백성들이 나를 어떤 사람이라 여기겠소" 하면서 사양하기까지 했다. 32/01#/18

이번 중국 사신들과의 대화에서 얻은 또 하나의 수확은 우리 자존감의 회복이었다. "스스로 자기를 무시한 다음에 비로소 남들에게 멸시받는다"는 말처럼, 내 것을 내가 존중하지 않는다면 어느 누구도 귀하게 여기지 않는다는 점, 그리고 그런 자존감을 가지고 내 생각을 자유롭게 펼칠 때 비로소 상대방의 존경을 받게 된다는 사실이 그랬다. 물론 우리 학문이 자폐적이어서는 안 될 것이다. 다른 나라의 학문과 소통되고 비교되어야 하며, 세계 최고의 지식인이 보아도 찬탄할 만한 수준의 지식이어야 한다. 이를테면 우리와 "더불어 조용하게 웃으며 말하고 시를 읊기도 하고, 술을 마시기도 하던" 예겸은 어느 날 문득 "그대와 하룻밤 대화함이 십 년 동안 글 읽는 것보다 낫소[與君一夜話 勝讀十年書]"라고 한 적이 있다.32/01#/08 나는 그 말이 결코 나 자신만을 위한 찬사라 생각해본 적이 없다. 바로 성상께서 끌어올린 조선의 문명 수준에 대한 명나라 최고지식인의 평가라 생각했다.

지성의 빈곤은 최대의 국가 위기

우리나라 지식 수준에 대한 찬탄을 예겸이 처음 한 것은 아니었다. 일찍이 고려 인종 때(1123) 개경을 방문한 송나라의 서긍徐兢(1091~1153)은 고려의 문풍을 이렇게 평했다.

> 임천각에는 장서가 수만 권에 이르고……국자감을 세워 관원들로 하여금 유학을 철저히 배우게 하였다.……위로는 조정 관리들의 위의威儀가 우아하고 문채가 넉넉하며, 아래로는 민간 마을에 경관經館과 서사書社가 두셋씩 늘어서 있다.……백성들은 무리지어 살면서 스승에게 경서를 배우고, 장성해서는 벗을 택해 각각 절간에서 강습하고, 아래로는 군졸과 어린 아이들까지도 향선생鄕先生에게 글을 배운다. 아아, 훌륭하구나! 서긍, 《고려도경》 권40

이렇게 볼 때, 고려 말의 위기는 사실상 지성의 위기였다. 홍건적의 침입과 왜구의 약탈도 무서웠고, 무능한 국왕과 원의 간섭도 개탄스러웠다. 하지만 그보다 더 한스러운 것은 시대의 변화를 읽지 못한 채 음풍농월로 시절을 보내는 지식인들의 고루함이었다. "도덕의 으뜸[道德之首]"이요 "유가의 종장[宗匠]"이란 말을 들었던 이제현과 이색 역시 성리학을 수입하는 데 급급했을 뿐, 그것을 넘어서려 하지 않았다. 한마디로 나라의 앞길을 헤치고 시대를 이끌어갈 탁연한 지성이 없었던 점, 그 점이 바로 고려 말 위기의 본질이었다.

문제는 그 위기가 지금까지 지속되고 있다는 사실이다. 대다수 유학자들은 중국 지식의 수입상 노릇에 만족하는가 하면, 한시 한 소절 더 많이 외는 것으로 학문 수준을 평가하곤 했다. 연구에 전념하지 않고 이곳저곳을 기웃거리는 풍토 역시 문제였다. 발언권(사헌부·사간원)과 인사권(이조·병조)이 있는 부처로 옮겨 가려는 집현전 학사들을 비판하면서 주상께서 "그대들은 학술을 전업으로 하여, 종신토록 이에 종사할 것을 기약하라"16/03/20고 당부하신 일이나, "중국의 선비들은 각각 한 가지 학문만 오로지하였기 때문에 얻음[得]이 있었다"15/02/02는 말씀은 모두 이런 상황을 지적한 것이었다. 당신은 이를 극복하기 위해 학사들에게 한 가지 분야에 전념하게 했다. 그리고 젊은 문신들로 하여금 석학[碩學] 변계량에게 배우되 "집에서 전심으로 글을 읽어 성과를 내도록"08/12/11 사가독서제[賜暇讀書制]를 시행했다. 특히 학사들에 대한 평가 방법과 조건을 엄정히 했다.12/05/27 충분한 연구 기간을 제공하되, 엄격하고도 철저한 평가 방법을 도입해 문풍을 혁신시켰다. 집현전 학사들의 연구열이나 신료들의 헌신적인 국정 수행은 이 같은 문풍 혁신의 결과였다. 아! 이제 우리글로 개척하고 패기 있게 만들어갈 조선의 신문명은 어떤 모습으로 드러날 것인가. 집현전의 밤은 깊어만 간다.

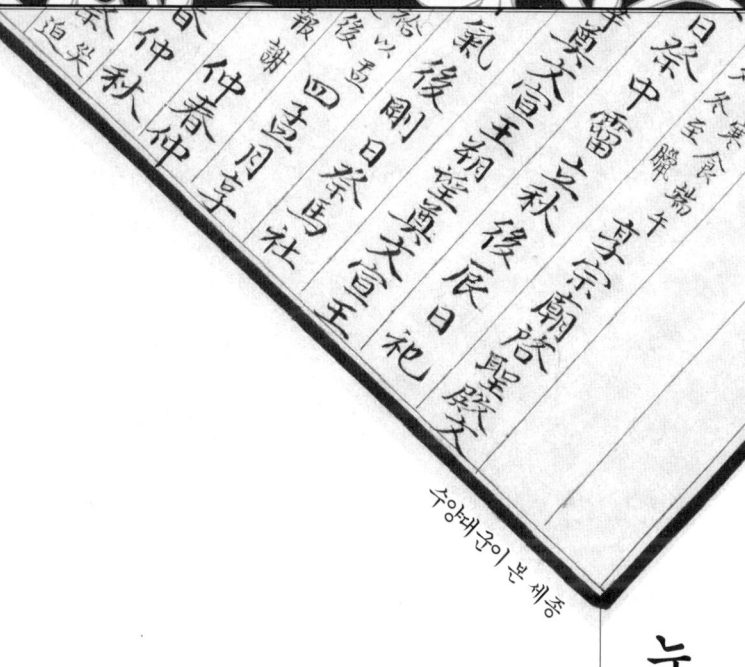

수양대군이 본 세종

누구를 위한 국가인가

"무릇 의심나는 일은 여러 사람에게 의논해서
하지만, 의심이 없는 것은 독단으로 하는 것이다.
너희들은 내가 권신에게 제재를 받아
스스로 가부를 결정하지 못할 줄로 생각하느냐."

—세종 《세종실록》 30/07/08)

수양대군

수양대군(1417~1468)은 그리 길지 않은 재위 기간(1455~1468)에 많은 업적을 남긴 세조의 대군 시절 호칭이다. 그는 우리나라의 지리지와 지도를 찬수撰修하게 하는가 하면(《동국지도》), 호패법을 시행했으며, 조선 왕조의 종합 법전인 《경국대전》을 찬술케 했다. 과전법科田法을 개혁해 현직 관원에게만 과전을 주는 직전제를 시행했으며, 건주위建州衛의 여진족 추장 이만주李滿住를 목 베는 등 북방을 경영했다. 14년의 재위 기간에 그가 한 일을 보면, 마치 세종에게 "왜 애초에 내게 왕위를 물려주지 않았느냐"고 항변하는 듯하다. 《연려실기술》을 보면 "세조는 얼굴이 크고 기이했으며 활쏘기와 말달리기가 남보다 월등했다"고 한다. 뿐만 아니라 어학(훈민정음 창제), 불교(간경도감 발행), 지리(규표 제작) 등에서도 우수했으며, 무엇보다 용인用人의 재주와 결단력이 뛰어난 것으로 평가되고 있다. 그는 능력 있는 자라면 신분을 초월해 등용하곤 했으며, "신하들과 종종 더불어 희롱하기를 좋아했다"고 한다. 그러다가 이계전의 경우에서 보듯 그의 역린을 건드린 신하에겐 면전에서 큰 망신을 주기도 했다. 정치 운영에서 세조는 부왕 세종과 정반대의 방법을 택했다. 그는 신하들의 의견을 받아들이기보다는 자기 소신을 강행하는 '상명하달上命下達'의 결정을 선호했다. 즉위한 직후 의정부 서사제署事制 대신 육조 직계제直啓制를 시행한 것이나, 집현전과 경연을 폐지한 것도 마찬가지다. 할아버지 태종 이방원과 마찬가지로 수양대군은 "영명하고 과단성" 있는 성품을 가진 인물로, 운명을 거슬러서라도 자기 의지를 관철시키는 정치가였다. 패륜과 비극의 도랑을 피하지 않고 과감히 뚫고 간 그는 뛰어난 업적으로 정통성의 결함을 만회해갔다.

어가가 멈춰 섰다. 새벽에 흥인문을 출발해 꼬박 한나절을 내달린 셈이다. 2월의 경기도 양주 벌판은 황량하기만 했다. 점심참의 따스한 햇살도 살을 에일 듯 파고드는 매서운 바람을 막아주지는 못했다. 수라를 간단히 마친 부왕께서 말씀하셨다.

"작년의 강무講武는 참으로 한심했다."

꼭 1년 전인 1431년(세종 13) 포천 매장원에서 일어난 집단 동사 사태를 가리키신 것이다.

"총제摠制(총사령관) 홍약이 아니었다면 큰일 날 뻔했습니다."

나는 변명처럼 대답했다.

지난해 이맘때, 마지막 사냥터인 보장산으로 가는 도중 군사들이 추위와 굶주림에 지쳐 쓰러지기 시작했다. 어둑어둑한 매장원의 겨울 들판을 가로질러 가는 것은 사실 군마를 탄 나로서도 벅찬 일이었다. 하물며 변변치 못한 옷차림으로 20여 일간 어가를 따라다니며 풍찬노숙해야 하는 병사들에게 야간 행군은 고역 중의 고역이었다. 그런 와중에 26명의 군사가 사망하고 70여 필의 마소가 얼어죽는 사태가 발생했었다.

평소 신료들의 말을 경청하던 아버지께서도 유독 강무에 대해서만은 완강하셨다. 백성과 군사들의 괴로움을 들어 강무를 폐지하자고 건의하는 신하들에게 "나는 정치의 대체를 돌아보지 않고 몇 가지 폐단을 들어 오활迂闊(실제와 관련이 먼)한 말만 늘어놓음을 큰 잘못이라 여긴다"16/01/15고 논박하곤 하셨다.

가을 추수기에 벼농사 형편을 돌아보시던 모습과도 사뭇 달랐다. "일산日傘과 부채를 쓰지 않고" 들판을 지나다가 "벼가 잘 되지 못한 곳에선 반드시 말을 멈추고 농부에게 까닭을 묻고" 마음이 아파 "점심을 들지 않고 돌아"오시던01/07/03 당신이셨다. 하지만 겨울 강무 때는 백성의 온갖 고초를 감내하면서도 군사 훈련을 그치지 않으셨다. "강무란 군국軍國의 중대한 일"13/01/30로서 만일 이를 행하지 않는다면 "무비武備가 쇠퇴할 뿐만 아니라 이미 이루어놓은 왕법에도 위배된다"07/12/16는 게 그 이유였다.

왕은 매년 농한기인 봄과 초겨울에 전국에서 군사들을 동원해 강무를 실시했는데,
이 깃발들은 군사들을 진법에 맞춰 사열할 때 주로 쓰였다.

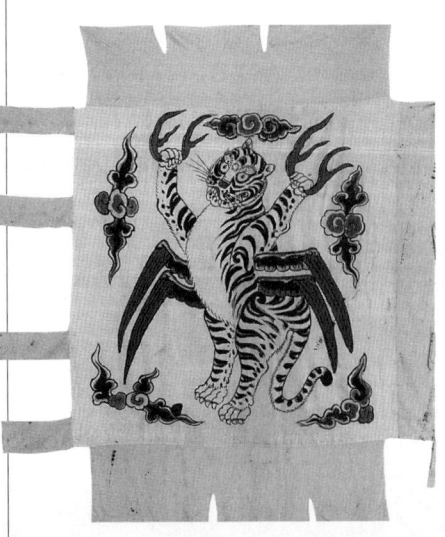

하지만 지난해 강무는 내가 생각해도 지나쳤다. "군사는 자주 조련해 한서寒暑의 고통을 익히고, 기계의 장비를 정하게 하며, 좌작진퇴坐作進退(앉고 서고 나아가고 물러섬)를 익숙하게"³¹/⁰³/⁰⁶ 해야 한다는 아버지의 명命에 따라 20여 일간 강행군을 계속한 결과 "추위에 얼고 굶주린 군사들이 현기증을 일으키며 쓰러지는 자가 속출"하는 지경에 이르렀기 때문이다. 다행히 총제 홍약이 대신들의 침묵을 깨고 행군의 정지를 요청했고, 도진무都鎭撫 성달생이 군사들의 상태를 긴급히 보고해 더 이상의 인명 피해는 막을 수 있었다.

백성 고초 감내하며 군사 훈련 강행

강무 반대 여론을 의식하셨던 것일까. 올해 행차에는 양녕 백부 등 종친을 대동치 않으셨다. 최윤덕 장군 등 문무 관료, 그리고 당신의 아들들만이 어가를 수행할 따름이었다. 행차의 속도도 다소 늦춰졌다. 포천에 못 미친 양주군 사천동 일대에서 점심참을 드셨고, 뉘엿뉘엿 해가 질 무렵에 철원부 풍천楓川 지역에 야숙을 위한 악차幄次(임금이 거둥할

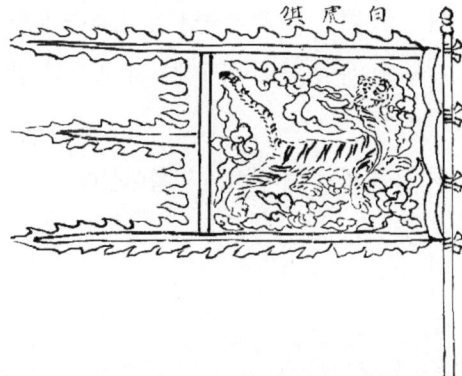

때 쉬도록 막을 둘러친 곳)를 설치했다.

어가가 도착하자 갑사, 별패, 시위패(순번에 따라 상경하는 지방의 장정)를 포함한 2,000여 명의 군사와 1만여 필의 말, 그리고 9,000여 명의 몰이꾼이 빠르고 익숙한 동작으로 야숙野宿 준비를 했다. 그 사이에 상께서는 야간 암호 등 몇 가지 사항을 숙위 사령에게 전지傳旨하시고, 때맞춰 함길도 감사가 보내온 해물을 군사들에게 나눠주라고 하셨다. 황금 갑옷을 입고 최윤덕 등에게 내일의 행군과 사냥 계획을 지시하시는 위용은 태종 임금을 똑 닮아 있었다. 즉위할 때까지 독서에만 몰두해 할아버지 태종의 걱정을 자아내던 문약한 모습은 어디에도 찾을 수 없었다.

지난해에 이어 강원도 목적지인 평강平康으로 떠나는 이번 강무의 의미는 나로서도 각별했다. 물론 상께서는 문무 관료들의 진취적인 기상을 높이고, 병사들의 예기를 가다듬는 것을 목표로 삼고 있었다. 사병私兵이 혁파되고, 체제가 안정되면서 문약화의 조짐이 나타나고 있었기 때문이다.

이미 일곱 살 때 왕세자가 된 형님 이향李珦(나중의 문종)의 선상노 선강이려니와, 아버지의 열여덟 명이나 되는—역대 최다수인—아들 중에서 나의 존재를 드러낼 수 있는 유일한 기회를 놓칠 수는 없었다.

"세자의 나이도 이제 열여덟 살이 됐으니 대가大駕를 수행할 만하다. (세자는) 항상 궁궐에만 있어 밖의 일을 보지 못하니 꼭 계집아이를 기르는 것 같다. 혹 중국 사신을 접견하게 하면 얼굴이 붉어지고 머뭇거린다. 또 몸이 날로 비대해지고 있으니 말을 타고 기를 펴게 함이 옳다."[13/01/30]

강무를 떠날 때 전하의 말씀이셨다.

그런데 상의 의도와 달리, 일단 강무장에 나오면 형님은 더욱더 머뭇거렸다. 반면 나와 동생 안평대군은 서로 경쟁이라도 하듯이 사냥에 몰두했다. 특히 내 활 솜씨는 집안 내력 덕분인지 주위 사람들의 찬탄을 자아내곤 했다. 아홉 마리의 노루가 동시에 달리는 곳으로 활을 쏘아 한꺼번에 여섯 마리를 잡기도 했으며, 말 위를 뛰어넘어 달려드는 노루를 겨냥해 적중시키기도 했다.《세조실록》총서 상과 세자가 찬탄하면서 박수를 보낼 정도였다. 안평대군 역시 보통의 활 솜씨는 넘었다.

강무 사흘째 되던 날, 아버지는 삼군三軍 총사령관 최윤덕을 불렀다. "강무라는 것은 원래 군사들에게 활 쏘고 말 달리는 기술을 익히게 하기 위함이다. 그런데 지금 강무장 안의 짐승은 종친들만 쏠 수 있게 만들었다."

아버지는 우리의 지나친 경쟁을 의식하신 듯했다. 다른 한편 그 점은 상께서 생각하는 현재 강무 방식의 문제점이었다. "짐승들이 포위를 뚫고 빠져나갈 때 몰이하는 군인[驅軍]이 쏠 수 없다면, 병졸을 훈련하는 뜻이 어디 있느냐"고 지적하셨다.14/02/21

실전에 도움되는 훈련으로

상께서는 포위망에서 빠져나간 짐승들을 말 탄 병사[騎士]들로 하여금 쫓아가 쏘게 하면 어떻겠냐고 물으셨다. 이에 최윤덕, 신상 등은 기사를 세 집단으로 나누어 쫓아가 쏘게 해보자고 했다. 그러나 김종서는 반대했다. "설사 포위망 뒤쪽에서 쫓게 하더라도 다투어 활을 쏘다 보면 필시 사람을 상하게 하는 일이 있을 수" 있다는 말이었다. 상께서는 논의 끝에, 지신사 안숭선의 의견에 따라, 그날은 종전의 방식대로 시행하라고 하셨다.14/02/21

이틀 후, 불행히도 김종서의 우려는 현실로 나타났다. 23일 평강현 북쪽 석교石橋 인근의 강무는 상의 뜻에 따라 '적극적인 사냥'이 허용됐다. 그런데 어찌나 사냥에 몰두했던지, 별안간 화살이 임금의 막사 안까지 날아들었다. 안숭선은 활을 쏜 환관 유실兪實을 법령에 따라 국문해야 한다고 했다. 그러나 상께서는 "실수로 잘못 쏘아 위내圍內까지 들어온 것이니 용서해주라"고 하셨다.14/02/23

그날 오후 철원부 내문乃文 강무에서는 사망 사고까지 발생했다. 포위를 뚫고 달아나던 사슴이 시위패 김득부를 들이받았는데, 그 자리에서 죽고 만 것이다. 상은 경기 감사에게 장례를 관에서 치러주도록 하고, 그의 집에 세금도 면제해주라고 지시했다.14/02/23

이 사고로 강무 일정이 예정보다 늦어졌다. 애당초 24일의 의혜왕후(이성계의 어머니)의 제사 때까지는 환궁해 당신이 직접 사냥한 짐승으로 제사를 지내려고 했었다. 그런데 새로운 강무 방식이 도입되고, 몇 가지 예상치 않은 사고가 발생하면서 일정이 예상보다 길어진 것이다.

내문에서 의혜왕후 제사를 지낸 다음 날, 마장면 일대의 강무 또한 치열했다. 이날은 상께서 친히 사냥에 참여하셨다. 아침 수라를 드신 후, 상께서 삼면이 포위되고 한쪽 방향만 열린 사냥터에 도착하자 북이 울렸다. 병조 당상관의 영令에 따라 말 탄 장수와 기사들, 그리고 몰이꾼 병사들이 포위망을 좁혀갔다. 그러는 사이 상께서는 가마에서 내려 말로 갈아탔다. 첫 번째 몰이와 두 번째 몰이까지는 화살을 겨누기만

정조시대 야간 군사 훈련을 그린 그림. 이 훈련에는 총 300여 명의 장교와 1,000여 명에 달하는 군사들이 참여했으며, 약 400필의 말이 동원되었다.

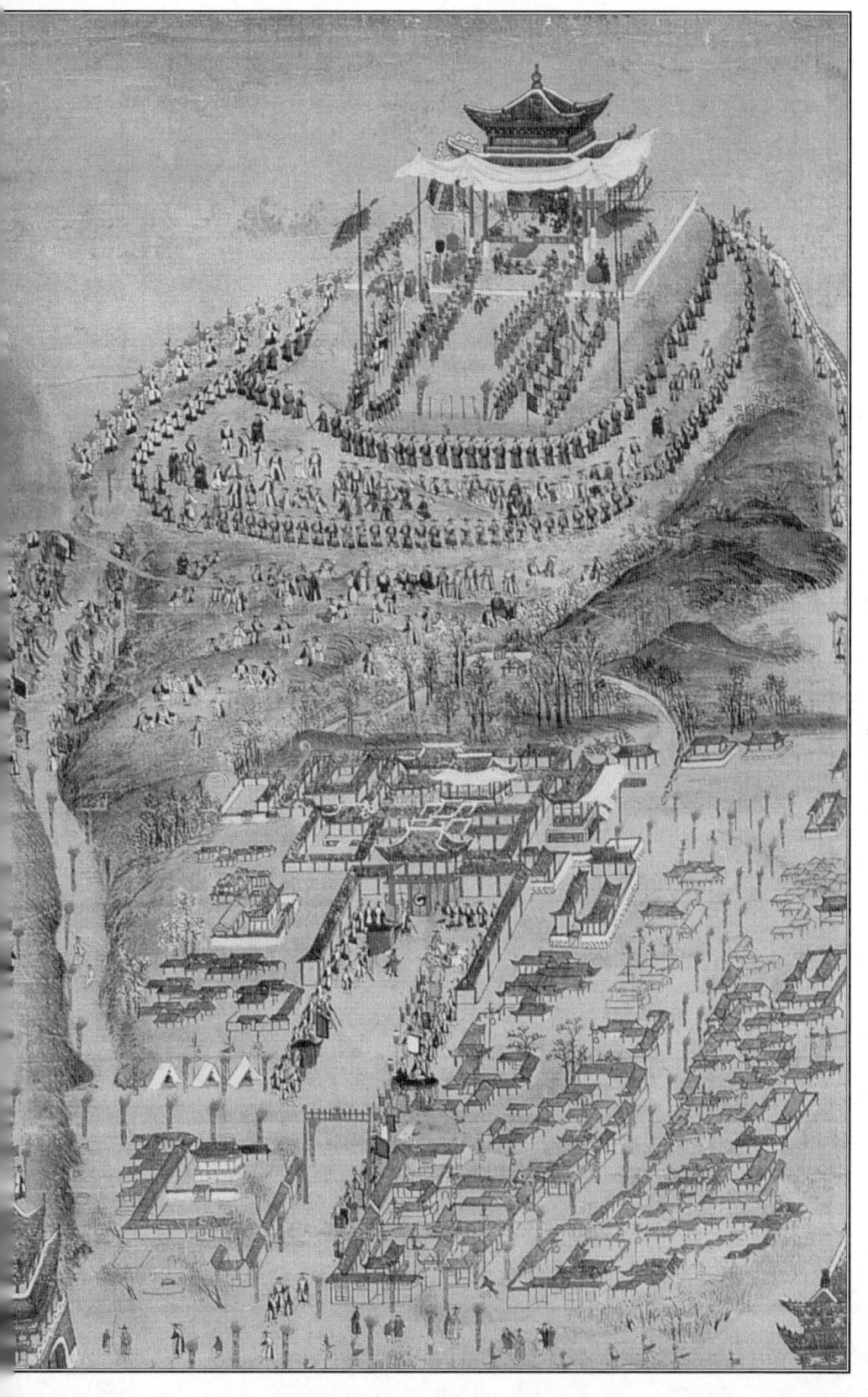

했지 쏘지는 않으셨다. 마지막 세 번째 몰이에서 상께서 짐승의 왼쪽에서 화살을 날렸다. 노루의 정강이에 적중했다. 병사들은 북소리와 함께 함성을 질렀다. 나는 치어致語(임금께 드리는 축하 말씀)를 드리기 위해 여러 장수와 함께 아버지 곁으로 다가갔다.

 바로 그때, 산속에서 큰 멧돼지가 나타났다. 종친과 장수들이 일제히 화살을 날렸다. 그런데 멧돼지는 화살을 맞은 채 포위망을 뚫고 달려나오면서 매어놓은 내구마內廐馬 한 마리를 들이받았다. 아버지께서 타실 내구마가 그 자리에서 즉사했다. 다들 황망해하는 사이에 멧돼지는 숲속으로 유유히 사라졌다. 당황한 최윤덕이 담당자를 처벌하겠노라고 아뢰었다. 아버지는 "어찌 멧돼지가 꼭 이 말에게 달려와서 부딪칠 줄을 알았겠느냐. 뜻밖에 생긴 일이니 거론하지 말라"고 명했다. 하지만 당신께서도 은근히 겁이 나셨는지 옆에 있는 김종서에게 활과 화살을 주시면서 "항상 차고 있다가 짐승이 나타나면 쏘라"고 말씀하셨다.[14/02/25]

 이번 행차는 30일 보장산에서의 강무를 끝으로 종료됐다. 하지만 예기치 않은 사고 등 여러 가지 문제점이 드러났다. 몰이꾼은 물론이고 국왕 친위부대까지 훈련이 돼 있지 않아서 우왕좌왕했다. 상께서도 "항오行伍가 정제되지 못함"이 작금의 가장 큰 문제라고 지적하셨다.[14/02/30] 항오가 정제되지 못했다는 것은 사실상 이 시대 나라 전체의 문제이기도 했다. 아직까지 건국과 창업기의 어수선함을 극복하지 못하고 있었다. 뭔가 큰 공을 세워보려는 공신들의 기회주의와 몇몇 대신의 경박한 발언과 무책임한 태도, 그리고 상당수 "더벅머리 선비[儒竪]"들의 사대적 근성 탓에 나라 전체가 우왕좌왕했다. 혹독한 겨울의 강무는 바로 이런 점들을 극복하기 위한 훈련 과정이었다.

창업엔 권도요, 수성엔 정도이니

　창업에서 수성守成 정치로의 전환! 부왕께서 생각하는 시대적 과제였다. 하지만 태조께서 세우시고 선대왕 태종께서 만드신 우리 조선 왕조의 기틀을 안착시키는 일은 결코 쉬운 게 아니었다. '말 위[馬上]의 정치'에 익숙한 사람들은 '좌상座上의 행정'에 서툴렀다. 서툴 뿐만 아니라 "도필지임刀筆之任"이라 해 무시하기까지 했다.

　물론 천하를 얻는 데는 사람들을 규합하고 설득하는 능력, 그리고 기존의 폐해를 비판하는 능력이 매우 중요했다. 하지만 이미 천하를 얻은 다음부터는 상황이 달라진다. 이제 사람들을 끌어모으기보다는 자신의 일터로 돌려보내 각자의 소임을 다하게 해야 했다. 비판하기보다는 일의 결과를 가지고 사람들에게 혜택을 베풀어주어야 했다. 국가의 질서를 유지하고[刀之任] 일상의 사무가 원활히 돌아가게 만드는[筆之任] 일이 중요해졌다.

　정치하는 방법도 바뀌어야 했다. 대사헌 신개가 강조한 것처럼 "창업할 때는 권도權道가 중요하지만, 수성의 시대에는 정도正道가 귀하다." 즉 "시의時宜에 따라서 변경할 수 있는 손익損益하는 법"인 권도가 창업의 덕목인 데 비해, 수성기에는 "영세永世토록 전해 변경할 수 없는 경상經常의 법"인 정도를 앞세워야 한다. "처음에 나라를 창업할 때에는 권도를 행"해서라도 "사람들의 마음을 통솔해내고" 일을 이루어냄이 필요하지만, "수성할 시대"에는 "정도를 지켜 국맥國脈을 배양"하고 "그 세대를 영구"하게 만드는 일이 더욱 중요하기 때문이다.[14/08/21] 부왕께서는 이 점을 염두에 두고 국가 정책을 발표하기에 앞서 반드시 '숙의'하는 과정을 거치셨다. 즉흥적인 발상, 경박한 발언, 무책임한 실행을 수성의 정치에서 가장 경계해야 한다고 보셨다.

수성의 정치를 가로막는 더 큰 장애물은 신진 유신儒臣들의 이분법적인 사고방식이었다. 이들은 유교 이외의 모든 사상을 배척하려 했다. 물론 전조前朝(고려)의 말과 아조我朝(조선)의 창업 과정에서 척불론斥佛論은 고려 왕조를 비판하기 위해 사용된 이론적 무기였다. 삼봉 정도전을 비롯한 건국자들이 신왕조 건국의 정당성을 설파하기 위해 그 무기를 효과적으로 이용한 것도 사실이다. 하지만 삼봉의 경우 척불론의 '정치적 상징성'을 이용하는 데 그치고, 그 이상의 정책적 조치로까지 나아가지 않았다. 그런데 근래의 유생들은 유교만이 진리라는 생각을 갖고 있는 듯했다. 특히 성균관의 유생과 소장 집현전 학사들은 불교는 말할 것도 없고 태조 임금께서도 중시한 풍수지리조차 이단사상이라 하며 배척했다.

국가에 이롭다면 경연에서 풍수학을 논하지 못할까

재위 중반기의 풍수지리 논쟁이 그 한 예다. 재위 12년에 선대왕 태종의 능침獻陵(서울시 서초구 내곡동 소재) 옆길을 풍수지리 차원에서 막아야 한다는 주장이 제기됐다. 행行 사정司正 최양선이 "천천穿川의 큰길은 헌릉의 주산 내맥이니 막아야 한다"고 상언한 것이다. 이에 대해 풍수風水 이양달 등은 "비록 큰길이 있더라도 산맥에는 해가 없을" 뿐만 아니라 "이 맥에는 사람의 발자취가 있는 것이 더욱 좋으므로, 막음은

부당하다"고 주장했다. 15/07/22; 12/08/21

그러자 부왕께서는 "그 근원을 캐보아야겠다"면서 경연에서 이 문제를 다뤄보자고 제의하셨다. 그러나 그 제의는 곧 반대에 부딪혔다. "경연은 오로지 성현의 학문을 강론하고 구명해 정치 실시의 근원을 밝히는 곳인데, 풍수학이란 잡된 술수 중에서도 가장 황당하고 난잡한 것이니, 강론에 참예시킴이 옳지 못하다"며 지신사 안숭선 등이 반대하고 나섰다.

이에 아버지께서는 "역대의 거룩한 임금을 보건대 통하지 않음이 없었다"면서 "우리나라의 일로 말하더라도 도읍을 건설하고 능 자리를 정하는 데에 모두 풍수 전문가의 말을 채용하지" 않았냐고 반문하셨다. 나아가 "지금 헌릉 내맥來脈의 길 막는 일에 있어 이양달과 최양선이 서로 자기가 옳다고 고집해 정하지 못하고" 있는데, "나 자신도 그 이치를 알지 못하기 때문에 옳고 그름을 결단하지 못하겠다. 그러니 한번 집현전의 유신들을 데리고 이양달과 함께 그 이치를 강론"해봄이 어떻겠느냐고 다시 제의하셨다.

그러자 안숭선은 "전부터 경연에서는 경전의 학문만을 한결같이 해왔는데, 이제 만일 잡된 학문을 강론한다면 오랜 적공積功이 한번 실수로 헛되이 될까 실로 두렵긴" 하지만, "그러나 그 학문도 국가를 위해

세종은 한 달에 5회의 경연을 가졌다. 경학은 물론이고 풍수지리까지 경연에서 논의할 것을 주장해 신하들의 반발을 사기도 했다.

소용되는 것이라 폐해버릴 수는 없으니, 경학에 밝은 신하를 선택해 강습하게"15/07/07 함도 좋겠다고 동의했다. 결국 "풍수학을 강명함은 결코 유자(儒者)의 분수 밖의 일이 아니라"15/07/27는 당신의 주장에 따라서 사상 처음으로《지리전서(地理全書)》등의 내용이 경연석상에서 강론됐다.

주자의 글도 의심 가지고 읽어야

이처럼 아버지께서는 유교 이외의 사상에 대해서도 "투철하게[洞]" "그 근원을 캐어본" 다음에 "나라에 이롭고" "국가에 도움"이 된다면 실용적인 차원에서 이용하려는 태도를 가지고 있었다. 아버지는 특히 "비록 주자(朱子)의 말이라도 다 믿을 수는 없을 듯하다"고 해 주희의 글에 대해서도 비판적인 태도를 가지고 있었다. 즉 경연에서 당신은 주문공(주자)이 옛말의 잘못을 바로잡은 대목에 이르러서 "주문공은 진실로 후세 사람으로서는 논의할 대상이 아니다. 그러나 잘못을 바로잡은 말에는 혹 의심스러운 곳이 있다. 그리고 그 자신이 한 말 또한 의심스러운 곳이 있다"19/10/23고 말씀하기도 하셨다. 주자의 뛰어남을 인정하면서도 "의심"을 가지고 주자의 글을 읽으셨던 것이다.

다양한 사상을 포용하는 상의 면모는 불교에 대한 태도에서도 나타났다. 물론 즉위 초년에는 아버지께서도 상왕이신 태종 임금의 뜻에 따라 불교 개혁을 추진하기도 했다. 하지만 재위 중반부터 당신은 신하들의 불교 개혁론에 대해서 시종 온건한 입장을 취하셨다. 승려를 뽑는 시선(試選)제도를 폐지하고 전토(田土)로 봉양하는 폐단 등을 바로잡자는 대사헌 하연河演 등의 상소에 대해서 당신은 "개혁을 해도 점차로 해야 한다"는 허조의 손을 들어주었다. 즉 "불법佛法이 이단"인 것은 확실하지만, 이 법이 세상에 행해진 지가 오래돼서 "급작스럽게 개혁할 수는 없지 않느냐"06/02/07는 말씀이었다.

당신은 불교 개혁론을 반대할 뿐만 아니라 종종 불교를 옹호하기도 하셨다. 재위 20년(1438)부터 3년간 지속된 '흥천사 사리각 수리'가 하나의 예다. 태조께서 건립하신 경복궁 남쪽 흥천사 사리각(덕수궁 북쪽에 있었음)이 퇴락하자 아버지께서는 그 개조를 명하시고, 그 수리가 끝나자 효령 백부의 제의를 받아들여 그것을 축하하는 경찬회를 열게 하셨다. 이에 대해 집현전 학사 등 대다수 신료가 반대하고 나섰다. 당신께서 그토록 아끼는 김종서조차 "즉위하신 이후 한 가지 정치나 한 가지 일도 실수하심을 보지 못했는데" 이번 경찬회를 보고 "깊이 실망했다"고 말했다.23/11#/15 집현전의 최만리도 이 일로 "불교가 다시 일어나게 될 것"이라고 비판했다.23/11#/17

이에 대해 부왕께서는 고전의 말씀을 들어 물리치셨다. "옛사람이 이르기를 '세 번 간해도 (임금이) 듣지 아니하거든 (임금을) 버리고 가라[三諫不聽則去]'고 했는데, 너희들이 스스로 가면 내가 금할 수 없거니와, 만약 나가지 않는다면 내가 어찌 구태여 파출罷黜시키랴"라는 말씀이 그것이다. 이에 대해서 좌사간 박중림朴仲林 등은 "옛사람은 열국列國에서 벼슬했기 때문에 세 번 간해 듣지 아니하면 버리고 갔거니와, 신 등은 본국 외에는 다시 갈 만한 곳이 없사오니, 차라리 벼슬을 파면시켜"23/11#/29달라고 말했다(이듬해 3월, 부왕의 뜻대로 흥천사 경찬회는 1만여 명의 승려가 모인 가운데 5일 동안 개최됐다).

이 정도의 척불논쟁은 그나마 괜찮았다. '파저강 정벌'이나 '수령 육기제 채택'을 둘러싼 군신 간의 논쟁에 비추어볼 때, 이 정도의 대립과 비판은 이미 낯익은 것이었다. 그렇지만 재위 말년에 있었던 '내불당 논쟁'은 신료들의 어조에서도 위험 수준을 넘어섰고, 아버지의 대응 또한 상상을 초월했다.

1448년(세종 30) 여름, 부왕께서는 창덕궁 문소전文昭殿 서북쪽 공터에 불당을 건립할 것을 지시하셨다. 원래 창덕궁 중장重墻(안쪽 담) 밖의 문소전 동쪽에 불당이 하나 있었는데 1433년(세종 15)에 폐철廢撤된 후 여태 복구하지 않고 있었다. 그런데 그로부터 15년이 지난 시점에서 "국가에서 불교를 남김없이 끊어버린다면 모를까, 그러지 못할 바에야 선왕이 세웠던 이 불당을 복구하는 게 좋지 않겠느냐"고 제안하셨다.

지존의 국왕도 어찌할 수 없는 것

이미 '흥천사 사리각 논쟁'에서 정국을 파국 직전까지 몰고 간 경험이 있는 부왕께서 근 10년 만에 다시 이 '뜨거운 감자'를 꺼낸 이유는 무엇인가? 내 생각에 내불당 건립은 가족의 죽음이라는 실존적 상황에 대한 당신의 인식과 깊이 관련돼 있었다. 지존至尊인 당신도 자신의 어머니가 죽어가는 절박한 상황에 직면했을 때 "약사여래에게 정성껏 부지런히 불공"02/06/06 드리는 것밖에는 달리 할 게 없는 나약한 인간에 불과했다.

당신은 또한 그렇게 사랑하시던 일곱째 아들 평원대군이 19세에 홍역으로 급사하고,²⁷/⁰¹/¹⁶ 그 후 1년 만에 중전이 다시 사경을 헤매자 "산천과 신사神祠·불우佛宇에 기도"²⁸/⁰³/¹²하게 하셨다. 아울러 죄수들을 사면하는 조치도 취했다. 자신이 "군주로서 비록 이른 아침부터 밤늦게까지 공경하고 부지런히" 해왔지만, "천재天災가 잇달아 오고, 가환家患이 계속되고" 있으며, "이제 또 중궁이 질병을 만났으나 치료하는 방법을 알지 못하는" 상황에서 "비상한 은택을 베풀어서라도 뜻밖의 근심을 그치게 하기"²⁸/⁰³/¹³ 위해서라고 하셨다.

설사 불교가 "무부무군無父無君의 교"로서 "풍속을 상하게 하고 국가와 조정을 그르치게"⁰⁶/⁰³/¹² 하는 주범이라 할지라도 가족을 살릴 수만 있다면 할 수 있는 모든 일을 다 해보려는 심정이셨을 것이다. 하지만 제아무리 국왕이라 할지라도 국가의 이념과 배치되는 행동을 임의로 할 수는 없었다. 아버지께서는 불사와 관련해 신하들과 논란을 벌일 때마다 "불교는 믿을 게 못 된다"⁰⁷/⁰⁷/¹⁵라거나 "내가 이를 존숭해 믿는 게 아니다"²⁰/⁰⁷/⁰⁷라고 말하곤 하셨다.

내가 보기에도 아버지는 불교 신도는 아닌 듯했다. 그러면 무엇 때문에 신료들의 파상적인 공격이 예상되는 상황에서 궁성 안에 불당을 짓겠다고 하신 것일까. 사실 많은 사람이 놓치고 있지만, 나는 그것이 흥천사 논쟁에서 이미 나타났던 바, 신료들의 이분법적 정치관을 저지하려는 당신의 의도에서 나왔다고 생각한다.

예상했던 것처럼, 내불당 건립 지시에 대한 반발은 강력했다. 우선 이 지시를 받은 승지들부터 반발했다. "궁궐 안에 불당을 설치함은 진실로 불가하고, 또 문소전은 깨끗이 재계하는 곳인데, 승도로 하여금 그 옆에 처하게 함은 더욱 불가"³⁰/⁰⁷/¹⁷하다는 것이었다.

의심이 없는 것은 군주 독단으로 처리한다

다음 날 도승지 이사철을 위시해 집현전과 의정부 삼정승, 6조의 판서들이 나와서 내불당 건립 지시 철회를 요청했다. 이 자리에서 이사철은 궁궐 안에 불당을 설치함은 선대왕 태종의 유교遺敎에도 어긋난다고 주장했다. 이에 대해 아버지께서는 "궁궐 안에 불당을 세움이 그르다 함은 그렇더라도, 어째서 정직하지 못하고 교묘히 돌려서 말을 하느냐"고 질책했다. "조종을 위해서" 불당을 세우려 하는데 "태종의 유교" 운운하는 게 말이 되느냐는 지적이셨다.

신하들의 대응도 만만치 않았다. 좌의정 하연 등은 "저 부처를 높이는 임금이 어찌 어진 임금입니까. 신 등은 기어이 청하는 바를 얻은 뒤에야 그만두겠습니다"라고 맞섰다. 예조판서 허후許詡(허조의 아들)는 한발 더 나아가 지금 "흥천·흥덕 두 절도 혁파하려고 하는데, 하물며 다시 새 절을 세울 수 있겠습니까"라고 말했다. 허후의 이 말에 다소 흥분한 아버지는 "경이 두 절을 혁파해야 한다고 하는데, 내가 지금 인부를 뽑아서 경에게 줄 터이니, 가서 한번 흥천사의 부도를 허물어보겠느냐"고 맞대응했다. 이에 흥분한 허후는 "신의 생각으로는 허무는 것이 좋겠습니다"라고 말했다. 이에 대해 아버지는 "대신이 말을 하니 내가

세종이 기어이 내불당 건립을 추진하려 하자 좌의정 하연은 부처를 높이는 임금이 어진 임금이 될 수 있느냐며 크게 반발했다.

말을 못하게 할 수는" 없지만, "허후는 예관禮官으로서 어찌 저리 천연스럽지 못한가"³⁰/⁰⁷/¹⁸라고 개탄했다.

언관들의 반대 논리는 크게 두 가지였다. 그 하나는 지난번 중궁전(소헌왕후)을 위해 기도했지만 아무런 효험도 보지 못했는데, 이로 볼 때 "불력佛力은 증험이 없다"는 점이었다. 다른 하나는 의정부·6조·집현전은 물론이고 "이목耳目의 관원"까지 반대하고 있는 바, 한마디로 내불당 건립은 공론에 위배된다는 점이었다. 이 같은 언관들의 반대에 부딪히자 아버지는 뜻밖에도 "내가 권신權臣에게 제재를 받을 임금이라고 생각하느냐"면서 '독단적 결정론'을 주장하고 나섰다. "무릇 의심나는 일은 여러 사람에게 의논하지만, 의심이 없는 것은 독단으로 하는 것이다. 너희들은 내가 권신에게 제재를 받아서 스스로 가부를 하지 못할 줄로 생각하느냐"³⁰/⁰⁷/¹⁸라고 말씀하셨다.

사태가 심상치 않게 돌아가자 이조판서 정인지가 나섰다. 정인지는 "전하가 무릇 나랏일을 모두 대신에게 의논한 연후에 시행하셨는데, 유독 불사에서는 매양 독단하시고 중론을 취하지 않고 계십니다"라고 말했다. 이에 대해 아버지는 "경이 나더러 여러 사람의 의논을 취하지 않는다고 하는데, 장차 나를, 스스로 가부를 결정하지 못하고, 일일이 신하들의 의논을 취해 따르는 왕으로 만들려는 것인가"라고 힐문하셨다. 국왕 스스로 판단하고 결정할 사안이라는 말씀이셨다. 나아가 아버지는 "만일 어진 임금이라면 반드시 경들의 말을 따르겠지만, 나는 부덕하니까 따를 수가 없다"고 못박았다.³⁰/⁰⁷/¹⁹

부왕의 이런 전례 없는 모습에 실망한 신료와 유생이 하나둘 도성을 떠나기 시작했다. 언관은 물론이고 의정대신議政大臣의 말도 듣지 않는 임금과 어떻게 "함께 나라를 다스릴 수[與共爲國]"30/07/19 있겠느냐는 것이었다.

생각하옵건대, 천하의 일은 시비선악의 두 끝을 넘어가지 않습니다. 시비는 양립할 수가 없고, 선악은 길을 함께할 수가 없습니다.……신 등은 참으로 이 불당이 그렇게 절실한 것인지 모르겠습니다. 비록 백 년을 폐철하더라도 무슨 부끄러울 게 있겠습니까. 예전 예를 어기고 공론을 등져가며 묘궁廟宮(종묘와 궁궐) 곁에 불우를 세움은 실로 부끄러운 일입니다. 이 일을 그만두지 않으면, 신 등은 두렵건대, 전하 혼자 스스로 부끄러울 뿐 아니라, 후세에서 또한 전하를 위해 부끄러워할 것입니다. 이 불당을 세움이 비록 작은 일이라고 하지마는, 자손의 본받음과 백성의 취향과 치화治化의 오륭汚隆(쇠함과 융성함)과 정도正道의 소장消長과 생민의 이병利病과 국세國勢의 안위安危가 모두 여기에서 결정됩니다. 국가는 조종祖宗의 국가요, 전하의 사유私有가 아니온데, 어째서 국가 만세의 염려를 하지 않으십니까[國家者 祖宗之國家 非殿下之私有也. 何不爲國家萬世慮乎].30/07/19

"시비는 양립할 수가 없고, 선악은 길을 함께할 수가 없다"는 집현전 학사들의 말은 유교 정통론의 시각을 그대로 드러내고 있었다. 내불당 건립은 "공의"에 어긋나고 "공론"을 등지는 것이며, 역사적으로도 부끄러워할 일이라는 논리가 그것이다. 특히 "국가는 조종의 국가요, 전하의 사유가 아니"라는 주장은 유교 국가에서 진정한 주인이 누구인가라는 중대한 문제를 제기하는 말이었다. "임금의 자질에는 어리석은 경우도 있고 현명한 자질도 있어서" "한결같지 않으니" 훌륭한 총재冢

宰(재상)를 세워서 "임금으로 하여금 대중大中의 지경에 들게 해야 한다"는 정도전이나, 위의 상소를 올린 신석조 등은 재상을 국왕과 "함께" 국가를 다스려 나갈 주체로 보고 있다. 즉 신석조에 따르면, 재상은 국왕이 비록 임명했지만 "천위天位를 함께해 천직天職을 다스리는[共天位治天職]" 존재다.

그러나 이런 시각과 태도는 나로서는 결코 용납할 수 없는 것이었다. 나중에 내불당이 건립된 이후 내 의견을 밝힌 바 있지만, 나는 결코 "석가의 도가 공자의 도보다 못하지 않다"고 생각한다. "석씨(석가모니)의 도가 공자보다 나음은 하늘과 땅 차이"라는 게 내 생각이다. 30/12/05 나는 또한 "주자의 설이라 해 감히 그르다고 말하지 못하는" 태도 또한 받아들일 수 없었다. "주자가 군부君父가 아닌데, 그리고 주자라고 틀린 곳이 없지 않을진대, 무슨 이유로 감히 그르다고 하지 못하는가."《세조실록》 12/09/02

누구의 국가인가: 군신공치론 비판

나는 주자의 설을 절대시하는 유학자들을 비판하기도 했다. 후일에 유신 김종련은 "주자에게도 틀린 곳이 많음을 발견했지만, 다른 사람들이 두려워 감히 아뢰지 못한다"고 말했다. 그리고 그가 말하는 다른 사람들이란 이른바 "직임도 없고 관직도 없으면서 함부로 비방하는 무리"들로서 그들은 늘 "공론"이라는 이름을 내세워 국왕의 시책을 비판하고 주자를 신봉하는 자들이었다.

그러나 내 생각에 공론정치론은 "처음에는 선비를 권려勸勵하는 데서 시작하고, 다스림에 이르기를 구한 데서 출발하지만 마침내는 윤상倫常(인륜의 도리)을 무너뜨리는 데 이르는 것"으로서 "이익도 큰 편이지만 해독도 컸다."《세조실록》12/9/2 특히 훌륭한 재상을 세워 정사를 맡긴다는 '재상론'과 '의정부 서사제(6조에서 올라온 보고를 왕에게 알리기 전에 의정부 세 의정이 먼저 의결하게 한 제도)'는 더욱 납득할 수 없었다. "어떻게 백 대百代의 임금이 모두 어리석으며, 백 대의 의정부가 모두 이윤이나 주공과 같을 수 있는지", 그리고 "어찌 고금천하에 왕보다 신하에게 먼저 보고하는 일이 있을 수 있는지" 도무지 나로서는 받아들일 수가 없었다. 그렇게 되면 "권력이 장차 옮겨 가는 곳이 어디인지를 알 수 없게" 될 터였다.《세조실록》07/06/23

여하튼 '국왕과 신하가 천직을 함께 다스린다'는 '군신공치론君臣共治論'은 도저히 수용할 수 없는 논리였다. 부왕께서도 공론과 인심, 그리고 천도를 내세워 내불당 건립의 부당성을 집단적으로 주장하는 신하들에 대해서 "이는 나를 겁주는 것"30/07/21이라고 불쾌하게 생각하셨다. "이후로는 내가 다시 대답하지 않겠다"30/07/23고 말씀하기도 했다.

결국 우회적 표현이긴 했지만, "승평昇平(나라가 태평함)한 지 오래되자 점점 교만하고 편안한 마음이 생겨" "토목을 일으키고 있다"는 말까지 올라왔다. 국왕에 대한 비판을 넘어선 정창손의 이 같은 비난에 직면하자, 아버지는 다시 지난번 홍천사 때와 마찬가지로 '세 번 간해서 듣지 않으면 떠나야 한다'는 논리로 맞섰다. "지금 너희들은 한 가지 일로 세 번 간함을 이미 지나서 열 번 간함에 이르렀다"고 말씀하셨다. 이에 정창손 등은 "파면해"줄 것을 요청했고, 아버지는 그 요청을 받아들

였다.30/07/23

집현전 학사들이 파면되자 조정의 신료들도 파면을 요청했고, 나아가 성균관 유생들까지 "방榜을 붙이고" 집으로 떠나기에 이르렀다. 이렇게 되자 아버지는 상당히 당황하신 듯했다. "지금 유생들까지 모두 파해 갔는데, 어찌하면 좋을까"라는 말씀이 그것이다. 도승지 이사철도 이는 실로 "천 년 뒤에 듣고 놀랄 일"이라고 말하면서 "통곡"을 그치지 않았다. 그러자 당신은 "지금 집현전의 관사가 모두 파해 가고, 유생이 또한 흩어져 갔으니, 대성臺省(사헌부와 사간원)도 이를 쫓아갈 것이다. 내가 이제 독부獨夫가 됐구나"30/07/23라고 개탄하셨다.

"내가 이제 독부獨夫가 됐구나": 정치가 세종

그러나 곧이어 아버지는 좌의정 하연 등 여러 대신을 불러 모은 자리에서 "유생들이 학업을 파하고 간 일에 대해 국문해야겠다"고 말씀하셨다. 실로 사태의 반전을 노린 당신 특유의 노회함이 아닐 수 없었다. 당신은 '흥천사 사건' 때도 성균관의 생원 이영산 등 648명이 올린 상소문 가운데 과격한 내용을 들어 국문하려 했었다.21/04/19 그 결과 정작 상소문에서 제기된 '불사의 폐단'에 대한 논의는 사라지고, 그들의 처벌 수위를 둘러싼 쪽으로 논의가 흘러갔다. 그 와중에 신하들의 척불론이 흐지부지됨은 물론이다.

이번에도 논의의 흐름이 당신의 의도대로, 유생들의 처벌 여부를 중심으로 전개되는 듯했다. 아버지는 대신들의 반대에도 "성균의 생원·

진사·유학과 사부四部의 생도로서 나이 20세 이상인 자는 모두 추국해 아뢰라"고 의금부에 지시했다. 그리고 권당捲堂(성균관 유생들의 동맹 휴업)을 주창한 주도자를 찾아내되 "만일 승복하지 않거든 고문"30/07/23을 해서라도 찾아내라고 명령했다.

이에 대해 정인지는 "사람들이 모두 간언했는데 유독 유생들만 가두면, 이것은 속담에 말하는 '무른 땅에 말뚝 박는다'는 격"이라고 비판했다. 그러자 아버지는 "사안이 다른데 무른 땅에 말뚝을 박는다는 게 무슨 말인가"30/07/24라고 호통치셨다.

결국 유생들을 국문하려는 국왕의 시도는 의금부 제조 남지 등의 간청으로 중지됐다. 유생들의 행위는 임금을 '위협'한 게 아니라 "진언하려다가 되지 않아서" 그렇게 된 것일 뿐이니 이들을 용서해달라는 간청을 받아들이신 것이다. 남지는 일단 국왕으로부터 "알았다"는 대답을 얻은 다음에, "전하가 위位에 있은 지 30년에 정신을 가다듬어 정치를 하다가 지금 이와 같은 데에 이르렀으니, 사필史筆이 먼저 30년의 선정善政 선치善治한 일을 쓰고, 마침내 불당을 세우고 충언을 거스른 일을 쓰게"30/07/24 될지도 모른다고 지적했다. 의제를 가까스로 불당 건립의 문제로 돌린 것이다.

지난번 흥천사 논쟁 때와는 다소 다른 양상으로 일이 전개되자, 아버지는 전혀 엉뚱한 방안을 제시했다. "불당이 궁성에 가깝다 하니, 내가 이어移御하고자 한다"고 말씀하셨다. 궁궐을 "이어하면 불당과 동떨어지지 않겠느냐"는 것이다. 이런 억지스러운 주장에 대해서 하연은 "전하의 명령이 이렇게 모순되니 어찌합니까. 날을 마치고 밤을 새우더라도 명령을 기다릴 뿐입니다"라고 맞섰다. 허후는 한걸음 더 나아가 "이

궁은 전하의 궁궐이 아니고 만세 자손의 궁궐입니다[此宮非殿下宮闕 乃萬世子孫之宮闕]. 전하가 비록 다른 곳으로 이어하시더라도 궁궐과 불당은 전과 다를 게 없습니다"30/07/24라고 해 부왕의 '이어론'을 무력화했다.

유생을 국문하겠다는 방안에 이어 궁궐을 옮기겠다는 방안까지 무력화되자, 아버지는 드디어 마지막 카드를 꺼내들었다. 세자에게 '선위禪位할 뜻'을 내비치면서 임영대군의 집으로 거처를 옮기신 것이다.30/08/04 이후로 당신은 거의 50여 일을 임영대군의 집에서 칩거하면서 농성을 계속했고, 결국 내불당은 건립됐다.

청권과 집권의 갈림길에서

솔직히 나는 '선위'라는 말씀을 듣는 순간 가슴이 철렁 내려앉는 듯했다. 이미 1445년(세종 27)부터 형님은 세자로서 섭정을 계속하고 있었다. 6년째 실질적인 국왕의 역할을 수행하는 셈이었다. 게다가 그보다 2년 전에(1441) 낳은 형님의 아들이 금년에 세손에 책봉되기까지 했다. 언뜻 보기에 왕위 계승의 길이 안정된 것처럼 보이기도 했다. 문제는 아버지와 형님의 건강이었다. 만약 불행하게도 두 분이 동시에 와병하시거나 돌아가실 경우 종묘사직이 어떻게 될지 아무도 알 수 없었다.

물론 왕위 계승 서열로 볼 때 두 번째인 내게 야심이 없다고 말할 수는 없다. 나로서는 유학과 천문·군사에 정통했을 뿐만 아니라 역수曆數(천체 운행과 기후 변화가 철에 따라 돌아가는 순서)와 서도書道(서예)에도 능숙한 형님의 말씀이라면 기꺼이 받들 생각이다. 설사 내게 왕위를 넘기신다 해도 "청권淸權(왕위를 양보함)"할 각오가 돼 있다. 하지만 스스로를 문사로 자처하고 다니는 동생 안평대군에게 왕위가 넘어가는 것은 용납할 수 없다.

동생이 중국 황제로부터 "조맹부와 같다"는 극찬을 들을 만큼[32/01#/11] 뛰어난 서예 솜씨를 갖추었고, 타고난 교화력으로 주위 문사들의 추앙을 받고 있음은 사실이다. 하지만 일국의 대권이 글씨와 사교를 통해서 얻을 수 있는 건 아니리라. 무엇보다도 "재상은 국왕과 천위天位를 함께 해 천직天職을 다스린다"고 생각하는 자들에게 이 나라를 맡길 수는 없는 노릇이었다. 이 나라가 어떻게 세워진 나라인데 '군신공치君臣共治' 따위의 말을 함부로 지껄일 수 있단 말인가.

최만리와 같은 자들은 '중국의 비난을' 거론하며 훈민정음 창제를 반대했었다. 우리의 말을 갖는 게 "문명의 큰 흠결"이요 "중화를 사모하는 데 부끄럽지 않겠느냐"고 상소했었다. 김종서 역시 중국의 예를 들어 여악女樂(궁중에서 연회를 베풀 때 기녀가 악기를 타고 노래를 부르며 춤을 추는 일) 사용을 중지할 것을 주장했다. 이들 더벅머리 선비들은 오로지 중국 문명을 따라잡는 것만을 중시했다. 중국에 밉보여서는 안 되며, 우리의 음악까지 모두 버려야 한다고 고집했다.

물론 이 시대에 명나라와의 관계를 돈독히 하고 그들의 선진 문화를 배우는 것은 중요할 뿐만 아니라 필수적이다. 하지만 백성의 불편과 불이익을 강요하면서까지 문자 창제를 반대하고, 무조건 중화 문명에 맞추어 우리 풍속을 바꾸려는 태도는 도무지 이해할 수가 없다. 그처럼 줏대 없는 유학자들에게 이 나라를 맡길 수는 없는 노릇 아닌가.

부왕의 얼굴에서 간간이 보이는 그 헤아릴 수 없는 고독, 그리고 당신이 키운 집현전 학사들을 향한 돌연한 분노도 바로 거기에서 나온다고 나는 본다. 정치란 결코 가르쳐서 전달할 수 있는 일이 아니라는 걸 당신은 재위 말년에 가까워지면서 점점 더 절실히 느끼시는 듯했다.

유사시 왕자(수양대군)가 국가 일을 대신하라

알 수 없는 신호가 뜻밖의 사태를 통해 전해졌다. 재위 32년에 중국 사신이 왔을 때였다. 새 황제의 등극을 알리러 오는 사신을 누가 맞이해야 하는가를 놓고 의견이 분분했다. 영의정 하연 등은 동궁의 병이 다소 호전됐으니 세자가 사신을 맞이하게 해야 한다고 아뢰었다. 상께서는 "내가 이미 와병 중이고 세자 또한 완전히 회복되지 못했으니" 다른

안평대군은 중국 황제로부터 조맹부 같다는 극찬을 들을 만큼 서예 솜씨가 뛰어났고,
타고난 교화력으로 주위 문사들의 추앙을 받았다.
왕위 계승을 둘러싸고 수양대군의 심한 견제를 받을 수밖에 없었다.

사람을 보내야 되지 않겠느냐고 말씀하셨다. 그러자 박팽년, 신숙주 등은 세자가 어렵다면 세손에게 그 일을 맡기자고 했다. 나와 안평대군의 호기로움과 야심을 견제하려는 집현전 학사들의 의중이 반영된 주장이었다.

"경들도 알다시피, 중국에서는 종친을 매우 야박하게 대우한다. 그들이 사는 집의 담장은 매우 높아서 감옥과도 같다."

이미 많이 쇠약해진 상께서 힘들게 말씀하셨다.

"그럼에도 황제가 유고하면 반드시 종친으로 하여금 섭정하게 한다. 천지·종묘·사직에 제사 지내는 일에 이르기까지 섭행하지 않음이 없다."

황제 유고시 종친에게 섭정하게 한다는 말이 미묘한 여운을 남겼다.

"이제부터는 임금과 세자에게 연고가 있을 경우 대신이 아닌 왕자가 반드시 섭정하게 하라. 섭정함도 그러하거늘 하물며 조칙을 맞이하는 일이겠느냐?"

실로 놀라운 말씀이셨다. 당신의 유고시 집현전 학사들에게 세손을 부탁했다고 전해오는 그동안의 풍문을 날려버릴 만한 말씀이셨다.

"조선은 예로부터 예의의 나라로 칭해져왔는데, 경들은 제도를 잘 의논해서 더벅머리 선비들에게 기롱당하는 일이 없게 하라."

결국 중국 사신을 위해 "잔치를 베푸는 일은 왕자가 대신하게 하라"는 말씀이셨고, 왕자는 바로 나를 가리킨 것이었다.[32/01/18] 도대체 아버지의 뜻은 어디에 있는 것일까.

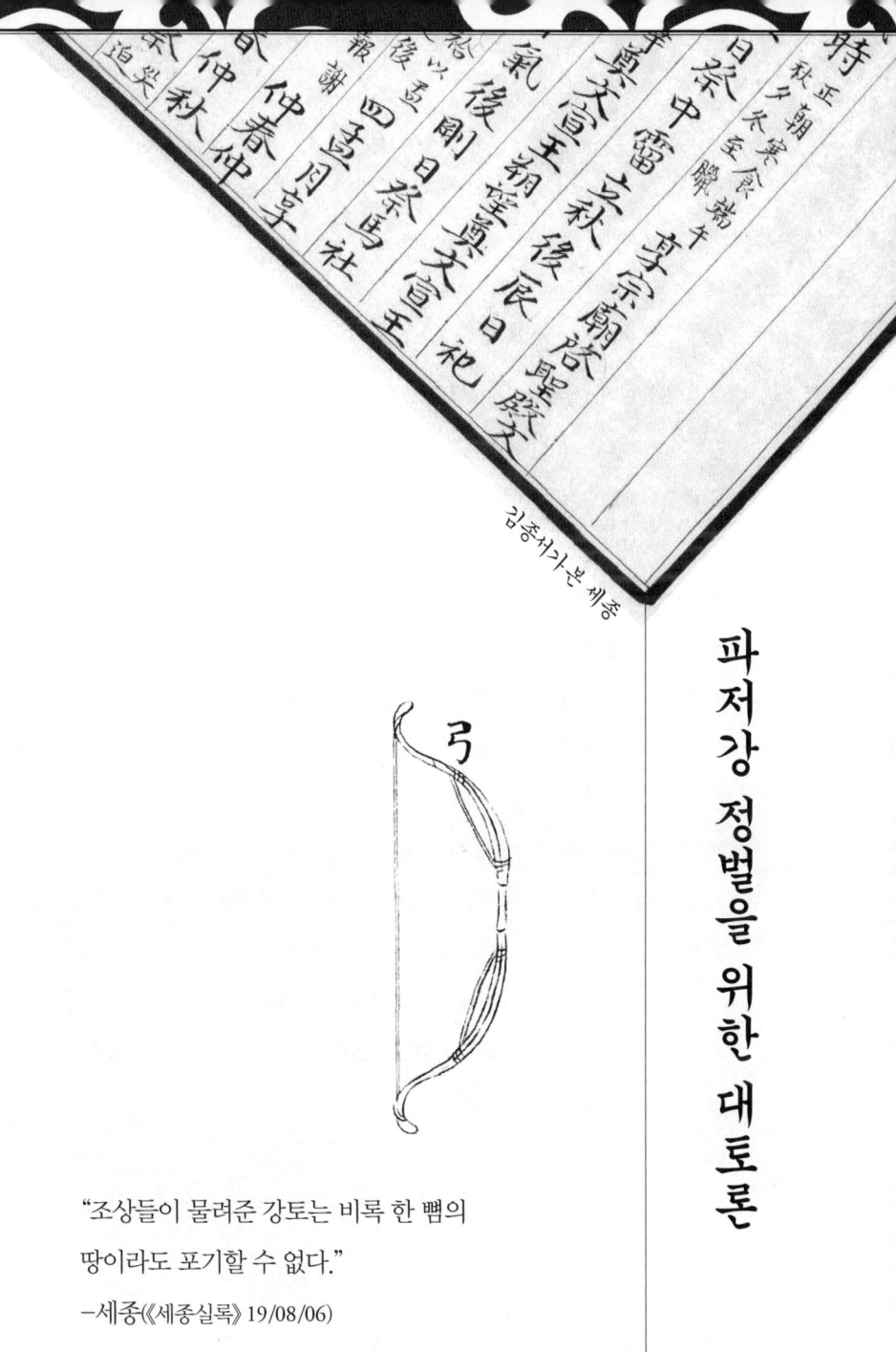

김종서가 본 세종

파저강 정벌을 위한 대토론

"조상들이 물려준 강토는 비록 한 뼘의 땅이라도 포기할 수 없다."
—세종《세종실록》19/08/06

김종서

김종서金宗瑞(1383~1453)는 세종의 신하 중에서 유일하게 비극적 죽음을 맞이한 인물이다. 그는 1452년(단종 즉위년) 좌의정이 되어 단종을 보필하다가 이듬해 수양대군에게 살해되었는데, 이 사실은 세종이 그에게 얼마나 좋은 울타리 구실을 해주었는지를 보여준다. 그는 6진 개척의 수장으로서, 강직하고 위엄을 갖춘 관료이자《고려사》·《고려사절요》의 편찬 책임자이기도 하였다. 아버지가 무관직에 있었고 6진 개척의 공로 때문에 흔히 무장으로 알기 쉬우나, 밝은 문인·학자였으며, 유능한 관료였다. 집현전 출신이 아니면서도 당시 최고 수준의 학자·관료였던 집현전 학사와 그 출신들을 지휘해《고려사》편찬의 책임을 맡았다.

세종은 파저강 정벌(1433년 4월) 이후 여진족의 보복 등 불안정한 국경을 안정시키기 위해 승지로서 국왕 자신을 훌륭하게 보필해온 김종서를 함길도 감사로 보냈다. 이후 김종서는 경원부 등 그 지역의 축성, 사민徙民, 구휼 등 갖가지 궂은 일을 도맡았다. 한때 박호문의 시기와 모함을 받아 곤경에 처했으나, 세종의 신중한 판단과 세심한 조처로 위기를 극복했다. 1440년(재위 22) 12월에 세종은 김종서를 불러서 형조판서에 임명했다. 7년 만에 중앙 관직에 복귀한 것이다. 하지만 그 후에도 세종은 국경 문제나 외교 문제가 발생하면 김종서를 보내 해결하게 했다. 그가 제안한 "은혜와 위력"을 겸비한 오랑캐 정책은 조선 외교정책의 토대가 되었다. 잘 알려진 그의 기개 넘치는 시조 한 수를 덧붙인다.

삭풍朔風은 나무 끝에 불고

명월明月은 눈속에 찬데

만리변성萬里邊城에 일장검一長劍 짚고 서서

긴 휘파람 큰 한소리에

거칠 것이 없어라

나는 믿고 또 그대로 따랐다

도성까지 가는 길은 더디기만 했다. "군사를 거느리고 올라오라"³²/⁰²/¹¹ 는 짤막한 상上의 명령. 하명을 받자마자 급히 치달려왔으나 함흥에서 이곳 무악재까지 무려 13일이나 걸렸다. 눈 녹은 벽제관碧蹄館(경기도 고양시 벽제역에 설치된 객관) 앞의 벌판은 왜 그리도 질퍽거리던지. 달리던 말들도 진흙 구렁에서는 도무지 맥을 추지 못했다.

작년 8월 초 평안도 도절제사로 부임받아 떠날 때의 그 형언할 수 없는 슬픔이 다시금 되살아났다. 이미 예순여섯이나 된 노구를 이끌고 북방의 환란을 대비해 떠나야 하는 내 처지도 처지였지만, 극도로 쇠약해진 상과 고향의 노모를 떠나는 일이 못내 마음에 걸렸었다. 당신도 이런 내 마음을 읽었는지, 내가 소속해 있는 의정부에 잔치를 크게 내리셨다. 그리고 나서도 아쉬워 다시 동부승지 김흔지를 모화관까지 보내 나를 전송케 하셨다.³¹/⁰⁸/⁰³ 그때 무악재에서 바라본 삼각산(북한산 인수

봉)은 왜 그리 쓸쓸해 보이던지. 그리고 4개월이 지난 지금 그 푸르던 숲은 간데없고 눈 덮인 산자락에 매서운 바람만 휘몰아친다.

개성을 지나면서 국상國喪 소식을 들었다. "들판은 텅 비어 있고" 사람들은 "쇠문짝을 걸어 잠근 채 온 거리가 적막하기만" 했다. 개성 연복사를 지날 땐 "대행왕(임금이 죽은 후 시호를 올리기 전의 호칭)이 훙서薨逝하시던 날 저녁에 10여 명의 후궁이 머리를 깎고 여승이 되었다"《문종실록》00/02/28는 소문도 들려왔다. 그러나 통 믿기지가 않았다. 그동안 여러 차례 질환이 있었지만, 그때마다 어렵사리 고비를 넘기지 않으셨던가. 게다가 상께서는 이제 겨우 쉰넷으로 나보다 열한 살이나 연소하시지 않으신가.

'어머니 산' 무악毌岳! 아이를 업고 집을 나가는 어미 모양의 인수봉[負兒岳]을 달래기 위해 이름 붙였다는 어머니 산. 나는 그 산 고개에서 새삼 내게 주상은 어떤 분이었던가를 생각해본다. 상은 실상 내게 아버지와 같은 존재였다. 최고지휘관인 도총제都摠制까지 지냈지만 너무 일찍 돌아가신 나의 아버지의 모습을 나는 기억하지 못한다. 하지만 살아계시다면 아마 주상과 같은 분이셨으리라. 그래서 '상의 말씀은 곧 아버지의 말씀'이라고 나는 믿었고 또 그대로 따랐다.

내가 북쪽의 변방 일에 매달리던 7년 동안 우리 가족을 돌보신 분은 주상이셨다. 노모께서 작은 질병만 앓으셔도 온갖 의약과 음식을 내려주셨고, 또 나를 불러서 만나볼 수 있게 하셨다.18/01/21 노모에게는 물론이고 아내에게도 혜양惠養하시는 은혜가 극진했다. "함길도 절제사 김종서의 아내가 지금 공주에 살면서 오랜 질병으로 고생하니, 어육의 종류는 다소를 논하지 말고 연속하여 주어 섭양하게 하라"21/02#/11고 충청도 관찰사에게 전지를 내리셨다. 심지어 내 형 김종흥金宗興으로 하여금 우리 집 가사家事를 돌볼 수 있도록 황해도 황주黃州 목사에서 경기도 남양南陽 도호부사로 부임지를 바꾸어 발령을 내리기도 하셨다.²¹⁾⁰⁷/²¹ 이런 상의 세심한 배려와 보살핌은 노모까지 감동시켰다. 돌아가시기 몇 달 전에 어머니는 "너는 빨리 네 직책으로 돌아가라. 네가 성상께 충성을 다할 수만 있다면 나는 비록 죽더라도 유감이 없다"¹⁸⁾⁰¹/²¹고 말씀하셨다.

물론 상은 내게 가족의 병문안만 하고 돌아가도록 하지 않으셨다. 편전으로 부르셔서 안부를 묻고, 또 북변의 상황을 자세히 보고하도록 하셨다. 의정부 대신들과 병조판서 등 관련 부처의 판서들이 참석한 가운데 작은 국정토론회가 열리곤 했다. 이 회의에서 나는 '파저강 정벌' 이후의 야인의 동향과 서북쪽에 새로 설치한 4군의 방어 태세를 말씀드리곤 했다. 동북 6진의 개척과 주민 이주책의 현황도 빠뜨릴 수 없었다. 지대한 관심을 가지고 있으면서도 몸소 현장을 가볼 수 없는 상을 위하여 '혼일강리역대국도지도混一疆理歷代國都之圖'를 놓고 여진족과 달달족(몽골)의 정황을 상세히 설명드렸다. 태종 2년(1402)에 좌정승 김사형 등이 제작한 이 지도는 비록 압록강의 상류와 두만강의 유로流路가 부정확하지만 우리나라와 중국·일본의 위치, 그리고 각국의 도읍지 등을 이해하는 데 꽤 도움이 되었다.

"조선의 외환은 북방에 있으니"

"우리나라의 외환外患은 북방에 있다"14/02/10는 주상의 말씀처럼, 압록강과 두만강 지역은 늘 위태위태했다. 명 태조 주원장(재위 1368~1398)이 1393년에 중원 대륙을 통일했다고 하지만, 만주 지역은 여전히 여러 정치 세력의 각축장으로 남아 있었다. 만주 지역의 여진족인 오랑캐[兀良哈]와 우디캐[兀狄哈], 몽고 지방의 몽골족인 타타르부[韃靼部, 동쪽]와 오이라트부[瓦剌部, 서쪽]가 그 세력들이다.

이 중에서 오랑캐의 추장 이만주는 다시 강성해진 타타르부의 압력에 밀려 파저강婆猪江(지금의 혼강) 근처까지 내려와 살게 되었다. 이 때문에 여연閭延 지역 주민과의 충돌이 잦아졌다. 중국 쪽으로 불쑥 솟아난 백두산 아래의 여연 지역은 오랑캐와 접경하는 지대로 우리 조선의 군사적 요충지였다. 태종께서 압록강을 거슬러 올라가며 띠를 두르듯이 요

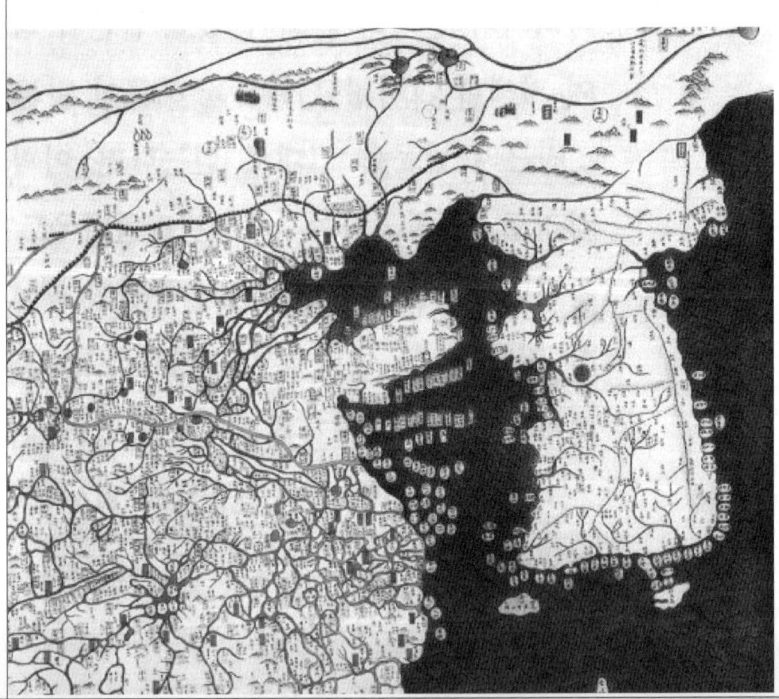

혼일강리역대국도지도

새를 만들어 '울타리 국경'을 만드신 이유도 그 때문이었다. 하지만 이 지역은 유사시에 좌우의 도움 외에는 배후의 지원을 받을 수 없는 지형이어서 자칫 고립될 위험이 있었다. 게다가 압록강 중상류의 이 지역은 토지가 척박해서 농사짓기가 힘들었다. 백성들이 위험을 무릅쓰고 압록강 건너편의 토지를 일구어 농사를 짓는 이유가 여기에 있었다. 조정에서도 이를 묵인하곤 했다. 묵인할 뿐만 아니라 강 건너편 땅에서 거둔 곡식에 대해서는 조세의 절반을 감면해주기도[14/09/09] 했다.

1432년(세종 14) 9월경 평안도 도절제사 문귀文貴는 국경을 넘어서 농사짓는 것을 금지하는 요청을 올렸다. 여진족들이 국경을 넘은 주민들을 노략해서 노비로 삼는다는 소식을 들었기 때문이다.[15/04/02] 하지만 조정에서는 "백성들의 생계 때문에 금지할 수 없다"는 대답을 보냈다.[14/09/09] 이런 점에서 그해 겨울 오랑캐의 대대적인 약탈은 예정된 일이었다.

지혜로운 결정을 내리는 첫 번째 조건

1432년 12월 초 이만주는 400여 기騎의 오랑캐를 이끌고 여연 지역에 침입하여 쑥대밭을 만들었다. 강계 절제사 박초가 뒤늦게 소식을 듣고 추격해 붙들려가던 사람 26명과 마소 80여 마리를 도로 빼앗아왔다. 하지만 워낙에 예상치 못한 기습인 데다 그 규모도 커서 우리 쪽의 피해가 막심했다. 평안도 감사의 치보馳報(지방에서 역마를 달려 중앙에 급히 보고하는 일)를 받은 상께서는 심히 노여워하셨다. 이 지역에 조심스럽게 형성된 균세均勢를 깨뜨릴 수도 있는 행위였을 뿐만 아니라, 상대가 그동안 조선의 울타리 구실을 한다는 이유로 생필품을 공급받아왔던 여진족이었다는 점에서 전하의 배신감과 우려는 더욱 컸다.

즉시 비상회의가 소집되었다. "야인들이 이번에 침탈한 것은 다름이 아니라 탈출한 포로의 처분 문제 때문"이라는 게 상의 판단이었다. 그동안 그들의 포로가 탈출해 우리 경내에 들어오면 중국인이면 중국으로 돌려보내고, 우리나라 사람이면 이내 본고장으로 보냈는데, 이 점에 원한을 품고 변란을 일으켰다는 것이다.¹⁴/¹²/⁰⁹

상께서는 먼저 중국 황제께 글을 올려 이 사건을 보고[奏文]할 것인지 여부를 신료들에게 물었다(의제 1. '정벌'과 관련해 중국에 보고하는 문제). 이제 중요한 국사國事에 관해 신료들의 생각을 묻는 것은 주상의 두드러진 정치 방식으로 자리 잡은 지 오래였다. "의심스럽고 어려운 일이 있으면 아래로 원로 대신들과 식견이 있는 사람에게 물어서 그 물정物情이 귀착되는 대로"¹⁴/⁰⁸/²¹ 결정하는 일이야말로 지혜로운 결정을 내리는 첫 번째 조건이라고 보셨기 때문이다.

솔직히 말해서, 거의 모든 사안을 "의논해서 아뢰라"는 상의 정치 방

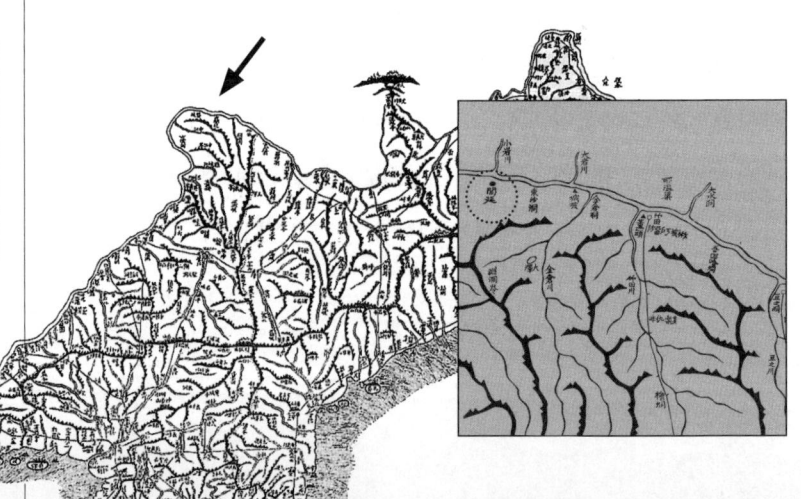

식이 아랫사람들에게 달갑지만은 않았다. 물론 신하들의 생각을 존중하는 주상의 의도야 고마운 일이었다. 하지만 적절하고 타당한 의견을 내놓기 위해서는 늘 맡은 직무를 연구하고 생각하여 정통해 있지 않으면 안 되었다. 자신이 한 말에 대해서 책임이 뒤따름은 당연했다.

파저강 정벌을 위한 대토론 1
― 명나라에 보고할 것인가

명나라에 보고한 다음에 정벌할 것인가에 대해 영의정 황희가 반대하고 나섰다. "비록 우리 군사가 중국 땅까지 뒤쫓아 들어갈지라도 방어를 위함"이기 때문에 "진실로 사대하는 의리에 해로움이 없다"는 주장이었다. 반면 좌의정 맹사성은 "보고함이 편리하겠다"고 말했다.[14/12/09] 의논이 길어지자 상께서는 다음 날로 회의를 연기했다.

다음 날 아침 상께서는 사정전에 납셔서 "어제의 미진했던 일을 의논해보라"고 말씀하셨다. 이 자리에서 맹사성은 "황제께 보고하면 야인들이 듣고 반드시 두려워 복종[畏服]할 것"이라고 말했다. 우의정 권진 역시 이번 일이 중국인 포로를 중국으로 되돌려보낸 일에서 발단된 만큼 "명나라에 보고함은 당연"하다고 주장했다. 하지만 허조와 최윤덕 등은 아예 보고하는 일이나 거병 그 자체를 하지 말아야 한다고 주장했다. 허조에 따르면 중국에 보고해보았자 "금수와 다름없는 오랑캐들이 그 일을 두려워하지도 않을" 뿐더러, 국경을 넘어선 거병을 황제가 인준할지 여부도 불확실했다. 최윤덕은 설사 황제의 인준을 얻는다 하더라도 "그곳은 행병行兵하기가 매우 어려운 지역"이며, 또 만약 인준을 얻지 못할 경우 저들이 이것을 듣고 더욱 독한 성미를 부릴 게 뻔한 만큼 "이번 거사는 그침이 좋다"고 아뢰었다.

그러자 상께서는 "주문奏文 올리는 일이 어렵다면, 오랑캐 경내로 사람을 보내 침입한 이유를 따져 묻는[致問] 것은 어떠냐"고 물으셨다. 이에 대해 권진 등은 지금 여연에서 사변의 진상을 조사하고 있는 홍사석이 돌아온 뒤에 다시 의논하자고 말했다. 맹사성은 "사람을 보내 문책하다가 도리어 구류당할 수 있지 않으냐"면서 우선 국경을 튼튼히 하는 데 힘을 모으자고 주장했다. 이조판서 허조 역시 "잠자코 말하지 마옵시고 국경이나 스스로 견고히 함이 좋겠다"며 맹사성의 '조용한 외교론'을 지지했다. 그런데 이 자리에서 황희는 "치욕을 당하고 잠자코 있는 것은 불가하다"면서, 일단 파견한 홍사석이 돌아온 다음 사람을 보내 저들의 잘못을 힐문해야 한다고 주장했다. 치문致問하는 것까지 그만둘 수야 없지 않느냐는 말이었다.[14/12/10] 결국 '주문'과 '치문'에 대한 논의는 21일까지 계속되다가, "빨리 주문함이 상책"이라는 상의 뜻에 따라 새벽녘에야 보고문[奏本]에 인장을 찍을 수 있었다.

파저강 정벌을 위한 대토론 2
−정벌을 감행할 것인가

야인 정벌을 위한 제2차 논의는 그로부터 한 달 후인 1월 11일에 재개되었다. 이번 논의의 핵심은 이만주 등이 거주하고 있는 파저강 일대에

"무위武威를 보이는 것", 즉 정벌 여부였다(의제 2. 정벌 여부를 둘러싼 논쟁). 정벌론은 그 사이에 드러난 몇 가지 새로운 사실에 힘입어 제기되었다. 그 하나는 여연 침입의 주범이 이만주 일당이라는 사실이 밝혀진 점이다. 이만주는 먹칠로 위장한 채 여연을 침입했는데, 아무도 몰라볼 것이라고 여기고 이번 소행이 수풀 지역에 사는 우디캐[兀狄哈]의 짓이라고 주장했다. 또한 우디캐의 홀라온 야인들이 노략질하여 지나가는 것을 자기들이 뒤쫓아 포위해 조선인 포로 64명을 붙잡아두고 있는데 지금 추가로 돌려보내겠다는 말도 했다.

그러나 풀려난 포로들의 말이나, 결정적으로 여연 침입 직후 돌아가다가 만난 중국 사신 장도독의 증언 등에 비추어 조정에서는 이번 소행이 이만주의 행위가 틀림없다고 믿게 되었다. 즉 이만주의 야인 부대가 홀라온 부대를 만났을 때 "겉으로는 포위한 척했으나, 서로 반갑게 포옹하기도 하고, 술과 고기를 나눠 먹은 일"이 알려졌다. 또한 이만주의 부대가 조선 포로들을 '빼앗아' 돌려줄 때 자기 공을 자랑하고 상을 요구하지도 않은 채 "본국의 길 가는 사람을 만나 급하게 교부하고는 스스로 의혹하여 도망해 피한 점"15/02/15도 의심을 샀다.

전모가 밝혀지자 전하께서는 허조 등의 '조용한 외교론'을 비판하셨다. "야인들이 우리 지경에 가까이 살면서 이유 없이 변경을 침범하여 인민을 죽이고 사로잡아가는 데도, 나라에서 가만히 있는다면 후일에 자주 침범하는 근심을 열 것"이라는 말이었다. 비록 "경들의 논의가 안정을 지키는 도리에는 합당할지 모르나" 그것은 잘못된 생각이라고도 말씀하셨다. "군사를 정돈하고 베풀어서 무위를 보여야" 한다는 주상의 생각을 허조는 비판하고 나섰다. "야인들의 종류가 많아서 지금 비록 정벌

할지라도 반드시 뒤에 우리나라 누대의 근심이 될 것"이며, 따라서 "아직 그대로 두고 논하지 말며, 스스로 경계를 굳게 지키다가 침범하거든 방어함이 편리하다"는 게 그의 생각이었다. 이에 대해 황희는 이제는 "군대를 훈련하여 마땅히 무위를 보여야" 할 때라고 주장했다.[15/01/11]

결국 이 문제를 결정하는 데는 최윤덕의 태도가 중요하게 되었다. '북정北征'을 담당하게 될 최고지휘관이 끝까지 반대한다면 아무리 주상의 뜻이 강하더라도 추진할 수 없기 때문이다. 이에 상께서는 1월 19일에 평안도 도절제사 최윤덕과 도진무 김효성 등을 불러서 당신의 생각을 말씀하셨다.

오랑캐를 방어하는 방도가 예전에도 좋은 계책이 없었다. 삼대三代의 제왕들은 오면 어루만지고, 가면 쫓지 아니하여, 다만 횡포하지 못하도록 하였을 뿐이다.……옛사람이 이와 같이 한 까닭은 모든 나라에는 그 크기에 상관없이 마치 벌[蜂]에 독이 있는 것과 같기 때문이다.……그러나 파저강의 도적은 이와 다르다. 지난 임인년壬寅年(1422) 사이에 우리 여연을 침노하였다. 그 뒤에 홀라온에게 쫓겨 그 소굴을 잃고는, 그 가족을 이끌고 와서 강가에 살기를 애걸했다. 나라에서 가엾이 여겨 우리나라에 붙어 살 수 있도록 허락하였다. 보호한 은혜가 적지 아니한데, 지금 은덕을 저버리고 무고히 쳐들어와서 평민을 죽이고 잡아갔으니, 궁흉극악窮凶極惡한 죄는 베어 용서할 수 없다. 만약 정토征討하지 아니한다면 뒤에 뉘우치고 깨달음이 없어, 해마다 반드시 이와 같은 일이 생길 것이다.[15/01/19]

대마도 정벌에 대해서도 언급하셨다. 대마도를 정벌할 수 없다는 논의가 있었고, 상 자신도 "그 일이 비록 마음에 만족스럽지 못했으나" 태종께서 대의로써 결단하고 정벌하였다. 그 결과 "적들이 마침내 두려워하는 마음을 갖게 되지 않았느냐"는 것이었다. 이에 대해 최윤덕은 "대마도의 일은 백 년 동안의 준비였고, 오늘날의 일은 겨우 10년 동안의 준비인데 좀 더 신중을 기해야 하지 않겠느냐"고 말했다.

묵묵히 최윤덕의 말을 듣고 계시던 전하께서 다시 입을 여셨다.

"경의 말이 옳으나, 다만 침략해온 도적의 실상만 살펴서 알면, 군마를 정리해 밤낮으로 행군하여 한두 마을을 쳐부수어도 족하지 않겠느냐."

전하의 집요한 설득이 주효했던 것일까. 마침내 최윤덕이 대답했다.

"지금은 땅이 얼고 물이 흘러넘치니 4, 5월 봄에 물이 마르기를 기다려서 행군함이 가하옵니다."

최윤덕의 마음이 바뀐 것이다. 이어서 그는 "전쟁은 때와 운수로 인해 서로 이기고 패하는 일이 많으니" 신중에 신중을 기해야 한다고 말했다. 그러자 상께서는 기꺼운 표정으로 "경의 말한 바를 내가 어찌 듣지 않겠는가. 군사의 진퇴에 이르러서는 경의 처분대로 따르겠다"고 말씀하셨다. 15/01/19

늘 그러셨듯이, 상께서는 이 문제도 '숙의熟議'와 '전장專掌'이라는 방식으로 결정하셨다. 충분한 찬반 토론을 거쳐 발생할 수 있는 소지를 미리 짚어본 다음, 그 일을 주관할 사람에게 "전적으로 주장[專掌]"하게 하는 방식이 그것이다. 이천·장영실 등에게 천문과 기술을 맡길 때나, 박연에게 "오로지 음악을 맡아 주관하게[專掌樂事]" 할 때도 마찬가지였다.

파저강 정벌을 위한 대토론 3
−언제, 어떻게 정벌해야 하는가

야인 정벌을 위한 3차 논의는 다음 달인 2월 15일에 열렸다. 이번 의제는 파저강 야인 정벌의 구체적인 전략 수립이었다(의제 3. 정벌의 방법·시기 등에 관한 논쟁). 먼저 성토를 하고 난 다음 정벌하자는 얘기가 많았다. 즉 저들의 "죄를 성토하고, 납치된 사람과 가축을 다 돌려보내게 하되, 만약 좇지 않으면 정벌해야 한다"(황희)는 주장이나, 성토를 하되 "1, 2년을 기다려서 저들의 무비武備가 느슨해질 때 정벌하자"(이맹균)는 주장이 그것이다. "화친하기를 허락지 말고, 삼가고 굳게 지켜서 저들로 하여금 스스로 자복하게 하되, 만약 횡포하게 굴거든 급히 공격하자"(맹사성)는 기습론도 있었다.15/02/15

　이날 회의는 '비밀리'에 열렸는데, 의정부와 6조는 물론이고 삼군도진무 소속의 모든 담당자들이 모두 소견을 말할 기회를 가졌다. 즉 영의정 황희를 비롯하여 좌의정 맹사성, 우의정 권진, 이조판서 허조 등 20여 명의 모든 참석자들이 순서대로 "계책을 각각 진술"하였다. 이 때문에 회의 시간은 다소 길어졌지만, 정벌 시 발생할 수 있는 문제점들은 거의 대부분 드러났다. 그에 대한 대책을 마련하도록 지시하셨음은 물론이다. 이와 같은 '토론의 예방적 효과' 때문인지 상께서는 중요한 문제일수록 꼭 숙의 과정을 거치게 했다.

　정벌 시기에 대해서 먼저 황희와 허조는 "얼음이 얼기를 기다렸다"가 공격하자는 '겨울 공격설'을 주장했다. 4월에는 큰비가 와서 압록강을 건너기 힘들다는 것이었다. 이에 대해 최윤덕은 큰비는 통상 6~7

월에 내리며, 공격하려면 마땅히 4월에 해야 한다고 주장했다. 결국 상께서는 "4월에 풀이 무성할 때 군사를 내어 치는 게 마땅하다"는 최윤덕의 의견을 채택하셨다.[15/02/28] 토론을 하다가 좋은 의견이 나오면 그것에 힘을 실어서 실행하는 당신 특유의 회의 방식이었다. 그 외에도 상께서는 병력 규모, 강을 건너는 방법, 진법의 문제, 그리고 지휘자의 선발 등 제반 사항을 아울러 "숙의하여 아뢰라[熟議以啓]"[15/02/26]고 지시하셨다.

전시戰時에 온천을 찾은 이유

"온정溫井엘 좀 다녀와야겠다."

모두들 의아해했다. 야인 정벌을 결정하고 이미 종묘와 사직에 고하기까지 한 이 시점에서 난데없이 온천엘 가시겠다니 당혹스러울 수밖에 없었다. 그런데 당신은 이달 27일에(2월 27일) 이미 온정(충남 온양온천) 행차에 따라갈 군사와 재상의 명단까지 정해놓은 상태였다. 왕세자 이하 종친들과, 의정부·6조·대간 등에서 각각 한 사람씩, 그리고 도진무(조선 초기에 둔, 의흥친군위와 삼군진무소, 오위진무소 따위의 으뜸 벼슬. 세조 12년에 도총관으로 고침)·절제사 등을 데리고 가기로 결정한 것도 당신이셨다. 중궁(왕비)에게는 연輦(임금이 거둥할 때 타는 가마)이, 숙의淑儀(종2품의 후궁)에게는 교자轎子(종1품 이상 및 기로소의 당상관이 타던 가마)가, 소용昭容(정3품의 후궁)과 숙용淑容(정3품의 후궁) 두 후궁에게는 말이 각각 제공되었다. 그야말로 왕실 전체가 한 달 동안 이동하는 셈이었다.¹⁵/⁰³/²⁵ 이 행차를 반대하는 의견도 만만치 않았다.

전前 고사庫使 박흔은 "지금 이미 장수를 명하고 군사를 일으켜 파저강을 치게 하셨는데, 온천에 행차하시어 도움을 비움은 적당하지 않다"고 상언했었다.¹⁵/⁰³/²⁴ 사헌부에서는 그보다 먼저 "한 달 동안 나라의 도읍을 비움은 진실로 염려되는" 일이라면서, 적어도 세자만이라도 도성에 머물러 "군사를 어루만지고 나라를 감독해야 하는 게 아니냐"고 말했었다. 하지만 "아뢴 바를 따를 수 없다"고 딱 잘라 말씀하셨다.¹⁵/⁰³/⁰⁶ 도대체 무슨 생각을 하신 걸까?

그 사이에 파저강 정벌을 위한 계책들은 착착 진행되고 있었다. 평안도 사람 중에서 스스로 출정해 공을 세울 경우 한량에게는 벼슬을 내리고 향리와 역졸에게는 부역을 면제하며, 관노는 천인을 면한다는 유시諭示가 내려갔다.¹⁵/⁰³/¹⁸ 이만주의 거주지에 전 소윤 박호문을 보내 동태를 알아보도록 했다. 박호문은 부족들이 "모두 어린애를 데리고 산 위에 올라가서 우리나라에서 변을 일으킬 것에 대비하고" 있다는 사실을 ¹⁵/⁰³/²¹ 알려왔다. 아울러 그는 "산천의 험하고 평탄함과, 도로의 굽고 곧은 것과 부락의 많고 적음"까지도 파악하여 주상께 보고드렸다.¹⁵/⁰³/²¹ 그 사이 명나라 황제에게서 "각각 지방을 지키고 서로 침범하지 못하도록 했는데, 만일 (침범하는 버릇)을 고치지 않거든, 왕이 마땅히 기회를 보아 처치하라"는 칙서가 내려왔다.¹⁵/⁰³/²²

4월 20일 환궁 길에 오르실 때까지 당신이 하신 일은 그저 백성들을 돌보거나 수차水車를 실험하는 등 '북벌'과는 전혀 상관없는 일들이었다. 상께서는 온수현 백성들에게 벼와 콩을 내리셨다. 대가가 머무르면서 끼칠 민폐에 대한 미안함 때문이었다. 하지만 이미 "대가를 따라온 사람으로서 밭의 벼를 밟아서 손해를 끼친 자는 모두 행궁찰방에게 맡겨서 죄를 다스리도록"15/04/09 했기 때문에 함부로 민폐를 끼치는 자는 없었다. 하루는 아산현에 사는 할머니가 마떡 한 동이를 올리자 상께서는 내정에서 음식을 대접하고 면포 두 필을 하사하셨다.

또 하루는 행궁 근처에 수차를 설치하고 실험해보기도 하셨다. 나와 안숭선이 80여 명을 동원해 하루 종일 수차를 돌려보았지만 길어 올리는 양이 워낙에 적은 데다 그 물도 금방 새버렸다. 호종하는 여러 재상들과 의논한 끝에 결국 물의 흐름을 따라 스스로 도는 수차 외에는 모두 철거하라고 지시하셨다. 그리고 마지막으로 당신이 환궁한 뒤에 온정의 상탕上湯을 제외한 나머지 탕은 사람들이 사용할 수 있도록 하라고 충청 감사에게 지시하셨다. 월대 밑의 더운 물이 솟아나는 곳에도 우물을 파고 집을 지어 모두 남녀들에게 다 목욕할 수 있도록 하라고 말씀하셨다.15/04/16 돌아오는 길에 헌릉(서초구 내곡동에 있는 태종릉)에 제사를 지냈다. 그리고 흥인지문을 거쳐 광화문으로 가는 길은 그야말로 인산인해였다. "좌우 길가에 관광하는 자가 만 명으로 추산되었다."15/04/23

많은 사람들에게 이번 행차가 수수께끼처럼 여겨지는 듯했다. 하지만 내가 보기에 이 일은 고도로 계산된 이동이었다. 파저강의 여진족들은 여연 침범 사건 때문에 우리의 보복을 예의주시하고 있었다. 파저강 일대를 돌아본 박호문이 보고한 것처럼 이미 적들은 우리의 '북정北征'에 대비하고 있었다. 이런 상황에서는 제아무리 최윤덕이 만전을 기한다 하더라도 그 공격은 위험에 빠질 수가 있었다. "어떻게 해서든 안심

하고 그 생업에 종사하도록 하고, 뜻하지 않은 때를 틈타 공격"하도록 하는 일이야말로 조정이 해야 할 선무였다. 귀화한 여진족 중에는 이만주의 "간첩"도 없지 않았다. 바로 이런 상태에서, 상께서는 대규모 온천행이라는 속임수를 쓰셨던 것이다.

승리했으나 두렵다: 전승 소식과 후속대책 회의

환궁한 지 이틀이 지나자(25일) 파저강의 승첩 보고가 들어왔다. 평안감사 이숙치가 이순몽의 승전보를 전해온 것이다.15/04/25 그다음 날 다시 이숙치는 최윤덕과 홍사석의 승전보를 보내왔다. 다음 달 5일에 최윤덕의 "야인 평정을 하례하는 글"에서 자세히 드러나 있듯이, 최윤덕이 지휘하는 총 1만 4,962명의 정벌군은 1433년(세종 15) 4월 19일 새벽에 일곱 방향으로 나누어 여진족을 기습 공격했다. 상의 뜻에 따라 동시 다발적으로 기습해간 것이다.

 최윤덕에 따르면, "상의 명을 받들어 전군을 절제하는 권한을 잡고 군사를 일곱 길로 나누어" 쳐들어가자 적들은 "강물이 골짜기에 몰려드는 듯, 돌이 산봉우리에서 구르는 듯, 빈 알[卵]처럼 스스로 깨졌다."15/05/05 전투는 거의 일방적인 승리였다. 동가강과 혼하渾河 일대를 소탕하는 9일간의 전투 끝에 183명의 여진족을 참살하고, 248명을 생포했다. 소 110두, 말 67필 및 각종 무기도 노획했다(아군 4명 사망).

 속속들이 승전보가 들어오는 사이, 상께서는 어전회의를 소집하셨다. 전승 후의 후속대책 마련을 위한 자리였다. "지금 군사를 일으켜 서

조선시대 왕이 궐 밖에서 공식적으로 거행하는 행사는 군사 훈련, 온천행, 선왕의 능 참배 등이었다. 이러한 행차가 있을 때면 왕은 병사들의 삼엄한 호위 속에 화려한 가마를 타고 이동했고, 수많은 백성들이 이 광경을 구경하기 위해 길가로 모여들었다.

정西征한 까닭으로 인근의 동맹가첩목아도 의심을 품고 있으니, 술과 음식을 주어 그 마음을 안심시키고자 한다. 하지만 근자에 최윤덕이 이만주에게 술과 음식을 주고 곧 정벌하였으니, 지금 만약 음식을 주면 도리어 저들의 의심을 살 것이니 어떻게 하면 좋겠는가"라고 말씀하셨다. 이 회의에 모인 황희, 맹사성 등은 모두 "저들이 처음에는 의심을 할지라도 나중에는 우리나라의 신의를 알고 편히 살 것이니, 사람을 시켜 효유함이 좋겠다"고 아뢰었다.

상께서 이어서 다음과 같이 말씀하셨다. "내가 왕위에 오른 뒤로 매양 문치에 힘을 쓰고 군사의 일에는 마음을 두지 아니하였다. 내가 어찌 큰 일을 좋아하고 공을 이루기를 즐겨서 야인을 정벌했겠느냐. 적이 먼저 우리에게 해를 끼치므로 할 수 없이 거행하게 된 것이다. 다행히 크게 승리하였으니 진실로 기쁜 일이나, 또한 두렵다. 지금은 비록 성공하였을지라도 어떻게 이 공을 보전하여 영구히 후환을 없게 할 것인가."[15/05/03]

다들 이 말씀을 당신의 겸사로만 보고 가볍게 지나가는 듯했다. 하지만 내 생각은 달랐다. 공을 이룸도 중요하지만 '그 공을 영구히 보전'하는 것은 더욱 중요하다는 말씀처럼, 그 후속대책을 어떻게 하느냐에 따라 일의 결과가 크게 달라지게 마련이다. 내가 보기에 전투에서 정말로 중요한 것은 '추격전'과 후속조치였다. 물론 본 전투가 매우 중요하다. 하지만 정작 전과와 전리품은 대부분 추격전의 성격에 따라 좌우되곤 했다. 따라서 뛰어난 장수라면 적의 '작전상 후퇴'와 '진정한 패퇴'를 식별해내고, 추격전과 연계해서 후속조치를 신속히 취하는 능력을 아울러 갖춰야만 한다.

결국 상의 생각은 한 달이 지난 뒤에 드러났다. "지금 정벌한 뒤에 야인들이 들떠서 적변賊變(도둑이 일으키는 변)을 추측하기 어려우니, 어떻게 방어하면 좋을까"라고 말씀하셨다. 상은 또한 북변 지역의 농민들이 안심하고 살 수 있는 대책을 찾고 계셨다. 모두들 "강계, 자성, 경원 등 요해지에 군사를 더 파견하여 굳게 지키게 할 것"을 아뢰었다.15/06/06 그러나 상과 내 생각은 달랐다. 군사를 더 파견한다고 해서 그 넓은 지역의 적변을 다 막아낼 수도 없을 뿐만 아니라, 그 군사를 먹여 살리기 위해서는 막대한 비용을 들여야 하기 때문이다. 해법은 한 가지. 그 지역에 사람들이 농사짓고 살면서 유사시 병사들과 함께 전투를 치르는 농병農兵 병행 체제의 정착이었다. 그리고 이를 위해서는 지금보다 더 많은 사람들이 그 지역으로 이주하여 살도록 해야 했다. 그런데 누가 그 일을 해낼 것인가. 삭풍이 몰아치고 적변이 끊이지 않는 북방의 변경에서 일하는 것은 그렇다 치자. 하지만 사람들로 하여금 고향을 떠나 그 어려운 곳으로 이주시키는 난제를 누가 맡을 것인가.

상의 그 고민을 나는 누구보다도 잘 알고 있었다. 상께서 즉위하던 그해에, 사헌부 암행감찰[行臺]로부터 시작해서 1433년(세종 15) 승정원 좌대언 시절까지 주상의 복심腹心이었던 내가 아닌가. 당신이 병환으로 정사를 돌볼 수 없을 때에는 내게 의정부 등 요처를 다니며 당신의 말을 전하고 받아오게 하셨으며, 주요한 인사 문제를 결정하실 때도 꼭 내 의견을 묻곤 하셨다.

'북정北征'이 끝난 직후의 일이었다. 상께서 내게 "최윤덕을 아는가"라고 물으셨다. 나는 "비록 학문 실력은 없으나 마음가짐이 정직하고 또한 뚜렷한 잘못이 없으며, 용무用武의 재략才略은 특이합니다"라고 대답했다.

최윤덕과 정승의 조건

일찍이 어머니를 여읜 최윤덕은 아버지 최운해가 국경 수비로 나가 있던 탓에 고향인 합포(경남 창원시) 인근의 양수척楊水尺(가죽 제품을 만드는 천인)의 집에서 자랐다. 따라서 제대로 배울 기회가 없었다. 그는 어려서부터 힘이 뛰어났고, 양수척에게 배워 특히 굳은 활을 잘 쏘았다. 산속에서 덤벼드는 호랑이를 화살 한 대로 쏘아 죽일 정도였다. 그런데 최윤덕을 훌륭한 장수로 만든 것은 사실상 서미성(서거정의 아버지)이었다. 마침 서미성이 경상도 합포에 수령으로 와 있을 때 최윤덕을 시험해보았다. 최윤덕이 활을 쏘면 맞추지 못함이 없었다. 서미성은 "이 애가 비록 손이 빠르긴 하나 아직 병법을 모르니 사냥꾼의 기술에 불과하다"면서 활 쏘는 법과 말 달리는 법 등을 가르쳤다.《연려실기술》권3, 301

그 뒤 최윤덕은 음관蔭官(과거를 거치지 않고 조상의 공덕에 의해 맡은 벼슬)으로 기용되어 부친을 따라 여러 번 전공을 세웠다. 1419년에는 이종무와 함께 대마도 정벌에 동참했고, 북방이 혼란스러워지자 동북면의 군사령관으로 책임을 다했다. 최윤덕은 이번 '북정'의 공적으로 정승 자리를 추대받자 극구 사양했다. "무신의 집에서 나고 자라서 손오孫吳(손무孫武와 오기吳起)의 병서를 간략히 익혔을 뿐"이라고 말했다. 특히 "의정議政의 직책은 국사를 경위하고 음양을 조화시키는" 자리로서 자신과 같은 "무신이 헤아릴[擬議] 바가" 아니라는 것이었다. 그는 '북정'의 공훈에 대해서도 겸양했다. 즉 "성상의 명을 받들어 야인을 정벌하매, 적도들이 멀리서 쳐다보다가 흩어져 달아났는데, 이는 모두가 높으신 성덕聖德과 빛나는 신위神威의 소치"일 뿐 자신의 업적이 아니라고 말했다. "외적을 막아서 북방을 안정시키는 일이라면, 신이 마땅히 이 몸이 다할 때까지 진심 진력할 것"이니, 16/02/05 제발 무관으로서 국방에만 전념할 수 있도록 해달라고 당부했다.

처음에 상께서 파저강 정벌의 공로로 최윤덕에게 무슨 상을 줄 것인가 물었을 때, 허조는 영중추領中樞를 가설하여 포상하자고 말했다. 중추부 소속 정1품의 무임소 대신직으로 예우하자는 말이었다. 이에 대해 맹사성은 자신이 맡고 있는 관직, 즉 좌의정이 좋겠다고 주장했다. 이에 대해 상께서는 "만약 한 사람의 훌륭한 정승을 얻으면 나라 일의 근심을 없앨 수 있다"면서 "최윤덕은 가히 영의정도 될 수 있다"고 말씀하셨다. 다만 "영의정은 그 임무가 지극히 무거우므로 전공만 가지고 임명할 수는 없지 않느냐"14/06/09고 물으셨다. 상께서는 내게 이러한

최윤덕

세종은 파저강 정벌의 공로를 인정해 무관 최윤덕을
우의정 자리에 임명했다. 능력만 있다면 문벌과 신분 고하를
초월해 인재를 등용하는 세종 정치의 특징이
잘 드러나는 대목이다.

뜻에 대해서 다들 어떻게 생각하는지 여러 대신들과 다시 의논하라고 말씀하셨다.

모두가 "최윤덕은 영의정을 삼을지라도 부끄러움이 없다"고 말씀드렸다. 하지만 최종 결정은 우의정이었다. 현재의 우의정 "권진의 벼슬을 대신하게 하라. 내가 작은 벼슬을 제수할 때도 반드시 온 마음을 기울여서 고르는데, 하물며 정승이리오. 최윤덕은 비록 배우지 않아서 말을 하는 데[建白] 어두우나, 밤낮으로 게으르지 아니하고 일심봉공하기 때문에 족히 그 지위를 보전할 것"이라고 말씀하셨다.15/05/16 상에 따르면 "장상將相의 직임이란 의뢰하는 바 가볍지 않아서, 국가에 근심이 없으면 정치를 바로잡아 정화政化를 널리 펴야 하고, 변경에 급변이 있으면 병력을 동원하여 무위를 빛내야 해서, 내외의 권한을 온전히 맡게 하는" 무거운 직책이었다. 따라서 "가정에서 훌륭한 장수의 기풍을 전해왔고, 대대로 충의롭고 정고貞固한 절의를 지켜왔으며, 밖으로 나가 번병藩屛을 진압하매 위명威名이 크게 드러난"16/02/05 최윤덕이야말로 정승으로서 적임자라는 말씀이었다.

최윤덕의 기용에서 볼 수 있듯이 전하께서는 능력만 있다면 문벌과 신분 고하를 초월해서 인재를 등용하곤 했다. 서얼 출신의 황희를 중용하여 '국가의 저울추' 역할을 담당하게 한 일이라든지, 천출賤出의 장영실을 등용해 물시계를 비롯한 새로운 기술을 발전시킨 사례가 그예다.

6진 개척, 그 험한 여정

"김종서를 함길도로 보내라."15/12/09

나는 차라리 기뻤다. 겨울바람이 매섭긴 했지만, 조정의 알 수 없는 음험한 바람보다는 나을 터였다. 비록 "오늘날의 정치는 지난 옛날이나 앞으로 오는 세상에 없으리라"12/07/28는 게 내 생각이지만, 궁궐 안의 끊임없는 질시와 반목, 그리고 사람을 항상 겹눈으로 바라보는 시선들이 나는 싫었다.

상께서는 함길도 관찰사에 임명하시기 전날 나를 부르셨다. 내게 "북방의 책임"을 맡기는 이유를 일러주시기 위함이었다. "경은 옛일을 상고하는 힘과 일을 처리하는 재주가 있으며, 일찍이 측근의 관직에 있어 내 뜻을 자세히 알아서 중대한 임무를 맡을 만한 까닭으로 함길도 도관찰사로 삼는다"고 말씀하셨다."18/01/21

그때만 해도 내가 7년간이나 함길도에 머물 것이라고는 생각지도 못했다. 하지만 동북 6진을 개척하고 백성을 이주시키는 일은 생각보다 어려웠다. 두만강 근처에 있는 "경원을 용성(지금의 청진 부근)으로 물리면 북방의 방어 계책이 편리하고 백성의 폐단도 없어지리라"19/08/06는 조정의 다수 신료의 주장은 하나만 알고 둘은 모르는 소리였다. 내가 "오랫동안 북방에 나와서 야인들의 사정을 익히 보니, 그들은 비록 부자와 형제간이라도 필요하면 서로 싸우고 해쳐서 원수와 다름이 없고,……혹은 이익으로써 맺었다 하더라도, 이익이 다하면 또 그 독기를 마음대로 뿜는" 자들이었다. 한마디로 "밖으로는 회유의 은혜를 보이고 안으로 방비하는" '은위恩威 병용책'을 쓰지 않으면 안 되는 존재들이었다.

　따라서 지금 지키기 어렵고 백성들이 힘들다고 해서 동북쪽의 땅을 저들에게 양보하면 저들은 저절로 강해지고 우리의 힘이 그만큼 줄게 될 것은 뻔한 일이었다. 물론 "조종께서 지키시던 땅은 비록 척지촌토 尺地寸土라도 버릴 수 없다"[19/08/06]는 전하의 말씀도 귀중한 것이었다. 하지만 현장에서는 그러한 전하의 다짐이 계속해서 남하해 내려오는 여진족들의 움직임 앞에서 무너지곤 했다. 아직까지는 사분오열된 상태로 서로 갈등하고 대립하고 있지만, 누군가 이들을 통합한다면 명나라는 물론이고, 우리 조선의 안전도 결코 보장할 수 없었다. 그런 그들에게 영토를 내어줌은 스스로 자기 몸의 일부를 포기하는 것이나 다를 바 없다는 게 내 판단이었다.

　두 단계로 이뤄지는 백성 이주정책 역시 만만치 않은 일이었다. 남쪽에서 이주해오는 백성들의 적응을 돕기 위해서 함길도 중앙 아래의 주민을 북부 지역으로 옮기고(1단계), 삼남 지역 주민을 그곳으로 이주시키는(2단계) 작업은 많은 저항을 불러일으켰다. 남쪽 지역에서는 강제 이주를 반대해 자신의 팔을 잘라내는 자와 자살하는 자[24/01/10]도 있었다. 함길도 이남 지역에서는 아전의 농간이 빈번했다. 지방의 호족들에게 뇌물을 받고 부호富戶는 숨겨 빠뜨리고 잔호殘戶만을 뽑아 올리는 일도 있었다.[17/07/26] 물론 정부의 시책들을 이용해 신분의 변화를 꾀하려는 사람들도 많았다. 예컨대 자진하여 사민에 응모하는 향리나 민들에게 신역身役을 면제한다든가, 토관직을 제수하는 일[15/11/19]은 삼남 지역 하류민들의 큰 호응을 얻었다. 그리고 이들 지역의 자제를 서울에서 벼슬하게 하되 새로 설치된 경재소에 근무하게 하는 조치[20/03/03]는 함길도 이남 주민들에게 환영받았다.

이 때문에 나는 "성상께서는 빨리 이룸을 구하시지 마시옵고 작은 이익을 귀히 여기시지 마시오며, 작은 폐단을 생각하지 마시옵고 눈앞의 근심을 염려하시지 마셔서, 세월을 쌓아 오래도록 기다리시면 뜬말[浮言]이 저절로 없어지고 민심이 자연히 안정될 것"이라고 말씀드리기

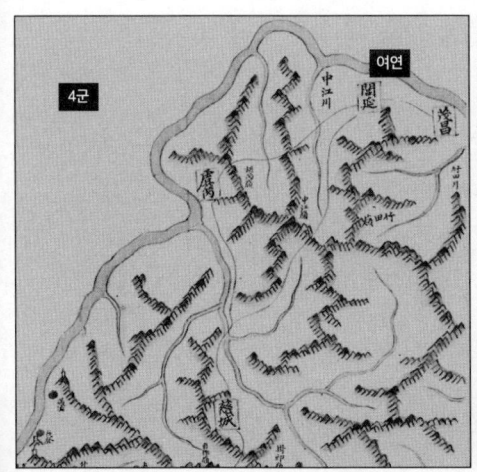
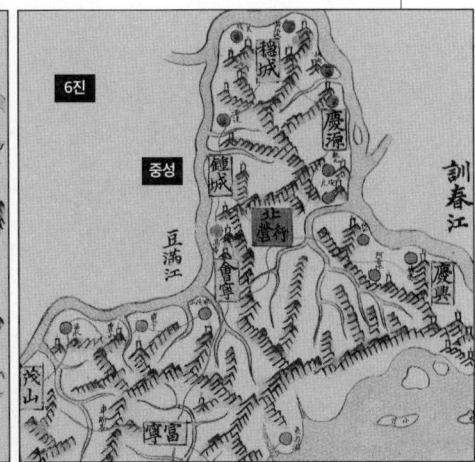

도 했다. 결국 "민폐가 스스로 제거되고 백성의 원망이 저절로 근절되어, 백성의 식량이 점차로 넉넉해지고 병력이 자연히 강해져서, 도둑이 제발로 굴복하여 새 읍이 영원히 견고하게 될 것"19/08/06이라는 확신이 들었다. 실제로 서북 지역[4군 지역]과 달리 동북 6진 지역의 백성들은 점차 정착하였다. 주민의 지속적인 도망으로 나중에는(세조 때) 폐지하게 되는 서북 지역과 달리, 동북 지역은 "온성의 동쪽 입암에서 시작해 두만강 변을 거슬러 올라가서 종성을 지나 회령부 앞들에 이르러 그치는 무릇 200여 리"에 해당하는 행성을 중심으로 안돈되었다.《세종실록지리지》

정치와 모함

나를 정말로 괴롭게 한 것은 북변의 삭풍도, 여진족의 침입도, 백성들의 반대도 아니었다. 바로 내가 믿었던 박호문朴好問, 그 자의 모함이야말로 나를 끝없는 나락으로 밀어넣었다. 본래 타협할 줄 모르는 내 성격 때문에 미움받는 일이 많았다. 하지만 박호문 그 자가 그럴 수는 없었다. 그는 본래 활을 잘 쏘고 또 총명하였으므로 내가 천거하여 회령절제사가 되었고22/07/17 파저강 정벌 당시에는 위험을 무릅쓰고 적진을 오가며 공을 세우기도 했다.

그런 그가 주상 앞에서 나를 헐뜯은 것이다. "김종서는 겁이 많고 나약해서 장수로는 적합하지 않습니다. 또 활 쏘고 말 타는 것을 잘못해서 그저 야인들에게 (병사의) 위엄만을 자랑할 뿐입니다. 그가 어떻게 능히 여러 사람의 마음을 복속시킬 수 있겠습니까."²²/⁰¹/¹⁹ 이 정도까지만 해도 괜찮았다. 주상께서 이미 나를 잘 아시고, 또한 공연한 그의 치기를 우습게 넘길 수도 있었기 때문이다. 하지만 그의 말만 듣고 나를 탄핵하려던 사헌부 사람들은 용서할 수 없었다. 그들은 십여 가지의 죄목을 들어 나를 제거하려 했다. 그 죄목이란 여진족이 나의 애기愛妓에게 준 뇌물을 내가 다시 서울에 보냈다는 것과, 백성 이주 과정에서 내 마음대로 전지田地를 주고 빼앗는다는 것과, 모친상을 당한 후 기복起復(상중에 벼슬에 나아감)해서 진鎭으로 돌아갈 때에 안변安邊의 기생을 데리고 경성鏡城으로 갔다는 것 등이었다.²²/⁰¹/¹⁷ 한마디로 적에게 뇌물을 받고 어머니 돌아가셨을 때 기생과 놀아나 국가와 부모께 죄를 지은 몹쓸 인간이라는 말이었다. 특히 전자는 "죽이기를 청해도" 할 말이 없는 무서운 모함이었다.

　나는 이 말을 전해 듣고 즉시 주상께 "눈물로써 아뢰는" 편지를 올렸다. "예부터 일을 이루는 신하는 비방과 헐뜯음을 많이 당하는데, 이치와 형편상 그렇게 됨이니" 굳이 혐의할 것은 없겠으나, "다만 수천 리 밖에 있으므로 구중궁궐과 멀리 떨어져 있사와 변명할 길이" 없어서 "박절한 일을 슬피 울면서 간절하게" 말씀드리는 바, "이른바 배웠다는 자들이 사사로운 감정에 사로잡혀 남 몰래 비방하고 헐뜯는 일은 참을 수 없다"는 내용이었다.

　이 편지를 받아 본 상께서는 옆에 있는 도승지 김돈에게 "김종서가 어찌하여 이런 말을 하는가. 경도 들은 바가 있는가"라고 물으셨다고 한다. 그러자 김돈은 사헌부에서 탄핵하려는 "김종서의 불법한 일"에 대해 말씀드린 다음 "그러하오나 김종서는 유학자이옵니다"라면서 나를 변호했다. 상께서는 "그 말들은 모두 거짓이다. 김종서의 공은 크다. 그를 움직일 수는 없다"고 말씀하셨다. 오히려 상께서는 "내가 박호문에게 북변의 일을 물었는데 그는 김종서를 참소하고 해치려 했다"고 그의 "경박함"을 나무라셨다. 그리고 이 문제의 발단이 여진족에 대한 "신조가 다른 데서" 비롯되었다고 하셨다. 즉 "김종서는 위력으로 여진족 추장 범찰을 제압하려고 하고, 박호문은 범찰을 회유하려고 하는"22/01/19 데서 생긴 갈등이라는 것이었다.

그러나 피부를 에이듯이 흐느끼는 통절한 호소[膚受之愬]나, 물이 점점 스며들듯 서서히 그리고 깊이 믿도록 하는 참언[浸潤之譖]은 때로 성왕도 흔들리게 만드는 것인가.《논어》안연 박호문의 첫 번째 헐뜯음을 비판하시면서도 상께서는 "내가 묻는 바에 따라 말한 일이기 때문에 죄 주지 않겠다"22/01/19 하셨다. 그런데 그런 상께서도 두 번째 참소에는 흔들리시는 것 같았다. 물론 나의 잘못도 있었다. 그 전년도 11월에 박호문이 "회령의 백성이 입거한 이래로 자애로운 정치를 입지 못해 정군正軍으로서 도망한 자가 152명"이라고 왜곡해 보고했을 때, 분명히 잘 잘못을 가렸어야 했는데 그러지 못했다. 상께서 지적하신 대로 "입거入居한 백성이 겨우 500호인데, 불과 7년 사이에 정군 중에서 도망한 자가 150여 명이라면 남아 있는 자가 얼마일지"21/11/12 헤아리기 어려운 상황이었다.

그 당시 나는 승정원에 글을 올려서 박호문과 함께 이징옥李澄玉의 잘못을 양비양시론의 입장에서 보고했었다. 즉 도망친 정군이 경흥에서 20호, 종성에서 12호, 회령에서 152호로 회령이 제일 많았다. 왜냐하면 "이징옥은 방수防守하는 일은 잘하지만 달래고 기르는[撫育] 데는 잘

못하고, 박호문은 관청을 장려壯麗하게 짓는 데"만 공력을 들였기 때문이다. 새로 옮겨 온 백성들이 견뎌낼 수 없었던 것이다. 이 때문에 나는 "박호문에게 백성들에게 토목 역사보다 더 어려운 일이 없다"라고 책망했다. 아울러 곧바로 경력經歷 이사증李師曾을 보내어 가장 장려하고 긴급하지 않은 병영 건물은 모두 헐어버리게 했었다. 나는 보고서에다 "두 사람은 각기 장점이 있으니, 이징옥은 방수를 잘하여 오랑캐들이 두려워하고 꺼려하며, 박호문은 이적夷狄들을 잘 대접하여 오랑캐들이 은혜를 생각하여, 모두 변경에 이롭다"라고 썼다.[21/12/10] 그런데 박호문은 그런 내게 원한을 품고 재차 참소를 한 듯하다. 앞의 첫 번째 무고 사건이 있은 지 두 달 만에 조정의 조사 명령이 내려왔다. 정군 외에 도망한 일반 군민軍民의 숫자를 조사해서 올리라는 내용이었다. 조사해보니 회령에서 도망한 자가 626명이요, 경원이 585명, 종성이 255명, 경흥이 186명이었다.

문제는 "4진의 백성들이 서로 이사한다는데 그게 사실인가" 하는 상의 의심이었다. 당신의 재위 기간에 대략 6,561호 6만 5,000여 명이 평안도 지역으로 이주한 것으로 되어 있는데, 상당수가 부풀려진 숫자가 아니냐는 말씀이었다. 게다가 "경성 역시 깊은 지역에 있는데 그 백성들 중에는 이사하는 자가 없는데, 유독 4진 백성만이 이처럼 많이 유망한 이유가 무엇인가", "관리가 미처 모르고 있는 것 아닌가", "알았더라도 죄책을 면하여 은폐하고 보고하지 않은 것은 아닌가. 수년이 못 되어 1,650여 명이 감손된 연고를 다시 상세하게 조사하여 계달하라"는[22/03/15] 호된 지시까지 있었다. 그야말로 '무능력'에 '기만'까지 한 관리로 낙인 찍히는 순간이었다.

내가 전하께 정말로 서운했던 것은 다른 데 있었다. 노역과 방수의 일이 힘들어서 달아나는 자들을 막지 못한 내 무능력을 지적하는 것은 그렇다 치자. 당신 말처럼 나는 "유신儒臣으로서, 장수로는 적합지 않을" 뿐만 아니라, "돌아오니 머리가 희어졌는데, 또다시 변방에 수戍자리(국경을 지키던 일) 서러 가는"[19/08/06] 일도 이젠 지겨워진 나이가 되었다. 하지만 "지금 오도리의 동창과 범찰에게 어질게 대하지 않아서 마침내 야인들로 하여금 도망가게 하였으니, 진실로 부끄러운 일이며 반드시 중국으로부터도 비웃음을 받게 되었다"는 말씀은 지나치지 않은가. 그렇다면 박호문이 한 것처럼 병영 건물을 장려하게 지어서 저들을 초청해 술자리를 베푸는 식으로 달래야 한단 말인가. '오랑캐는 은혜와 위력을 병용할 때만 복속해온다'는 그동안의 말은 어디로 흘려들으셨

세종은 백두산을 조선의 강역으로 포함시키기 위해 노력했다. 실제로 백두산은 세종 이후부터는 그 이전과 달리 각종 지도에서 우리 국토의 뿌리로 그려졌다(1480년 팔도총도). 1402년에 제작된 혼일강리역대국도지도에는 백두산이 표기되어 있지 않다.

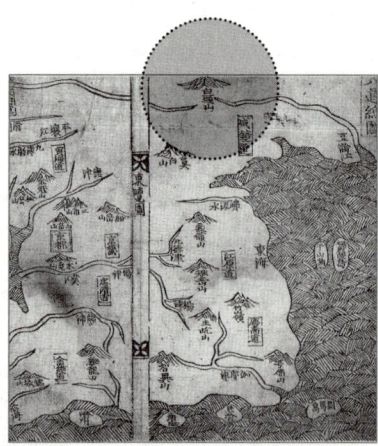

1480년(성종 11)에 제작된 팔도총도

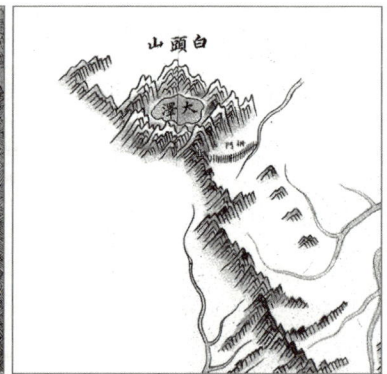

대동여지도

단 말인가.

  그나마 황보인을 보내서 내 사정 얘기를 적어 올리게 하신 점과, 내 후임자 추천을 내게 맡겨서 자존심을 지켜주시고, 업무의 연속성을 살릴 수 있도록 하신 일은 다행이었다. 나는 박호문의 모함을 겪으면서 보다 세상을 더 잘 알게 된 것 같다. 최선의 의도로 정치적 결단을 내리고 그 방향 또한 잘 인지했다 할지라도 계산된 결과와는 항상 멀다는 것을 깨달았다. 그리고 고귀함과 비열함, 무관심과 필생을 건 적극성, 성실성과 배반을 접한 후 나는 정치에서 인간관계의 복잡성과 미묘함을 더 잘 이해하게 되었다.

좋은 친구는 좋은 울타리 안에서만 가능

꿈이었을까? 내가 상의 지시를 받아 새 땅[新地]을 찾아 함길도를 돌아다닐 때였다. 힘들게 산마루를 타고 도는데, 문득 정상 근처에서 평원이 펼쳐졌다. 가파른 산길과 까마득한 절벽 사이의 아슬아슬함을 지나 새 땅에 이르렀을 때 갑작스럽게 펼쳐진 평원의 아늑함이란……. 백두산 한가운데서 만난 예상치 않은 평지의 감미로움은 지금도 잊을 수가 없다. 길주에 사는 통역관에 따르면 그곳은 "토지가 비옥하여, 30, 40호의 주민들이 모두 곡식을 쌓고 부유하게" 산다고 했다.15/04/29 그 평원은 길지 않았다. 언제 그랬냐는 듯이 다시 바위투성이의 내리막길과 천길 낭떠러지의 산길로 이어졌다. 상께서는 백두산을 우리 강역에 포함시키기 위해 노력하셨는데, "명나라 태조가 백두산을 고려에 예속시킨" 사실을 확인하셨다. 그리고 "백두산 앞쪽의 옛 성터를 찾아내 우리나라의 경계로 삼아서" 백두산 전체를 우리의 산으로 만들려 하셨다.[14/04/12]

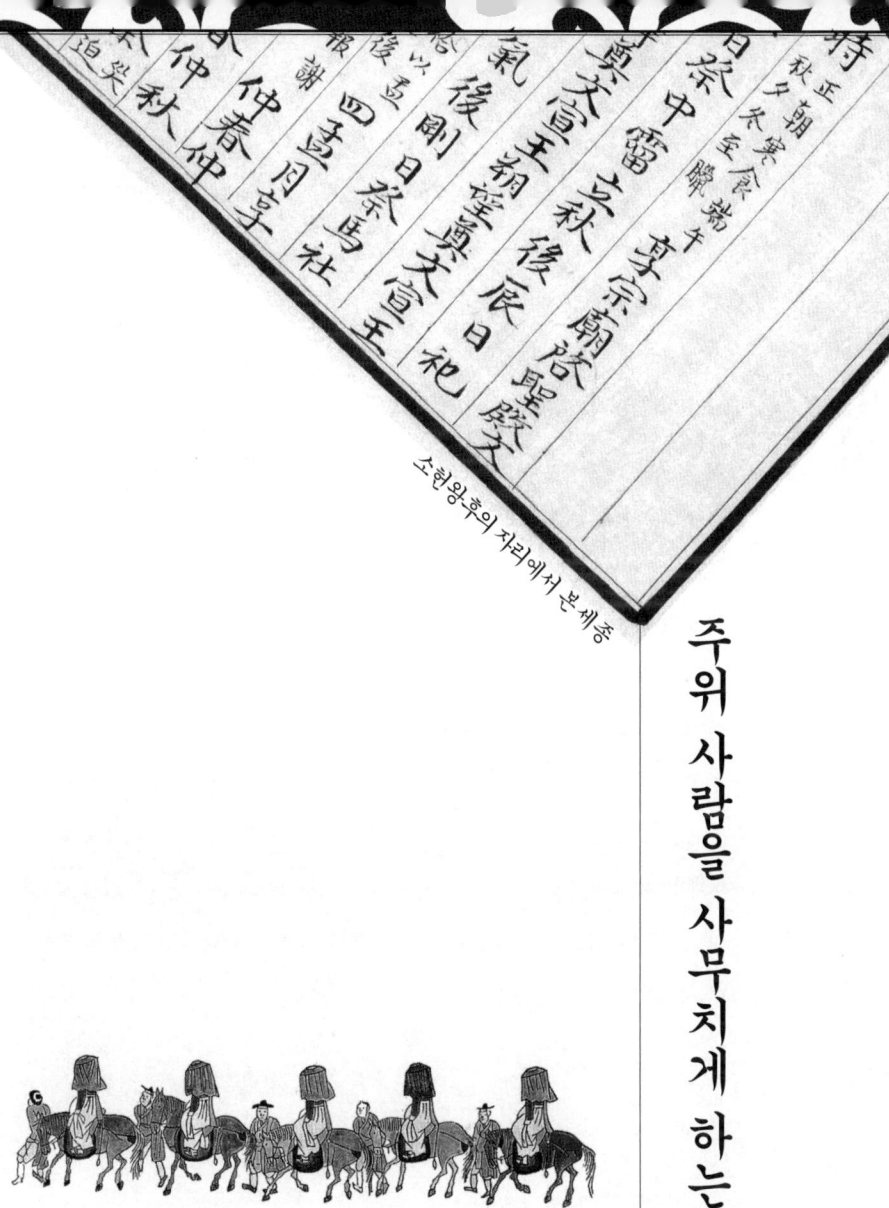

소헌왕후의 자리에서 본 세종

주위 사람을 사무치게 하는 지극정성의 사람

"내가 궁을 비운 사이에 만약 긴급한 일이
생기면 왕비의 명을 받들어 시행하라."
-세종《세종실록》21/윤 02/21)

{ 소헌왕후 심씨 }

　　소헌왕후 심씨昭憲王後 沈氏(1395~1446)는 조선 개국공신인 청송 심씨 심덕부의 아들 심온沈溫과 안천보安天保의 딸인 안씨 사이에서 태어났다. 열두 살이던 1408년(태종 8), 두 살 아래의 충녕군 이도李祹와 혼례를 올렸다. 1418년 6월(음력) 충녕대군 이도가 왕세자에 책봉되자 그녀는 경빈敬嬪에 봉해졌다. 같은 해 8월, 세종이 내선內禪을 받아 즉위하자, 조선의 제4대 왕비가 되었다. 소헌왕후는 왕비가 된 직후 친정의 풍비박산을 겪는 등 결코 평탄하지 않은 삶을 살았다. 그럼에도 "공손하면서도 부지런하며 스스로를 계칙한다[恭勤自飭]"는 세종의 평가처럼 그녀는 자기절제를 아주 잘 하는 사람이었다[self control]. 그뿐만 아니라 세종과 보조를 맞추어서 노인들을 위한 양로연 및 공녀貢女를 위로하기 위한 전별연을 주관하는 등 기쁨과 어려움을 백성과 함께 나누었다[empathy leadership]. 무엇보다도 1426년(세종 8) 도성 대화재 사건 때는 만삭의 몸으로 슬기롭게 화재 진압을 총지휘했다[crisis management]. 이 때문에 백성들은 그녀를 믿고 따랐으며 "자기 여종을 왕비에게 바쳐 섬기게 하고 싶다"고 말할 정도로 왕비에게 감복하는 모습을 보였다. 한마디로 소헌왕후는 한국인이 기대하는 국모의 리더십을 가장 잘 발휘한 지도자라고 할 수 있다.

두 명의 아버지, 그 사이에서

그날 이후 모든 게 달라졌다.

　1418년 섣달 스무날 친정아버지 영의정 심온이 압록강 의주 부근에서 나포되었다. 사신 임무를 마치고 명나라에서 귀국하는 길이었다. 상왕이 가지고 있는 군권軍權을 임금에게로 옮기는 일을 병조참판 강상인 등과 모의하였다는 게 죄목이었다. 아버지는 사실무근임을 강력하게 주장하셨다. 함께 모의했다고 말한 강상인과 대질해달라고도 하셨다. 하지만 강상인은 이미 처형되어서 대질이 불가능하다는 대답이 돌아왔다.

　불과 두 달 전까지만 해도 이런 일이 있으리라곤 꿈에도 생각하지 못하였다. 그해 9월 2일 상왕께서 "심온은 국왕의 장인이니 그 존귀함을 비할 데가 없다"며 영의정에 임명할 때만 해도 온 집안사람들이 기뻐했다. 새 왕이 즉위했음을 중국에 알리는 사신단의 대표로 아버지가 뽑혀서 도성의 서쪽 연서역을 출발할 때는 전송 나온 사람들

이 그리로 몰려가서 '장안이 거의 비었다'는 말이 나올 정도였다.00/09/08

하지만 나는 내심 불안했다. 시아버지인 상왕께서 아버지께 하사하셨다는 내구마內廐馬국왕이 타는 말를 보면서, "심씨 가문의 영광과 세도가 혁혁赫赫붉고 뚜렷하다"는 세간의 평을 전해 들으면서 알 수 없는 불길함에 사로잡혔다.

불과 십여 년 전의 일이다. 그토록 안절부절못하는 시어머니 원경왕후의 모습을 그때 처음 보았다. 마치 새끼를 빼앗긴 어미 새가 빈 둥지를 바라보며 울부짖는 것처럼, 그녀는 소리를 안으로 삼키며 오열하였다. 시어머니가 누구인가? 조선 건국 후 수많은 인재를 기르고 선발한 여흥백驪興伯 민제의 셋째 딸이요, 두 차례 '왕자의 난' 때 결정적으로 기여한 민무구 형제의 친누나였다. 열다섯 살 된 차기 대권 후보자(세자)의 어머니이기도 했다. 1407년(태종 7) 7월 당시 여흥 민씨는 무리를 지어 날아가는 새를 모조리 떨어뜨릴 만큼 세도가 대단했다.

그런 거목을 일거에 베어낸 사람이 시아버지 태종이었다. 혼인한 지 두 해째가 되던 1410년, 시어머니인 원경왕후의 동생들이 유배지에서 사약을 마시고 죽었다는 소식을 전해 듣고 나와 그분(세종)은 몸서리를 쳤다. 처음엔 전위傳位 선언을 강하게 반대하지 않았다는 괘씸죄로 처남들의 손발을 묶더니, 마침내 '어린아이(양녕)를 끼고 권력을 농단하려 했다'며 "대역大逆"으로 몰아갔다. 누구보다도 총명하고 현실 감각이 뛰어난 시어머니도 시아버지가 파놓은 정치의 함정에 빠져서 허우적거리는 동생들을 구해내지 못했다. 당시 열여섯 살의 나로서는 도저히 이해할 수 없는 일들이 벌어지고 있었다. 아마도 그때 정치 세계의 비정한 그 무엇인가를 얼핏 보았던 듯도 하다.

그런데 지금 내 아버지가 그 정치의 덫에 걸려 옴짝달싹 못 하고 계신다.

국가와 가문

"밥을 먹도록 하여라."

강상인 옥사가 한창 진행 중이던 어느 날 시아버지께서 나를 부르셨다. 황황히 창덕궁을 출발하여 상왕 거처인 수강궁으로 가는 길에 많은 생각이 오갔다. 무슨 말씀을 하시려는 것일까? 나를 며느리로 간택하신 분이니 자부子婦 자리에서 물러나라는 말씀도 직접 하시려는가? 궁 안 길을 따라 이동하는데 가마의 문틈으로 인정전 현판이 눈에 들어왔다. 당신께서 말하던 어진[仁] 정치[政]가 진정 이런 모습인지요, 라고 시아버지께 따져 묻고 싶었다.

수강궁 편전 안으로 들어가니 뜻밖에도 시아버지는 밥상을 차려놓고 나를 기다리고 있었다. 밥을 먹으라는 거듭된 재촉에도 수저를 차마 들 수 없었다. 아버지의 목숨이 경각에 걸려 있는데 어떻게 음식을 넘길 수 있겠는가? 밥상 다리만 뚫어져라 쳐다보는 나를 향해 당신이 입을 여셨다. "태조께서 이 나라를 어떻게 세웠는지 너도 들은 바가 있을 터이다." "예"라고 짧게 대답했다. 시할아버지 이성계가 위화도회군 이후 우왕을 폐하고, 우여곡절 끝에 1392년 조선을 건국한 일은 외할아버지 안천보를 통해 수도 없이 들었다. 위화도회군 때는 물론이고 한양의 궁궐을 조성하는 데도 할아버지 심덕부의 활약이 대단했음도 달달 외울 만큼 들으면서 자랐다.

그런데도 그런 개국공신의 아들을 당신은 사지로 내몰고 있지 않느냐고 항변하고 싶은 걸 겨우 참아냈다. 내 마음을 읽었는지 시아버지는 화가위국化家爲國에 대해 말씀하셨다. 건국 이전에는 전주 이씨나 청송 심씨, 그리고 여흥 민씨 가문이 다를 바 없었으나, 일단 국가가 선 다음엔 위아래가 다를 수밖에 없다고도 했다. "을축년 왜구 침입 때 청성백靑城伯 심득부의 활약이 참으로 눈부셨다고 들었다." 1385년(을축년) 가을 왜구가 동북면 함주에 침입했을 때 백성들은 그야말로 도탄에 빠졌다. 지어미가 지아비 눈앞에서 왜구에게 능욕당했으며, 어린아이는 바닷가에서 어미 손을 놓치고 왜선에 실려 끌려갔다. 그런 처참한 일을 다시 겪지 않으려면 국가가 강성해야 한다고, 때론 여러 가문을 희생해서라도 국가의 힘을 키워야 한다고 말씀하셨다.

'꼭 여러 가문을 희생시켜야만 하는 것입니까?'

나는 속으로 반문했다. '경인년의 변庚寅之變'이 왜 생겼습니까? 1410년(경인년) 2월 3일부터 5월 15일까지 약 4개월간 격렬하게 진행되던 조선-여진족 간 여섯 차례의 전투에서 조선 군대는 '두 번의 작은 승리와 네 번의 큰 패배'라는 치욕을 겪었다. 태조께서 살아계셨다면 크게 통탄할 만한 일이었다. 그런데 그 치욕은 이미 예견된 일이었다. 외할아버지 안천보가 들려주신 것처럼, 우리 조선의 군대는 본디 가병家兵의 결속력과 용맹함을 바탕으로 싸워왔다. 같은 마을에서 자라난 자들이 같은 군막에서 밥을 먹고, 같은 지휘관의 깃발 아래에서 함께 목숨을 걸었다. 그보다 십년 전인 1400년(정종 2년) 1월, '박포의 난'이 발발했을 때, 시아버지께서는 그해 4월 공신과 왕자들의 반란을 막는다는 명분 아래 사병을 혁파하셨다. 그리하여 변방 지휘관들의 재량권은 크게 축소되었고, 이제 조선군이라 일컬어지는 병졸들은 혼란스러워했다. 현장 지휘관들은 재량권이 거의 없었고, 병사들은 그런 지휘관에게 자신들의 목숨을 온전히 맡겨도 되는지 의구심을 품기 시작했다. 재량권이 거의 없는 현장 지휘관이 전술적 기민함을 발휘할 여지는 전혀 없었다. 한마디로 충성의 대상이 모호해진 군대에서 강한 전투력을 기대하는 것은 허망한 일이었다.

내 무언의 말을 듣고 계셨던 것일까? 시아버지께서 "경인년의 변을 어찌 생각하느냐?"고 대뜸 물으셨다. 여태 수저만 들고 있는 나를 보며 시아버지께서 말씀을 이으셨다. "경인년 봄에 민무구 형제가 유배지 제주에서 사사된 걸 너도 기억할 것이다." 아, 이분은 다른 사건을 생각하고 계셨구나. 미처 대답을 못하고 있는 사이에 시아버지께서 말씀하셨다. "너의 아버지가 의주에서 나포되어 수원까지 압송되었고, 백부 심정도 의금부에 갇혀 있으니 혹시 네 마음에 '우리가 무슨 불충을 저질렀다고 저러실까'라고 의구심을 가질 수도 있겠다." 내 마음을 꿰뚫어보신 걸까? 곤혹스러워하는 내 쪽을 바라보면서 말씀하셨다. "네 아비가 국구國舅^{왕의 장인}가 아니었다면 그런 태도는 문젯거리도 되지 않았겠지." 그런 태도란 군권軍權을 임금에게로 옮겨야 한다는 강상인의 말에 수긍했다는 의혹을 가리키는 것이리라.

궁궐에서는 똑같은 말도 전혀 다른 의미로 해석되고 이상한 방향으로 흘러갈 수 있으니 제발 삼가고 조심하라는 말씀은 아버지께서 늘 내게 하시던 당부였다. 그런 아버지가 상왕의 명을 어기고 군권을 운운했다는 게 믿기지가 않았다. 그런 내 마음을 읽었는지 "그토록 주의를 주었는데도 네 아비는 양녕의 무리들을 만나고 다녔다. 지난번에 궁궐 서쪽 교외에 나갈 때 네 아비가 그 무리들과 거리낌 없이 농담을 주고받는 걸 내가 직접 보았다. 내가 주상에게 경고를 전하라고 귀띔하기도 했었지." 사실을 짚어 말씀하시니 아니라고 부인할 수도 없었다. 그다음의 말씀이 폐부를 찌르고 들어왔다. "임금의 가까운 친척에게는 장차가 없어야 한다[君親無將]라는 말 너도 읽어보았겠지?"

《춘추공양전春秋公羊傳》의 한 구절을 말씀하신 듯했다. 가례를 치르기 한 달 전쯤 아버지께서 《춘추》의 해석서인 《춘추공양전》의 〈장공莊公〉 32년조를 읽어주셨다. 군친무장君親無將이요 장이필주將而必誅라는 대목이었다. '장차를 꾀하는 자는 베임[誅]을 당한다'라는 이 구절을 읽어주신 뜻을 당시에는 알지 못했다. 그런데 그 구절을 시아버지께서 인용하며, 아버지의 죽음을 정당화하고 있지 않은가?

"네 아비의 가산은 돌려주고, 후하게 장례를 치르도록 할 것이다."

시아버지의 목소리는 단호했다. 이미 결심이 선 듯했다. 좌의정 박은朴訔이 저승사자처럼 아버지를 죽음으로 몰고가고 있었지만, 나는 시아버지의 마음을 돌릴 수만 있다면 살릴 수 있으리라는 가느다란 희망을 붙들고 있었다. 그러나 방금 전 그 한마디가 그 실낱 같은 희망마저 잘라버렸다. 입술이 떨렸다. "제 아비를 도저히 살려주실 수는 없나이까······." 그렇게 애원하려는 순간, 시아버지는 담담하게 입을 열었. "이미 수원으로 사약을 내려보냈다."

자리에서 일어나신 그분은 더 이상 나를 보지 않으려는 듯 등을 돌렸다. 피가 식어가는 듯한 침묵 속에서, 나는 흐느끼는 숨을 삼켰다. 문을 나서려던 시아버지가 걸음을 멈추고, 한마디를 던졌다. "새로 왕비를 뽑는 일은 없을 것이다."

나도 따라 자리에서 일어서면서 말씀드렸다. "제 어미를 따라서 천인으로 생을 마감할 준비가 되어 있습니다." 나로 인해 온 가문이 풍비박산되었다. 아버지는 죄인으로 죽고 어머니는 어느 재상집의 노비가 될 형국인데, 왕비 자리에 연연함은 가당치 않았다. 시아버지는 내 말을 들었는지 못 들었는지 "스스로를 타이르고 삼가며[戒飭] 아이들을 잘 돌보아라"며 방문을 나가셨다.

1418년 11월 26일 백관이 모인 가운데 강상인이 거열車裂되었다. 병조판서 박습과 이조참판 이관, 그리고 작은아버지 심정도 서교에서 목베임을 당했다. 박은은 상왕의 본심이 외척 제거("대간大奸 제거")에 있음을 확인한 11월 23일부터 집요하게 아버지를 죽음으로 몰아갔다. 태종 때부터 아버지와 경쟁관계에 있던 박은은 "심온이 민제처럼 되려 한다"면서 헐뜯었다. 아버지께서 강상인과 대질을 요구할 때도 "심온이 범죄를 저지른 증거가 명백한데 무슨 대질이 필요하냐"며 신속한 처형을 주장했었다. 그런데 "췌마揣摩의 재주", 즉 상왕의 속마음을 누구보다 잘 읽는다고 자부하던 박은도 단 한 가지를 놓치고 있었다. 그것은 바로 나를 향한 시아버지의 마음이었다.

시아버지는 강상인 등을 처형한 그날, "심씨는 이미 국모가 되었으니 그 집안을 천인으로 만들 수 없다. 앞으로 심온의 아내와 네 명의 어린 딸을 천인으로 삼으려면 반드시 임금의 윤허를 받도록 하라"라고 지시했다. ⁰⁰/¹¹/²⁶ 그럼에도 박은은 시아버지께 "궁궐 안이 적막합니다"라고 아뢰었다. 죄인의 딸인 내가 왕비로 있는 탓에 사람들이 나를 멀리하고 눈치를 보느라 궁궐이 조용하다는 의미였다. 결국, 나를 왕비 자리에서 내쫓아 후환을 완전히 없애려는 의도였다.

　내게 밥을 먹으라는 시아버지의 말은 곧 왕비 자리에서 쫓아내지는 않을 터이니, 안심하라는 뜻이었다. 그러나 그 말 속에는 한 가지 요구가 담겨 있었다. 바로 시어머니인 원경왕후의 전철을 밟지 말라는 암시였다. 조선의 국모는 '고려 여자'들과 달라야 한다는 점, 그리고 친정 가문이 아니라 국가를 위해 모든 것을 희생해야 한다는 강력한 요청이었다.

고려 여자

내가 보기에 시어머니 원경왕후는 전형적인 '고려 여자'였다. 왕건의 부인 유씨, 고려 7대 왕 목종의 어머니 천추태후, 그리고 기황후를 떠올려보면, 고려 여자들은 무엇보다도 가문, 특히 친정을 중심에 두고 생각하는 사람들이었다. 국가는 그다음 순서였다. 그들은 인맥과 재력, 미색, 그리고 필요하다면 외세까지 끌어들여 친정의 위세를 높였다. 나의 시할머니 신덕왕후 강씨 또한 그러한 인물이었다. 무려 스물한 살 연상의 이성계와 인연을 맺은 그녀는 곡산 강씨 강윤성의 딸로, 고려 충혜왕의 총애를 받았던 강윤충이 그녀의 숙부였다. 고려의 제28대 왕 충혜왕은 자신을 위협하는 세력을 물리친 공으로 강윤충을 일등공신에

봉했는데, 《고려사》 패행전 그는 뛰어난 미남이었던 듯하다. 재상 조석견의 아내 장씨는 강윤충의 외모에 반해서 남편이 죽자마자 여종을 그에게 보내 자기 집으로 초청했다. 강윤충이 거절했지만 장씨는 포기하지 않고 세 번이나 더 여종을 보냈다. 마침내 집으로 찾아온 강윤충과 그녀가 깊은 운우의 정을 나누었다는 얘기를, 우리 집에 바느질하러 오던 침모에게 전해 들었다. 《고려사》 열전 구영검 이뿐만 아니라, 충혜왕의 왕비 덕녕궁주 역시 강윤충에게 깊이 매혹되어, 두 사람은 천하에 소문이 자자할 정도로 '부적절한 관계'를 맺었다고도 했다.

강윤충의 외모는 그의 여조카들에게 그대로 전해진 듯하다. 신덕왕후 강씨의 언니 역시 그 미모를 바탕으로 '개경의 성 스캔들'을 일으킨 적이 있다. 남편 신귀가 귀양을 가서 집을 비운 동안, 그녀는 개경의 수많은 고관대작과 간통을 저질렀다. 신덕왕후의 친정 가족은 하나같이 외모가 뛰어났고, 그로 인해 시할아버지 이성계는 미모와 지성을 겸비한 그녀에게 완전히 빠져들 수밖에 없었다.

어렸을 때 들은 바로는, 신덕왕후 강씨 가문은 당대의 명문 거족 및 실세들과의 혼맥을 통해 그들의 권세를 유지했다고 한다. 신덕왕후의 둘째 오빠인 강순룡은 안동 권문의 권한공과 친분이 있었으며, 그 친분을 활용하여 원나라 기황후의 대리인 고용보와 가까워졌다. 신덕왕후의 큰언니가 고용보의 처남인 신귀와 혼인하게 된 배경에도 강순룡의 치밀한 계산이 깔려 있었다. 그리고 강씨 집안이 위기에 처한 후 일어난 일이지만, 당시 국제적으로 명성이 자자한 최고의 무장 이성계를 신덕왕후의 배필로 엮음 역시 곡산 강씨들의 집요한 노력의 결과였다고 외할아버지는 분석하셨다. 이 모든 일은 강씨 집안의 정교한 계획과 끈

질긴 수완이 만들어낸 결실이었다.

이렇게 미모와 혼맥을 통해 승승장구하던 강씨 집안이 곤경에 빠진 것은 공민왕 때였다. 공민왕이 '반원 자주화 정책'을 추진하면서, 부원 세력의 상징인 기씨 세력이 숙청되었고, 그와 함께 신돈이 역적으로 몰리면서 신돈과 인연이 깊었던 신귀도 처형당했다. 이 위기를 극복하기 위해 강씨 집안은 스무 살가량 연상인 이성계와의 정략 결혼을 추진했다. 강씨의 둘째 오빠 강우가 중매 역할을 했는데, 그들은 변방의 군사 실력자 이성계를 포섭하기 위해 집안의 재력과 미색까지 총동원했다는 소문이 세간에 파다했다.

당시 시할아버지 이성계에게도 이 결혼 제안은 솔깃하게 받아들여졌다고 한다. 이미 한씨와 혼인한 상태였던 시할아버지가 강씨 가문의 제안을 받아들인 데는, 우선 강씨가 젊고 총명하며 예쁘기까지 했기 때문이었다. 게다가 이성계에게는 강씨의 본관인 곡산이라는 지리적 이점도 중요한 요소였다. 강씨 집안은 공민왕에 의해 개경에서 밀려나 곡산

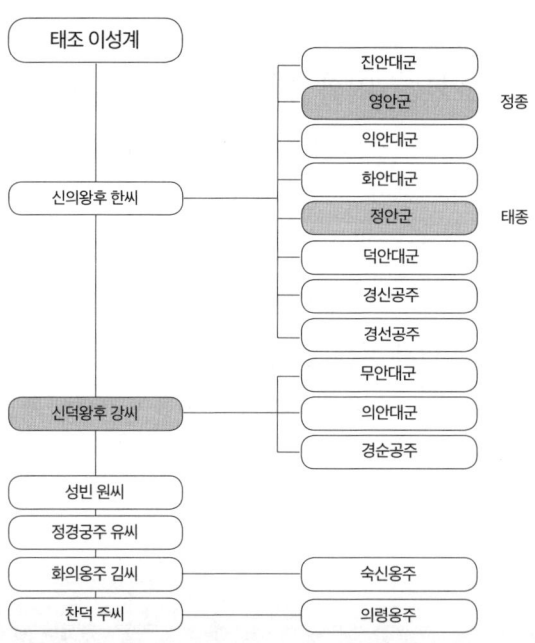

신덕왕후 강씨와 이성계의 가계도

에 거주하게 되었는데, 곡산은 이성계의 근거지인 함흥과 수도 개경의 중간에 위치해 있어 전략적인 위치를 차지하고 있었다. 이성계는 곡산을 중간 기지로 활용할 필요성을 느꼈던 것이다.

시할아버지가 나중에 최영의 신임을 얻어 개경에 입성하면서, 강씨 집안 역시 '중앙'에 재입성할 수 있었다. 고려인들에게 개경은 단순히 수도 이상의 의미를 지녔다. 조정의 정보를 가장 빠르게 접할 수 있는 중심지이자, 귀족 집안들이 서로 교류하고 자녀를 교육하는 중요한 문화적 공간이었다. 따라서 고려인들에게 '경외부처京外付處'는 단순히 지방에 쫓겨남을 넘어서, 귀족계층에서 밀려났다는 치욕적인 의미를 지닌 말이었다. 여하튼, 시할머니 신덕왕후는 대단한 인물이었다. 그녀는 함흥 출신의 무장 이성계를 건국 군주로 세운 인물이었고, 정비正妃인 신의왕후 소생의 여섯 아들을 모두 제치고 자신이 낳은 아들을 세자로 책봉했다.

대단하기로 말하자면 시어머니 원경왕후도 둘째가라면 서러워할 분

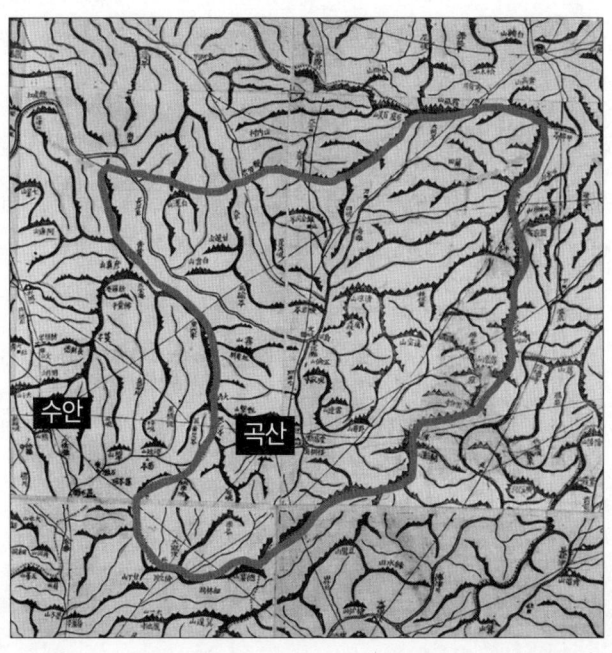

이다. 그녀는 태종 즉위에 결정적 역할을 한 여성이다. 왕위에 오른 직후 시아버지는 '왕비 민씨의 공이 유씨의 제갑(提甲:갑옷을 입힘)보다 크다'고 칭찬했다. 유씨는 왕건의 부인으로, 궁예와의 일전을 망설이던 왕건에게 갑옷을 들어 입히고 나가 싸우도록 한 일로 유명하다. 그 일보다도 왕비 민씨의 공로가 더 크다는 시아버지의 말은 대단한 칭찬이라고 할 수 있다. 그러나 두 분은 후궁을 두는 문제로 자주 격렬히 다투었고, 민무구 사건 이후로 서로를 원수 대하듯 했다. 시어머니는 왕비 자리에 있는 내내 소외되고 고통받았다.

간교한 역사 이성에 휘둘리지 않으려면

돌이켜보면, 이해할 수 없었던 것은 그분(세종)의 태도였다. 시아버지의 언행은 오히려 예측 가능했고, 마음의 준비를 하게 만들었다. 마치 사전 학습의 효과처럼 느껴지기도 했다. 십여 년 전의 그 사건을 떠올려보면, 사태가 어떻게 전개될지 어렴풋이나마 짐작할 수 있었다.

민무구 형제들은 사태의 방향과 목적을 알지 못한 채, 오직 정념의 틈바구니 속에서 움직였다. 그러나 역사는 때때로 희미하게나마 그 방향과 목적을 언뜻언뜻 드러내며 사건을 끌고 간다. 당시에는 아무렇지도 않게 여겨졌던 일이, 실은 엄청난 사건의 실마리였고 역사의 복선이었음을 사람들은 한참이 지나서야 깨닫게 된다.

놀라웠던 것은, 시아버지가 공신과 외척들의 희생을 강요하는 상황을 만들었음에도 불구하고, 정작 본인은 아무런 상처도 입지 않았다는 점이었다. 행위자들은 스스로 발언하고 행동했으며, 결국 공격의 대상이 되어 권력의 소용돌이 속으로 빨려 들어갔다.

그 사태의 전개 과정에는 부정적인 측면이 분명 존재했지만, 다른 한편으로는 긍정적인 면모도 있었다. 사건이 마무리되었을 때, 역사는 이미 새로운 국면으로 옮겨가 있었다. 비극적이었지만, 부조리하지는 않았다. 그분(세종)은 자기 장인인 심온이 죽음에 이르는 순간까지도 어떠한 의견도 내지 않았다. 강상인의 거짓 자백으로 우리 가문이 하루아침에 몰락하는 상황에서도, 일언반구조차 하지 않으셨다. 심지어 박은이 '죄인의 딸을 왕비로 둘 수 없다'며 왕비 폐출을 주장할 때까지도, 그분은 침묵을 지켰다. 그 기간 그분은 거의 매일 시아버지를 찾아 문안드리고, 경연에 참석하며, 성균관에 거동하는 등 일상적인 업무를 수행했다. 몸이 좋지 않은 상태였음에도 부왕 및 신하들의 연회에 참석해 밤늦도록 춤을 추기도 하셨다. 시아버지의 조치를 묵인한 것뿐만 아니라, 동조하거나 승인하고 있다고밖에 볼 수 없는 태도였다.

그렇다고 해서 그분이 나와 내 친정을 무시하거나 그저 냉담하게 대한 것만은 아니었다. 시아버지의 뜻을 거스르지 않는 범위에서, 할 수 있는 최선의 노력을 기울여주었다. 내게 가장 괴로운 일은 어머니의 처지였다. 다른 재상집의 종이 되어 멸시와 고역을 당하고 있을 어머니를 생각하면 밥을 먹어도 목이 메고, 누워도 편히 잠들 수 없었다. 나중에 그분께서 "스스로를 타이르고 삼가는[戒飭]" 사람이라고 나를 칭찬했지만 ²⁸/⁰⁶/⁰⁶ 사실 나로서는 닥쳐오는 고난을 묵묵히 감내하는 길밖에 다른 수가 없었다. 그런 내 마음을 아셨는지 그분께서 1424년(세종 6) 묘안을 내셨다. 지금 생각해보아도 그 방안은 감탄스럽다.

그해 11월 어전회의에서 그분은 여흥부원군 민제 이야기를 꺼냈다. "나의 외조부 민제의 네 아들이 모두 죄로 죽어서 제사를 받들 사람이 없다"면서 민무구의 아들로 하여금 제사를 지내게 하면 어떻겠느냐고 물었다. 그러자 신하들은 "죄는 죄대로 주고 선세先世를 위해 후손을 세워주어야 한다"면서 왕의 말에 찬성했다. 그러자 그분은 "작고한 심덕부도 제사 지낼 사람이 없으니 어떻게 할 것인가"라고 물었다. 이에 대해 신하들은 "심씨는 죄가 중하니 그렇게 할 수 없습니다"라고 대답했다.

민제의 경우와 비교하면 공평하지 않다고 반박할 수 있었는데, 그분은 그 말을 하지 않았다. 대신에 "중궁의 모친이 지척에 있으면서 서로 보지 못한 지 벌써 7년"이라면서 모녀의 정을 생각해서라도 "그 어미로 하여금 궁궐에 들어와 보게 할 수는 없으나, 중궁이 궐 밖으로 나가서 서로 보면 어떻겠느냐"고 제안했다. 그러자 신하들은 예상했던 대로 "(왕비와 죄인 어머니 사이에는) 대의大義가 이미 끊어졌으니 나가서 볼 수는 없습니다"라고 대답했다. 그러자 기다렸다는 듯이 그분은 "중궁이 어려서부터 외조부 안천보의 집에서 자라서 은의가 지극히 누럽다. 지금 안천보가 나이가 많이 들어서 중궁을 보고 싶어 하니, 중궁으로 하여금 그 집에 나가서 보게 하면 어떻겠는가"라고 물었다.

그분은 신하들이 거절하지 못할 틈을 타서 다시 제안했다. "그리고 안천보의 집으로 중궁이 가서 외조부도 만나고 어머니 안씨도 만나게 하면 어떻겠느냐." 그러자 신하들은 마지못해 "그렇게 하면 가하다"라고 대답했다. 차마 반대할 수 없는 분위기를 만들어놓고 신하들의 동의를 이끌어낸 그분의 노련한 화법 덕분에, 나는 7년 만에 어머니를 만날 수 있었다. 외할아버지 안천보는 우리가 그렇게 상봉한 직후 세상을 떠나셨다.

그분을 감동시킨 나의 판단력과 실행력

내가 마냥 그분의 관심과 도움만을 바라고 있었던 것은 아니었다. 때로는 스스로 결단을 내려야 했고, 왕비로서의 책무를 감당해야 했다. 1426년 도성에 큰불이 났을 때가 바로 그랬다. 지금 뒤돌아보면, 그 순간 내가 어떻게 그런 용기를 낼 수 있었는지 나조차도 놀랍기만 하다.

그해는 그분의 재위 8년째, 겨울 추위가 채 가시지 않은 2월이었다. 그분은 강원도 횡성에 머물며 강무를 행하고 계셨고, 도성에는 나와 몇몇 대신들만 남아 있었다. 2월 15일, 점심 무렵이었다. 한성부 남쪽 인순부에서 종 장룡長龍의 집에서 불이 났다는 다급한 보고가 들어왔다. 거센 서북풍을 타고 불길은 순식간에 번져 경시서를 삼키고, 북쪽 행랑의 수백 칸이 불타고 있다는 전갈이 이어졌다.

국가 비상 상황이었다. 통상이라면 정승이나 병조판서가 나서 지휘를 했어야 하나, 영의정 이직李稷과 좌의정 이원李原은 속수무책이었고, 뚜렷한 대책조차 내놓지 못하고 있었다. 군사를 동원해 화재 진압에 나설 병조판서 조말생은 국왕과 함께 횡성 강무장에 있었고, 한성부윤 김소金素 역시 안전 관리 책임자임에도 아무런 조치를 취하지 않고 있었다. 어쩔 수 없이 내가 나서야 했다. 임신 7개월, 만삭의 몸이었지만(3개월 후인 1426년 5월에 여섯째 아들 금성대군을 출산했다), 나는 도성에 남아 있던 대신들과 백관들을 불러 모아 명을 내렸다.[08/02/15] "돈과 식량이 들어 있는 창고는 구제하지 못하더라도, 종묘와 창덕궁만은 반드시 사수하라."

명령을 내리기 전, 나는 잠시 눈을 감고 그분을 떠올렸다. 그분이라면 과연 어떻게 하셨을까. 재물과 식량이냐, 아니면 종묘와 창덕궁이냐. 둘 중 하나를 선택해야만 하는 절체절명의 순간이었다. 머뭇거릴 시간이 없었지만, 평소의 그분을 떠올리며 나는 깊이 생각했다. 건국된 지 겨우 서른 해 남짓한 나라에서, 만약 종묘와 궁궐 같은 국가의 상징이 무너진다면, 백성들의 마음은 더욱 흩어지고 위기를 수습하는 일도 불가능해질 터였다. 그래서 나는 재물보다 상징을 택했다. 궁궐이 보전되어야 그분께서 귀경하시어 백성을 안심시키고 국정을 다시 추스를 수 있을 터였다.

저녁 무렵이 되어서야 큰 불길이 가까스로 잡혔다. 나는 화재 진압에 애쓴 사람들을 불러 모으게 한 뒤 조용히 입을 열었다. "오늘의 재변은 이루 다 말할 수 없지만, 종묘가 온전히 보전된 것만으로도 참으로 다행스러운 일입니다." 그렇게 그들을 위로하고, 모두를 집으로 돌려보냈다. 하지만 위기는 거기서 끝나지 않았다. 그분께서 궂은 날씨 탓에 아직 상경하지 못하고 계시던 중, 다음 날 또 한 번의 화재가 일어났다. 2월 16일 미시未時, 오후 1시에서 3시 사이 전옥서典獄署 서쪽에 사는 대부隊副 정연鄭連의 집에서 불이 난 것이다.

이날은 바람이 유난히 거셌다. 전옥서와 그 주변의 행랑 여덟 칸이 순식간에 불길에 휩싸였고, 마침내 불은 종루鍾樓까지 번졌다. 종루 동쪽 행랑으로 불꽃이 튀면서 인근 200여 호의 민가까지 잿더미가 되었다. 이틀간 이어진 화재로 106칸의 관청 건물과 중부中部의 민가 1,630호, 남부의 350호, 동부의 190호가 불탔고, 32명의 백성이 목숨을 잃었다는 보고를 받았다. 백성들이 겪었을 공포와 상실을 떠올리면 지금도 가슴이 먹먹해진다. 하지만 대낮 도성 한가운데를 휘감았던 불길의 위세를 생각하면, 이 정도의 피해로 그친 게 그저 천만다행일 뿐이었다.

그분께서는 화재 발생 나흘째인 2월 19일이 되어서야 비로소 환궁하실 수 있었다. 도성에 도착하시자마자 어전회의를 열어, 대신들과 백관들의 다양한 의견이 자유롭게 쏟아지도록 하셨다. 그런 뒤 실무자들의 검토를 거쳐 시급한 과제부터 우선 실행하게 하셨다. 그 결과, 금화도감禁火都監이라는 소방 방재기구가 설치되었다. 도성의 도로를 재정비하고 가옥 구조를 개선하는 등의 방안도 마련되었다. 그분께서는 환궁 후, 내가 국가의 상징을 지키고 창덕궁을 보전해두었기에 본인이 당황하지 않고 위기 국면을 수습할 수 있었다며, 따뜻한 말씀으로 치하해주셨다. 그뿐만이 아니었다. 그분께서는 이후 "긴급한 일이 생기면 굳이 행재소로 달려와 아뢰지 말고, 중궁의 명을 받들어 바로 시행하라[承中宮之命 施行]"고 명하셨다.²¹⁾⁰²⁽²¹ 이 말씀이 강원도 철원에서 강무 중이던 시기에 나왔다는 점을 돌이켜보면, 당신께서는 1426년 횡성 강무 중에 벌어진 도성 대화재 당시, 내가 감당했던 역할을 또렷이 기억하고 계셨음을 알 수 있다.

그 화재 진압 이후, 신민들이 나를 대하는 눈빛도 달라졌다. 오랫동안 마음속에 남아 있던 짐, 친정어머니와 가족들의 명예를 되찾을 수 있었던 것도, 어쩌면 그 일이 전환점이 되었던 듯하다. 나에 대한 그분의 칭찬은 아낌이 없었고, 마음 깊이 울림을 주었다. 1432년(세종 14), 그분은 나를 두고 "왕비의 품성이 덕스럽고 부드러우며 아름답다[德柔嘉]"고 하셨다. 또한 "마음가짐이 깊고 고요한 사람[宅心淵靜]이며, 스스로의 마음을 잘 다스릴 줄 아는[自飭] 여성"이라고도 칭찬하셨다.¹⁴⁾⁰⁵⁽¹¹

그로부터 4년 뒤인 1436년(세종 18) 10월, 그분은 자신의 통치를 돌아보며 "왕비의 내조가 큰 힘이 되었다"고 말씀하시며, 내가 "매우 유순할 뿐 아니라 언행이 훌륭하다"고 다시 한번 치하하셨다. 내가 내전에 들거나 나올 때마다 그분은 반드시 자리에서 일어나 맞이하고 배웅해주셨는데, 이는 시아버지를 비롯해 역대 어느 국왕에게서도 보기 어려운 일이었다. 그런 그분의 존중과 신뢰는, 내가 전별연과 양로연 같은 자리를 정성을 다해 주관하며 백성과 기쁨과 어려움을 함께하려 했던 원동력이기도 하다.

훈민정음을 마무리한 청주 초정 행차

나이가 마흔을 넘기면서, 그분은 신하들의 권유를 받아들여 청주 초수리椒水里초정 등 여러 온천을 찾으셨다. 재위 기간 동안 여섯 차례 온천에 행차하셨으며, 짧게는 18일에서 길게는 72일간 머무르셨다. 그분은 타고난 성실함으로, 온천으로 가는 길목에서도, 또 온천에 머무는 동안에도 다양한 국정을 처리하셨다. 예컨대 재위 26년째인 1444년, 초수리를 찾으셨을 때에도 그분은 안질 치료에만 머무르지 않고 여러 국사를 살피셨다.

첫째, 경기도와 황해도, 그리고 인근 충청도 지역의 굶주린 백성들을 위한 긴급 구휼을 지시하셨다. 둘째, 초수리 인근 백성들에게 왕의 행차로 인한 불편을 헤아려 시혜를 베푸셨다. 피해를 입은 토지에 대해선 논 한 짐마다 쌀 5두, 밭 한 짐마다 콩 5두씩 보상하도록 하셨고, 청주 일대의 노인과 효자 김덕숭, 연로한 여산 사람 문을경, 청주 사람 강숙

선(70세)에게는 옷과 식량을 하사하셨다.

셋째는 매우 비밀스럽고 중요한 일이었다. 바로 훈민정음의 마무리 작업이었다. 이 일은 제1차 온천 행차 기간(3월 2일~5월 2일)에 진행되었는데, 훗날 집현전 부제학 최만리의 상소를 통해 그 전모가 알려졌다. 그는 "이번 초수리 거둥 때, 언문과 같은 일은 급하고 기한이 있는 국사도 아닌데, 어찌 행궁까지 가셔서 처리하심으로 옥체를 번거롭게 하십니까?"[26/02/20]라며 정음 창제를 비판했다.

당신께서는 훈민정음 창제 이후의 대책을 논의하기 위해, 당시 3도(충청·경상·전라) 도순찰사였던 정인지 대감을 초정까지 불러들여서 긴밀히 상의하기도 하셨다. 서울에서 290여 리나 떨어진 이 먼 초정椒井까지 몸소 내려오셔서, 지친 몸을 쉬시기보다는 백성들에게 새 글자를 어떻게 전하고, 어떻게 뿌리내리게 할지를 고심하시는 당신의 모습을 지켜보며 나는 말없이 눈시울이 붉어졌다. 그토록 정성을 다하면서도, 단 한 번도 힘들다 하지 않으셨던 당신. 소명이란 것이, 사람을 저토록 뜨겁게도, 기쁘게도, 사무치게도 만드는 것이구나. 그날의 당신은 더없이 아프면서도, 누구보다 단단해 보였다.

1442년(세종 24), 강원도 이천伊川 온천을 찾았을 때의 일이다. 그날 밤, 호위 군사들의 소란스러움에 나는 좀처럼 잠들 수가 없었다. 이를 눈치챈 그분은 내 천막 근처에서 조심스레 음악을 연주하게 하셨다. 그런데 이 일을 두고 언관들이 문제삼았다. 궁궐도 아닌 야외 행궁에서 왕비를 위해 밤늦도록 음악을 공연함은 예에 어긋난다는 것이었다. 그러자 그분께서는 언관을 조용히 부르시고는 이렇게 말씀하셨다. "과인이 천막 주위가 시끄러워 잠을 이루지 못해, 스스로를 달래려 음악을 들은 것인데, 그것도 불가하다는 말인가?" 나 때문이 아니라 당신 자신 때문이라고 말하며, 나를 향한 화살을 당신 앞으로 돌리셨다. 결국 언관조차 더 이상 아무 말도 하지 못했다.

"무슨 일이든, 임금에게 아뢸 때는 전후 상황을 헤아린 다음에, 일이 되게 하는 방향으로 말하라"며 언관을 타이르셨다. 말이 옳다고 해서 다 좋은 것이 아니라는 점, 좋은 뜻도 때로는 일을 그르칠 수 있음을 누구보다 잘 아셨던 분이었다.

젊은 언관들이 늘 전가의 보도처럼 들이대는 말이 있었다. 공자가 자로에게 했다는, "임금을 섬기되 때로는 얼굴을 붉혀서라도 숨김없이 말해야 한다"는 그 말이었다. 말 자체는 더할 나위 없이 훌륭했다. 하지만 실제 조정의 일은 그처럼 단순치 않았다. 언관들의 발언은 정론이긴 했지만, 정작 일을 성사시키는 데 있어서는 번번이 걸림돌이 되곤 했다. 옳은 말이 반드시 옳은 결과를 가져오는 건 아니라는 사실을, 그들은 아직 잘 알지 못했다.

가령 1440년(재위 22) 3월의 어전회의에서 호조참판 고약해가 육기법을 혁파하자고 발언했다가 파면되자, 집현전 부수찬 하위지는 "고약해의 충간忠諫을 꺾으면 강직한 기상을 지닌 자들이 조정에서 자취를 감출 것"이라며 비판했다.

모두가 자기 보전에 급급해지면, 왕에게 강직하게 바른 정치를 권하는 말을 더 이상 입 밖에 내지 않을 것이며, 산림山林의 소박한 논의는 결국 사라질 것이라 했다. 하위지의 이 말은 누구도 부정할 수 없을 만큼 옳았다. 게다가 그분께서는 평소에 "다투듯이 직언하는" 쟁간爭諫을 장려해오셨기에, 조정의 신료들은 과연 임금께서 이 일에 어떻게 응하

실지 숨죽여 지켜보았다.

　만약 하위지의 요청을 받아들여 고약해를 처벌하지 않는다면, 임금을 향해 "소인"이라 부르거나 어전회의 도중 자리에서 벌떡 일어나는 불경한 태도를 용인하는 꼴이 될 터였다. 더구나 고약해가 지방 근무를 기피하려는 사적인 동기로 수령 육기제라는 나라의 제도를 비난했는데, 그 또한 잘못된 선례가 될 위험도 있었다. 그분의 대응은 명확하면서도 단호했다. 고약해의 복귀 요청은 거절하되, 용기 있게 직언한 하위지에게는 술과 음식을 내려 격려하셨다.22/09/17 바른말을 외면하지 않되, 그것이 제도를 무너뜨리는 빌미가 되지 않도록 조율하신 것이다.

　하위지의 상소 중에서 유독 내 마음을 붙든 말은 "산림의 소박한 논의[山林朴野之論]"였다. 언뜻 보면 이 말은 재야 선비들의 꾸밈없는 충정을 일컫는 듯하지만, 나는 이 표현에서 그즈음 언관들의 말하는 풍토가 그 이전과 달라졌음을 읽었다. 그들은 '옳은 말'이라면 어떤 상황이든 마구 던져도 된다고 여겼고, 말이 실제로 어떤 결과를 낳을지는 고려하지 않았다.

경연 중단의 어두운 그림자

그러나 국가의 대사를 논하는 자라면 마땅히 '감고작금鑑古作今' 해야 한다고 당신은 늘 말씀하셨다. "옛날의 성공과 실패를 거울 삼고, 지금의 이롭고 해로운 점을 저울질하여, 새벽부터 밤늦도록 깊이 생각해 마침내 만전의 계책을 내야 한다"17/08/10는 그 말씀. 폐단은 최소화하고 효과는 극대화할 수 있는, 그런 다면적 전략이 나와야 하는 것이다. 수십, 수백 가지 경우의 수를 염두에 두고 말을 해야 하는 자리에서, 단지 옳다는 이유로 강하게만 밀어붙인다면, 그 책임은 누가 질 것인가. 그런 식으로 과연 나라를 다스릴 수 있겠는가?

몇 해 전부터 언관들의 발언이 점점 과격해진 데는 이유가 있었다. 나는 그 변화의 원인으로 '경연의 중단'을 꼽는다. 재위 21년, 곧 1439년 3월부터 당신은 더 이상 경연을 열지 않으셨다. 즉위 두 달째였던 1418년 음력 10월 7일, 첫 경연을 시작하신 이래로 그분은 단 한 번도 경연을 거르지 않으셨다. 경연을 단순한 학문 강론이 아니라 국정 토론의 심장으로 삼아, 재위 기간 동안 무려 1,898회, 매달 다섯 차례 꼴로 경연을 이어오셨다.

그런 당신이 마지막으로 경연을 여신 게 재위 21년 윤2월 16일이다. 그날 이후로 더 이상 경연은 열리지 않았다. 그 변화가 조정 전체에, 그리고 말의 품격과 방향에 어떤 그림자를 드리우게 될지는, 그때는 미처 알지 못했다. 하지만 나는 곧 그 여운을 뼈아프게 체감하게 되었다.

경연 중단의 배경에는 당신의 점점 악화되는 건강, 그리고 세자에게 국정의 무게를 조금씩 넘기려는 뜻이 있었던 것으로 알고 있다. 그러나 아무리 그 결정이 불가피한 것이었다 하더라도, 그 선택은 돌이킬 수 없는 결과를 낳았다. 그동안 결실을 거두어온 숨은 기제를 조용히 무너뜨렸다.

경연 중단은 곧 '말과 일을 엮는 경세經世의 공간'을 대폭 축소시키는 일이었다. 경연은 젊은 집현전 학사들의 고전에 기반한 창의적 제안, 국정을 책임지는 재상들의 경륜, 그리고 왕의 결단력이 어우러져 하나의 정책으로 탄생하던 자리였다. 당신은 그 효과를 누구보다 잘 알고 계셨기에, 언제나 그러한 융합이 자연스럽게 이루어지도록 회의 분위기를 이끌어가셨다. 그런데 그 소중한 자리가 사라진 것이다. 그 여파는 컸다. 원리주의적 성향이 강하고, 왕의 정책에 날 선 비판을 서슴지 않던 지식인들이 조정의 중심에 부상하기 시작했다. 훈민정음 창제에 반대하며 집단 상소에 나섰던 최만리, 신석조, 김문, 정창손, 하위지 등이 그랬다. 청계천 맑은 물 프로젝트를 가로막았던 어효첨과 이계전 또한 그 흐름에 속해 있었다.

뿐만 아니라, 젊은 인재들과의 자유로운 토론을 통해 신선한 아이디어를 발굴하고 이를 실제 정책에 담아내던 황희, 허조, 맹사성 같은 균형 잡힌 재상들이 하나둘 물러나거나 세상을 떠났다. 그 빈자리를 하연처럼 사욕이 앞서는 인물들이 차지했다. 그러자 조정의 분위기가 눈에 띄게 변해버렸다.

이제는 나를 놓아주오

아침에 어의御醫 노중례가 다녀갔다. 제법 화창한 봄날이건만 온몸이 메마른 나뭇가지처럼 뻣뻣하기만 하다. 며칠 전에 이곳 수양대군의 집으로 옮겨오기를 잘한 듯 싶다. 둘째 며느리 윤씨의 보살핌이 살갑다. 큰며느리가 없으니 집안 대소사를 자연히 둘째 며느리와 의논하게 된다. 재작년 상림원에서 옮겨 심은 궁궐 꽃담의 철쭉이 피었다고 수양대군이 전해주었지만 아무런 감흥도 일지 않는다. 몇 해 전 일본국에서 보내온 철쭉을 처음 보았을 때, 그 화려함에 그분과 내가 나란히 서서 얼마나 감탄했었던가. 강희안, 《양화소록》

　재작년 12월, 다섯째 아들 광평대군이 병으로 세상을 떠났고, 불과 한 달 뒤 일곱째 평원대군마저 그 뒤를 따랐다. 하늘은 어찌 이다지도 무심하신가. 스무 살과 열아홉 살, 꽃 같은 두 아들을 내 가슴에 묻게 하시다니. 광평대군보다 한 달 앞서 친정어머니가 먼저 떠나셨다. "어머니는 자식 덕분에 귀하게 된다[母以子貴]" 하였건만, 내 어머니는 나로 인해 평생을 피눈물로 살다 가셨다. 돌아가신 어머니의 운구 앞에서 눈물 한 방울 흘리지 못했다. 오히려 고해苦海와도 같은 인생길을 훌훌 털고 떠나시는 어머니를 보며 '이제야 편히 가시는구나' 하고 안도의 숨을 내쉰 나를, 아마도 하늘이 벌하시나 보다.

　오늘을 넘기기는 아무래도 어려울 듯하다. 손발이 차가워지고, 숨결이 점점 가빠온다. 사람들은 죽음을 앞두면 불안하고 초조하다고들 하던데, 나는 어찌 이리도 평온한가. 어의의 전갈을 들으신 그분께서 급히 오셨다. 문을 열고 들어서시는 순간, 나는 숨을 멈추고 말았다. 부쩍 늙어 보이시는 그 얼굴. 작년 정월, 세자에게 왕위를 물려주려 하셨지만 신하들의 완강한 반대에 뜻을 접으셔야 했다. 그리고 3월, 세자가 병을 이기고 궁궐로 돌아오자마자 이번에는 당신이 몸을 돌보시겠다며 궁 밖으로 나가셨다.

　두 아들이 먼저 떠난 뒤, 우리 가족 머리 위에는 죽음의 그림자가 늘 어른거렸다. 그 그림자, 이제 내가 모두 거두어 가야지. "며칠 전 개기월식이 있었는데, 서운관에서 정확히 예보했답니다." 그분답지 않게 높아진 목소리였다. 오랫동안 공들인 천문역법 사업이 드디어 빛을 보고 있다니, 나도 기뻤다. 작년에 요동에 간 신숙주 등이 훈민정음 일을 마치고 돌아왔다는 소식도 들려주셨다. 시력을 잃어가면서까지 만들어 낸 그 문자. 명나라 학사인들 또한 감탄하지 않겠는가.

정신이 흐릿해지고 눈앞이 아득해졌지만, 나는 애써 미소를 지어드렸다. 이분은 언제나 내게 기쁜 소식만을 전해주려 하셨다. 경기도 이북에 가뭄이 극심하고 그 탓에 도둑이 창궐한다는 소식, 나도 들었다. 그러나 나는 모르는 체했다. 이제는 걱정을 조금 내려놓으셔야 하지 않겠는가.

"지금 49명의 스님이 이곳 주변을 돌며 정근精勤 기도를 하고 있으니 곧 쾌유하실 게요." 분명 언관들의 큰 반대에 부딪히실 터이니 그만두시라고, 제발 그만하시라고 말하고 싶었지만, 목소리는 끝내 밖으로 나오지 않았다. 그대와 자식들의 죽음 앞에서 [······] 내가 할 수 있는 게 아무것도 없다는 [······] 그게 가장 괴롭소." 당신은 조용히 말을 이으셨다. "혹시라도 [······] 내 백성 중에 원통하거나 억울한 이가 있어 하늘의 뜻을 거스른 건 아닐까, 두렵기도 하오. 그래서 [······] 화기和氣를 조금이라도 키워보려 전국에 사면령도 내렸소이다."

지존의 자리에 계시지만, 지금 이 순간엔 한없이 무력한 한 사람일 뿐인 이분을 바라보니, 연민이 밀물처럼 밀려왔다. 그 누구보다 강인한 분인데, 사랑하는 이를 앞에 두고도 지켜줄 수 없어 가슴을 쥐어뜯는 당신을 어찌 위로할 수 있을까.

이제 먼 여행을 떠나려는 나를 보내줄 준비가, 이분은 아직 되어 있지 않으신가 보다. 놓지 못하는 손, 붙잡고 싶은 마음, 그러나 이별은 이미 다가와버렸다. 그날, 풍덕천에서 보았던 그 봄날의 공연이 문득 떠오른다. 해가 지고 있었다. 바람결에 실린 피리 소리가 아련히 귓가를 스치던, 그 아름다운 황혼처럼.

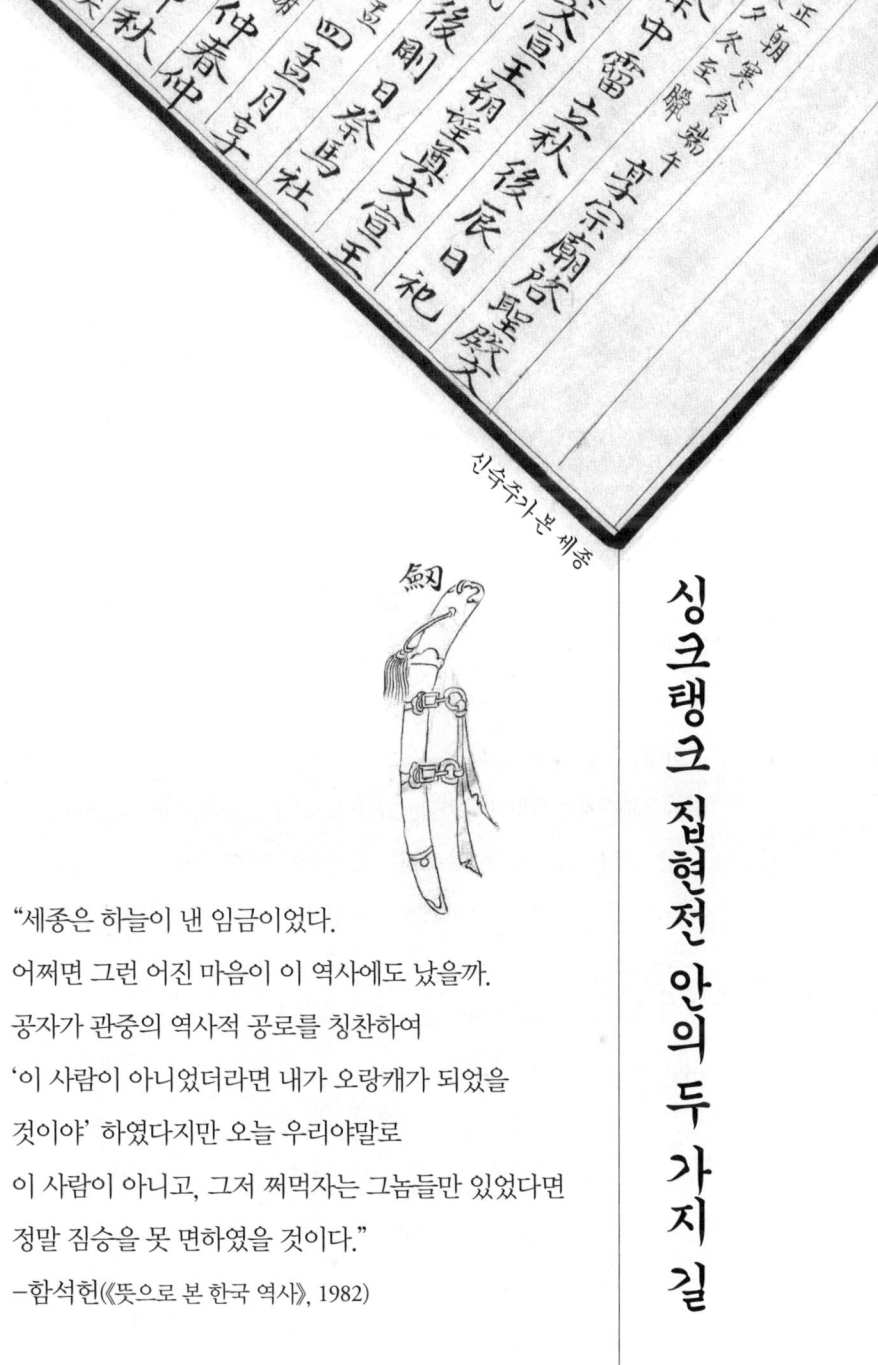

신숙주가 본 세종

싱크탱크 집현전 안의 두 가지 길

"세종은 하늘이 낸 임금이었다.
어쩌면 그런 어진 마음이 이 역사에도 났을까.
공자가 관중의 역사적 공로를 칭찬하여
'이 사람이 아니었더라면 내가 오랑캐가 되었을
것이야' 하였다지만 오늘 우리야말로
이 사람이 아니고, 그저 쩌먹자는 그놈들만 있었다면
정말 짐승을 못 면하였을 것이다."
—함석헌《뜻으로 본 한국 역사》, 1982)

신숙주

보한재(保閑齋) 신숙주(申叔舟)(1417~1475)는 성삼문과 대조적인 평가를 받는 인물이다. 성삼문 등 사육신이 절개를 지킨 충신인 데 반해 신숙주는 권력의 추이에 따라 태도를 바꾼 변절자('숙주나물')라는 평이 그것이다. 하지만 그는 세종 치세의 핵심 인물이었다. 1439년(세종 21) 문과에 급제한 이후 성삼문 등과 함께 집현전의 주요 멤버였고, 1442년에는 서장관으로 일본에 다녀와 《해동제국기(海東諸國記)》를 남겼다. 훈민정음을 창제할 때는 성삼문과 더불어 요동을 열세 차례나 왕래했다. 당시 유배 중이던 명나라 한림학사 황찬(黃瓚)의 도움을 얻으려고 요동에 찾았을 때 언어학자인 황찬은 그의 뛰어난 이해력에 감탄하였다. 1452년(문종 2) 수양대군이 명나라에 갈 때 그는 서장관으로 수양을 따라갔는데, 이때 두 사람의 유대가 맺어졌다. 1453년 수양대군이 '계유정난'을 일으켰을 때 외직에 나가 있었으나, 수충협책정난공신 2등에 책훈되고, 곧 도승지에 올랐다. 1457년 좌찬성을 거쳐 우의정에 오르고 1459년에는 좌의정에 이르렀다. 이 무렵 동북 방면에 여진족의 침입이 잦았는데, 신숙주는 1460년에 강원도와 함길도의 도체찰사로 여진족 정벌을 위한 출정길에 오르기도 했다. 1475년(성종 6)에 사망했는데, 일찍이 세조는 "당 태종에게는 위징, 나에게는 신숙주"라고 말하곤 했다. 신숙주가 세조의 명을 받아 여진 정벌에 나가서 지은 시 한 수를 소개한다.

오랑캐 땅에 서리 내려 변방이 차가운데	虜中霜落塞垣寒
철기 타고 백 리 사이를 누비고 다녔노라	鐵騎縱橫百里間
밤새 싸움은 그치지 않아 날이 새려 하는데	夜戰未休天欲曉
누워 하늘 바라보니 별들이 많이도 얽혀 있구나	臥看星斗正闌干

"네가 어떻게 그 말씀을 잊을 수 있단 말이냐?"
 두 손을 오랏줄로 묶인 채 이미 만신창이가 된 성삼문이 나를 쏘아보며 던진 한마디였다. 시뻘겋게 달궈진 쇳조각이 배꼽 위에서 지글지글 끓는 상태에서도 그는 태연히 "다시 달구어 오라. 나으리의 형벌이 참으로 독하다"며 독기를 부렸다. 그의 허벅지는 쇠꼬챙이로 뚫린 지 오래고, 팔도 이미 끊어진 상태였다. 하지만 도승지로서 주상(세조) 앞에 입시해 있는 내게 던진 그 한마디는 쇠꼬챙이보다 더 깊숙이 내 가슴을 뚫고 들어왔다.
 "옛날에 너와 더불어 집현전에 숙직할 때 영릉英陵(세종)께서 원손元孫(단종)을 안고 뜰을 거닐며 말씀하지 않으셨더냐. '내가 죽은 뒤라도 너희들은 이 아이를 잘 돌보라'는 그 말씀이 아직 귀에 쟁쟁하거늘, 네가 이토록 악할 줄 미처 몰랐다."이긍익, 《연려실기술》 단종조 고사본말, 396
 "도승지는 뒤편으로 피하라."
 곤혹스런 처지에서 나를 구해주려는 주상의 배려였다. 하지만 나는 그때 그 자리에서 매죽헌梅竹軒(성삼문의 호)에게 따져 묻고 싶었다. 세종께서 '잘 돌보라'는 말씀이 꼭 왕위에 앉혀놓으라는 말씀이었는지를. 오히려 당신 사후에, 또는 2년이 지난 뒤에 문종께서 훙薨하셨을 때, 사직을 보존할 수 있는 분에게 왕위를 돌렸어야 하지 않았느냐고. 세종께서도 돌아가시기 직전에 "임금과 세자에게 유고가 있을 시 반드시 왕자가 섭정하라"³²/⁰¹/¹⁸고 말씀하지 않으셨던가. 그런데 문종께서 승하하셨을 때 김종서 등은 '유훈'을 어기고 왕자, 곧 수양대군이 아닌 혜빈 양씨楊氏(세종의 후궁. 나중에 '단종 복위 사건'에 연루되어 처벌됨)를 내세워 세자(나중의 단종)을 옹립하게 하지 않았던가.《문종실록》 02/05/14 우여곡절 끝에 단종조에 이르러서 수양께서 섭정하게 되셨지만, 처음에 잘못 끼운 단추는 두고두고 문제를 일으켰다.

세종의 진의는 무엇이었나?

오히려 안타까운 것은 박팽년이었다. 그는 나와 동갑내기로(1417년생) 평소 조용하면서도 강직한 성품을 지녀 주위의 존경을 한몸에 받았다. 25세 때(세종 24, 1442) 삼각산 진관사에서 박팽년과 나 그리고 한 살 연하의 성삼문이 왕명을 받들어 사가독서賜暇讀書(유능한 젊은 관료들에게 휴가를 주어 독서에 전념하게 하던 제도)를 할 때, 우리는 틈만 나면 시를 주고받았다.

성삼문이 "이 몸이 죽어가서 무엇이 될고 하니 / 봉래산 제일봉에 낙락장송 되었다가 / 백설이 만건곤할 제 독야청청하리라" 하면, 박팽년은 "금생여수金生麗水라 한들 물마다 금이 나며 / 옥출곤강玉出崑崗이라 한들 뫼마다 옥이 나랴 / 아무리 여필종부女必從夫라 한들 임마다 좇을 소냐"《추강집》라고 받는 식이었다.

하지만 내 생각은 달랐다. 선비의 절개와 지조도 중요하지만 무엇을 향한 절개요 지조냐가 더욱 중요했다. 태조께서 세우시고, 태종과 세종에 이르러 기초가 닦인 이 조선 왕조를 반석 위에 얹어놓는 일이 무엇보다 중요했다. 그런데 지금은 간사한 환관들이 힘을 얻고 더벅머리 선비들이 국정을 좌우하는 형국, 즉 "뱀을 손으로 움켜쥐고 호랑이 등에 올라 탄 것과 같은 위태로운 형세"신숙주,《제고화병십이절》가 아닌가. 무엇보다도 세종께서 물려주신 "팔진도八陣圖(유비와 제갈량이 이룩한 위업을 상징)"를 잘 계승하는 일이 가장 중요하지 않은가. "불 꺼질 듯 한나라 지킬 수 없었는데 / 위험한 때 당하여 명 받잡고 자기 한몸 잊었네 / 사람을 논함에 꼭 성패를 따질 게 아니니 / 천고에 아직도 팔진도가 전해지고 있으니."신숙주,《제갈량》

그 점에서 나의 조부 신포시申包翅의 판단은 옳았다. 조부께서는 끝내 고려에 대한 절의를 지킨 성삼문의 할아버지 성인보와 다른 길을 걸으셨다. 조부께서는 고려가 망했을 때 잠시 은거했지만 세종께서 크게 인정을 베풀자 다시 출사하셨다. 이미 고려 왕조의 운수가 다했고, 그보다 더 뛰어난 왕조가 탄생했는데, 굳이 왕씨 가문에 절의를 지킨다는 것은 '독야청청한다'는 허명을 위한 일일 뿐이다. 그것은 적어도 내가 배운 바 "어짊과 베풂을 선무로 생각해야 하는" 군자의 모습은 아니었다. 모름지기 군자라면 "얼음 깨고 펄펄 뛰는 잉어를 얻는" 것과 같은 기상과 "성은聖恩의 시절을 위해 마음을 다 바치는" 충성된 존재여야 한다는 게 내 생각이었다.^{신숙주, 《보한재집》 권12; 권9}

김종서 대감과의 인연, 그 시작과 끝

기상과 충성으로 말하자면 사실 김종서 대감만 한 인물도 없었다. 그는 불의를 보면 참지 못했고, 7년 동안의 함길도 근무에서 보듯이 성은에 대한 충성심이 누구보다 뛰어났다. 김종서 대감은 특히 6진을 개척했을 뿐만 아니라, 세종 임금의 지시를 받아 "오랑캐의 침입을 막아낼 방략"을 입안한 것에서 보듯이 뛰어난 군사 전략가이기도 했다. 조선 건국기의 북방 방위 전략은 수비 위주의 '주진군主鎭君 체제'에서, 공격과 수비를 병행할 수 있는 '익군翼軍 체제'로의 전환에 초점을 두고 있었다. 이에 비해 세종 임금 때 만들어진 방략은—나중에 '제승방략制勝方略'이라는 이름을 얻게 되는—익군 체제에 공격 편제를 보다 강화해서 '적을 제압해 승리를 거두는[制勝]' 방략 체제라는 점에 특징이 있다.^{김구진 외, 《제승방략의 북방방어체제》, 1999, 15쪽}

1439년(세종 21) 7월에 북방 오랑캐의 침입에 "대응할 방략을 자세히 갖추어 보고하라"^{21/07/21}는 세종 임금의 하명이 내려왔다. 당시 함길도 도절제사였던 김종서 대감과 김 대감의 종사관이었던 나는 6진의 지리·지형을 연구해 그에 적합한 방략을 고안해 올렸다. 그것은 종래의 열진방어列鎭防禦 태세 외에 6진 대군분大軍分과 3고을 분군[三邑分軍]

이라는 공격 전술이 추가된 것이었다. 이 중에서 6진 대군분 편제는 큰 강(두만강, 압록강)을 넘어 오랑캐 지역을 공격할 때 사용되는 작전 지침이었다. 이에 비해 3고을 분군 편제는 조선의 정벌군이 만주에 투입되었을 때, 전방의 정벌군을 계속 지원하거나 다른 오랑캐들이 후방 지역을 침입하지 못하도록 하는 작전 지침이었다(물론 6진 대군분 편제가 6진의 토착 군사를 5위로 구성해 총동원하는 작전으로 이용되기도 하고, 3고을 체제가 3고을 정도의 군사를 동원해 적을 공격하는 소형 작전으로 응용되기도 했다). 김구진 외,《제승방략의 북방방어체제》

무엇보다도 이 체제는 거미줄처럼 세밀한 연락망과 파수 및 복병, 그리고 조정까지 긴급히 적변을 알리는 봉화 체제를 그 생명으로 하고 있었다. 파저강 정벌에서 보듯이, 유사시에 조정에 긴급 연락하여 정벌군이 출동되도록 하는 것이 중요했기 때문이다.

"비록 지친至親과 자제라 하더라도 이 방략에 대해서는 완전히 비밀로 하라"19/03/11는 세종 임금의 특별 전지에서 보듯이, 이 제승방략은 중대한 국가 기밀이었다. 그리고 내 스스로 이 방략을 구사해본 바에 따르면, 수비와 공격을 유연하게 전개하는 데 있어 매우 효과적이었다. 즉, 1460년(세조 6) 7월에 오랑캐 낭볼칸[浪孛兒罕]이 침입해왔을 때 주상께서는 나를 함길도 도체찰사(지방에 군란이 있을 때 임금을 대신하여 그곳에 가서 일반 군무를 맡아보던 벼슬)로 임명하면서 이 방략을 직접 내려주셨다. 당시 나는 대군분 편제에 따라 함길도의 토착 군사 1만 2,800명을 동원했었다. 거기에 강원도 등의 군사까지 합세시켜 기병 다수로 구성된 혼합 군사 편제를 짰었다.《세조실록》 06/09/11

물론 무장이 아닌 내가 이처럼 성공적으로 작전을 지휘할 수 있었던 것은 온전히 김종서 대감 덕분이었다. 김 대감은 6진을 개척하면서 조정 대신들의 반대를 무릅쓰고 나와 함께 북변의 정황을 세밀히 조사해서 세종께 보고하곤 했다. 그 보고서를 만들 때 김 대감이 빠르게 구술하면 내가 붓을 잡고 즉시 받아 적곤 했다. 김 대감은 그 글을 보고서 "내 문장도 내가 실로 자부하는 바이지만, 그대의 글 재주 또한 쉽게 얻기 어려운 문장"이라고 칭찬하곤 하셨다. 《연려실기술》 권3, 세종조 고사본

이처럼 문무를 겸비하고 국가에 대한 충성심이 충일된 김종서 대감이야말로 내가 존경하는 분이었다. 하지만 문종 임금이 즉위한 다음부터 우리의 신뢰는 무너지고 있었다. 서로가 선택한 주군이 달랐기 때문이었다.

장부는 사직을 위해서 죽을 수도 있는 것 아닌가

"신수찬申修撰!" 귀에 익은 목소리가 들리는 쪽으로 고개를 돌렸다. 수양대군께서 빙긋이 웃으며 "어찌 집 앞을 지나면서 들어오지도 않는 겐가"라고 말했다. 마침 정수충과 술자리를 베풀고 있던 수양대군은 내게 잔을 권하면서 대뜸 "사람이 죽지 않으려는 게 인지상정이지만, 사직을 위해서는 죽을 수도 있는 것 아닌가"라고 물으셨다. 《단종실록》 00/08/10 '사직을 위해서 죽을 수도 있다'는 그 말씀, 근래 수양께서 자주 애용하는 표현이었다. 수양대군은 의정부가 황보인·김종서·정분의 차지가 되고, 시문에 뛰어난 안평대군에게 인심이 쏠리면서 자신과 함께 '사직을 위해 죽을' 동지를 규합하는 데 힘을 쏟고 계셨다. 나는 직감적

으로 선택의 때가 왔음을 느꼈다.

세종 임금께서 "신숙주는 큰 일을 맡길 만한 사람"《문종실록》01/08/05이라고 칭찬을 하신 때문인지, 이미 양측에서 여러 차례 제의가 들어왔었다. 하지만 이번처럼 '세력'의 최고실력자가 '함께 죽을 수도 있지 않은가'라면서 직접 제의를 한 적은 없었다. 나는 약간의 뜸을 들인 다음 작지만 단호한 어조로 말했다.

"장부로 태어나 아녀자의 수중에서 편히 죽는다면 그것 역시 세상물정 모르는[在家不知] 자 아니겠습니까."

그렇다! 인생에서 선택할 수 있는 기회가 자주 오는 것은 아니다. 물론 나의 선택이 잘 된 것인지는 알 수 없는 상황이었다. 특히 그때처럼 상대적으로 열세인 세력과 손을 잡을 때는 운명 그 자체에 미래를 맡길 수밖에 없다. 다만 내가 '역사의 방향'으로 가고 있다고 스스로 타이를 뿐. 이런 복잡한 생각을 하고 있는 내게 대군께서는 선뜻 "그러면 중국에 함께 가자"고 제안하셨다.《단종실록》00/08/10

수양대군이 '중국행'을 결단한 것은 결과적으로 탁월한 선택이었다. 물론 집현전 교리 권람과 같은 사람은 자칫 시기를 놓칠 것을 우려하여 극구 반대했었다. 하지만 수양대군은 "안평이 나의 적수가 못 되고, 황보인·김종서도 또한 호걸이 아니니 (내가 중국에 가 있는 사이에) 함부로 움직이지 못할 것이다. 임금(단종)만 보호하면 아무 탈이 없을 거"라고 말했다.《단종실록》00/09/10 수양대군은 물론 나름대로 대책을 세워놓았다. 즉 황보인의 아들 황보석과 김종서의 아들 김승규를 함께 데려가기로 한 것이다. 그런데 수양대군의 호기로운 결정은 그 당시 인사권을 쥐고 흔들며 갖가지 구설수에 올랐던 김종서 대감과 대조가 되어 인심을 많이 얻는 결과가 되었다.

　권근의 손자 권람은 문과에 급제했을 뿐만 아니라, 집현전에서 《역대병요歷代兵要》의 음주音註를 수양대군과 함께 편찬하면서 가까운 사이가 되었다. 그리고 그는 수양께서 "나의 장자방張子房(장량)"이라고 칭했던 한명회를 우리 쪽으로 끌어들였는데, 이는 결정적인 전환점이 되었다. 평소 "수양대군이 비록 제세濟世의 재능이 있지만, 개인적으로 친분을 맺은 세력이 없어서 필부와 같다"《단종실록》00/07/28고 보았던 한명회는 수양을 만난 다음부터 갖은 계책을 내놓고 다양한 인물들을 끌어 모았기 때문이다.

　한명회는 특히 무인과 장사들을 끌어 모으는 재주가 있었다. 그는 일찍이 부모를 여의고 불우한 어린 시절을 보낸 탓에 번번이 과거에 떨어졌다. 다행히 관포지교管鮑之交로 지내던 권람의 추천으로 한명회는 수양대군을 만났고 홍달손·양정 등 무인 30여 명을 우리 쪽으로 끌고 왔다. 사병을 금지하는 국법이 있었지만, 시절이 하수상하다보니 안평대군을 비롯해 김종서 등 이른바 '요인'들은 모두 무인과 장수를 개인적으로 거느리고 있었다. 따라서 언제 누가 선수先手를 쓸지 모르는 상황에서 홍달손 등을 우리 편으로 만든 것은 호위를 위해서도 무척이나 다행스런 일이었다.

　"역대의 왕조는 그 수명이 짧기도 하고 길기도 했지만, 모두 하나같이 말엽의 임금이 사람을 잘못 썼다는 공통점이 있다."

　수양대군께서 한명회를 만났을 때 하신 말씀이다. "다행히 주상(단종)께서는 비록 나이 어리시지만 큰 도량이 있으니, 잘 보좌하기만 한다면 족히 수성守成을 이룰 수 있을 것이다. 다만 한스런 것은 대신이 간사하여 어린 임금을 부탁할 수 없으며, 또 도리어 두 마음을 품어 선왕의 뜻을 저버리려 하고 있다."

근래 부쩍 잦아지는 김종서 일파의 비밀 회동과 안평대군의 오만한 거동을 지적한 말이었다. 한명회가 이 자리에서 말한 것처럼 "안평대군이 대신들과 결탁하여 장차 불궤不軌를 도모하려는 것은 길 가는 사람도 다 아는 일"이었다. 하지만 워낙에 비밀리에 진행되는 일이라서 그들의 "정상을 뒤밟아 그 역모를 드러낼 수 없다"는 점이 문제였다. 《단종실록》 01/03/21

계유정난, 그 길고 긴 하루

1453년(단종 1) 10월 10일. 마침내 '거사일'이 되었다. 그보다 먼저 10월 2일에 황보인이 "공公(수양대군)이 거사하려고 한다는 것을 듣고 김종서에게 비밀 편지를 보낸" 사실이 알려졌다. 안평대군의 심복인 조번을 한명회가 공들여 매수한 덕분에 우리는 그쪽의 동향을 훤히 꿰뚫어보고 있었다. 다행히도 김종서는 황보인의 편지에 대해 "큰 호랑이(수양대군)가 비록 (선수를 치려는) 우리의 계획을 알았더라도 어찌할 수 있겠소"라며 느긋한 반응을 보였다. 이에 수양께서는 "10일 안에만 거사하면 성공할 수 있다"고 말씀하셨다. 저들이 모여서 회의하는 데 3일, 대책을 마련하는 데 3일, 그리고 약속하는 데 3일이 걸릴 것이니 "최소한 8, 9일은 걸릴 것"이라는 판단이었다. 《단종실록》 01/10/02

따라서 우리의 '거사일'은 8일째 되는 10월 10일로 잡혔다. 새벽에

공(수양대군)께서 권람·한명회·홍달손을 불러서 말했다.

"오늘은 요망한 도적을 소탕하여 종사를 편안히 하려고 한다. 내가 깊이 생각해보니, 간당奸黨 중에서 가장 간사하고 교활한 자로는 김종서 같은 자가 없다. 저 자가 만일 먼저 알면 일이 성사되지 못할 것이다. 내가 한두 역사力士를 거느리고 곧장 그의 집으로 가서 선 자리에서 베고 알리겠다."

공은 권람 등과 약속한 대로 궁궐 후원에서 무사들을 모아 활쏘기를 하고 술자리를 베풀었다. 해가 저물자 공은 멀찍감치 무사들을 이끌고 후원 송정松亭에 이르러 말했다.

"지금 간신 김종서 등이 권세를 희롱하고 군상君上을 무시하며 비밀히 이용(안평대군)에게 붙어서 장차 불궤한 짓을 도모하려 한다. 이것들을 베어 없애서 종사를 편안히 하고자 하는 데 어떠한가?"

이 말이 끝나자 다들 의혹스런 분위기에 휩싸였다. 송석손 등이 겨우 나서서 "마땅히 먼저 주상께 아뢰어야 한다"고 말했다. 또 다른 자들은 "증거가 있는 것도 아닌데 어떻게 그럴 수 있느냐"고 반대하기도 했다. 이처럼 "의논이 분분하여 혹은 북문을 따라 도망치듯 나가는 자도 있었다." 그러자 수양대군은 옆에 있던 한명회에게 "반대하는 사람이 이렇게 많으니 어떻게 하면 좋겠는가?"라고 물었다. 한명회가 단호하게 대답했다.

"길 옆에 집을 지으면 3년을 지어도 이루지 못하는 법입니다. 작은 일도 그러한데 하물며 큰일이겠습니까? 일에는 역과 순이 있는데, 순으로 움직이면 어디를 간들 이루지 못하겠습니까? 모의가 이미 먼저 정해졌으니, 지금 의논이 비록 통일되지 않더라도 그만둘 수 있습니까? 청컨대 공公이 먼저 일어나면 따르지 않을 자가 없을 것입니다."

옆에 있던 홍윤성 역시 "군사를 쓰는 데에 해가 되는 것은 이럴까 저럴까 결단 못함이 가장 큽니다. 지금 사기事機가 심히 급박한데, 만일 여러 사람의 의논을 따른다면 일은 다 어그러집니다"라고 결단을 촉구했다.

하지만 여전히 송석손 등은 수양대군의 옷을 끌어당기면서 여러 차례 주상께 먼저 알릴 것을 청했다. 그러자 공이 화를 내면서 말했다.

"너희들은 다 가서 먼저 고하라. 나는 너희들을 의지하지 않겠다."

마침내 공이 일어서서 말리는 자를 발로 차면서 하늘을 가리켜 맹세했다.

"지금 내 한몸에 종사의 이해가 달렸으니, 운명을 하늘에 맡긴다. 장부가 죽으면 사직에 죽을 뿐이다. 따를 자는 따르고 갈 자는 가라. 나는 너희들에게 강요하지 않겠다. 만일 고집하여 사기를 그르치는 자가 있으면 먼저 베고 나가겠다. 빠른 우레에는 미처 귀도 가리지 못하는 법이다. 군사에는 신속함이 제일 귀하다. 내가 곧 간흉을 베어 없앨 것이니, 누가 감히 어기겠는가?"

드디어 공이 중문으로 나오자 부인(나중의 정희왕후 윤씨)께서 갑옷을 가져와 손수 입혀드렸다. 갑옷을 입은 공은 단기單騎로 가동家僮 임어을운林於乙云만을 대동한 채 김종서의 집으로 갔다.

수양대군이 김종서의 집 동구에 이르렀을 때였다. 김 대감의 집앞에 무사 세 사람이 무기를 가지고 서로 귀엣말을 하고 있었다. 또 무장한 말을 탄 30여 인이 길 좌우에 늘어서서 "이 말을 타고 적을 쏘면 어찌 화살 하나로 죽이지 못할 쏘냐"라고 위협하듯 말했다. 이에 수양대군은 웃으면서 "너희들은 누구냐"고 묻자 그들은 방심하여 흩어져 갔다. 이때 김종서는 역사들을 불러 모아 음식을 먹이고 무기를 정비하고 있었다. 수양대군이 도착하자 그는 사람을 시켜 담 위에서 엿보게 하면서 "사람이 적으면 나아가 접하고, 많으면 쏘라"고 지시했는데, 엿보는 자가 "적습니다"라고 말하자 칼 두어 자루를 뽑아 벽 사이에 걸어놓고 나왔다. 그때부터 미복微服(허름한 옷)을 입고 뒤따라오던 양정과 유서가 칼과 활을 숨기고 공을 수행하기 시작했다.

수양대군이 김종서 대감의 집에 이르니 아들 김승규—수양과 함께 명나라에 다녀온—가 다른 사람들과 얘기를 하다가 수양을 보고 인사를 했다. 김승규가 집에 들어가 수양이 좀 보기를 청한다고 김종서에게 말했다. 김종서는 한참 만에 나와서 수양에게 들어오기를 청했다. 공이 "해가 저물었으니 문에는 들어가지 못하겠고, 다만 한 가지 청할 게 있어 왔습니다"라고 말했다. 김종서가 두세 번 더 들어오기를 청했으나, 수양은 끝내 거절했다. 이에 김 대감이 부득이 앞으로 나왔다. 그때 수양은 마침 자신의 사모紗帽의 뿔이 떨어진 것을 발견하고 웃으며 "정승의 사모 뿔 좀 빌립시다"라고 말했다. 그러자 김종서가 창황히 사모 뿔을 빼서 주었다. 아마도 청할 것이 사모 뿔이라고 생각한 듯했다. 잠시 긴장이 누그러진 상태에서 수양이 말했다.

"종부시에서 영응대군의 부인을 탄핵하려고 하는데 정승께서 그 일을 지휘하십니까?"

말하는 도중에 가동 임어을운이 앞으로 나오려 했다. 그러자 수양이 그를 꾸짖어 물리쳤다. 김종서 대감은 하늘을 쳐다보면서 말이 없었다. 그 자리에서 함께 김승규와 얘기를 나누던 사람들도 꼼짝 않고 서 있었다. 수양이 그들에게 "비밀한 부탁이 있으니 너희들은 좀 물러가라"고 말하자, 그들은 마지못해 멀찍이 물러섰다. 수양은 "부탁을 드리는 편지가 있습니다"라고 하면서 양정이 들고 있는 편지를 김종서에게 전했다. 김종서가 편지를 받아 물러서 달빛에 비춰보는데, 수양의 독촉을 받은 임어을운이 철퇴로 그를 내리쳤다. 그러자 옆에 있던 김승규가 깜짝 놀라 아버지 위에 엎드렸다. 뒤따라오던 양정이 칼을 뽑아 내리쳤다(이날 김종서는 다시 깨어나서 김승벽의 처가에 숨었다가 다음 날 양정 등에 의해 살해되었다).《단종실록》01/10/10

정치 세계의 비정함과 좋은 울타리

그날 밤 사이에 벌어진 참혹한 일들은 불과 14개월 전 나의 선택이 어떤 것이었는지를 비로소 알게 해주었다. 내가 김종서 대감과의 인연으로 '그 편'이 되었더라면 나는 "네 겹으로 둘러싸인 문"들을 지나다가 '제3문쯤'에서 철퇴에 맞아죽었을 것이다. 아니 집현전 뒤편의 경회루 어디쯤에서 베임을 당했을지도 모르겠다. 우연히도 나는 그때 수양대군 집 앞을 지나갔고, 술잔을 받았으며, '사직을 위해 죽을 수도 있다'는 의기에 투합했다. 성삼문과 박팽년과 같은 집현전의 "오랜 벗들[舊友]"도 비슷한 생각인 듯했다. 물론 우리들은 "황보인皇甫仁은 나약하고 김종서는 전횡專橫하고 정분鄭苯(문종의 고명대신 가운데 한 사람으로 우의정을 지냈으며 계유정난으로 낙안에 안치되었다가 죽음을 당했다)은 억눌린다."《단종실록》01/06/28면서 김종서의 권력 남용을 비판했다. 심지어《세종실록》을 편찬하는 과정에서 자신의 역할을 미화하려는 그를 보면서 그 옛날 사헌부 관리로서 불의에 항거하던 그 사람인가 회의(懷疑)하기도 했다.

하지만 이건 아니었다. 제아무리 정치 세계가 비정하고 권력은 냉혹한 것이라 해도 함께 '수성의 치세'를 일궈왔던 동료에 대해서 이렇게 해서는 안 된다는 게 우리의 생각이었다. 그날 이후 우리는 말을 잃었다. 그 활발하던 집현전의 분위기도 냉랭하기 그지없는 거대한 책 창고로 변하고 말았다.

이내 몸은 맡겨진 것 같으니
명을 따르며 스스로 편안해 하리
내 마음 이와 같으니
죽고 사는 것을 뉘라서 어렵다 하랴
인생에 누군들 근심 없으랴만
걱정 생기면 술마시고 풀어버린다……
(성삼문)

세상 만사 정신을 뒤흔들어 늘상 고단하기만 하니
다만 꿈속으로 돌아가 쉴 만한 곳
그런데 쉰다 해도 돌아갈 곳 알지 못한다면
뉘라 능히 다시 도원 골짜기 들어갈 수 있겠나
(신숙주)

삶과 죽음이 순간의 선택에 달려 있고, 우리의 몸은 이미 누군가의 손에 맡겨져 있으며, 이제 다시 '도원 골짜기'로 돌아갈 수 없는 우리의 처지를 함께 슬퍼하며 술이나 마실 수밖에 없었다. 집현전에서 함께 밤을 새워가며 토론하고 어진 임금께 정책을 제안하던 일들이 문득 꿈만 같이 느껴진다. 좋은 울타리 안에서 서로를 경쟁적으로 자극하면서 논쟁하며 겨루었다. 함께 친구가 될 수 있었던 시절이 불과 엊그제 아니던가.

집현전은 바로 그런 곳이었다. 그곳에서 우리는 참으로 많은 일들을 했다. 세종 임금의 명을 받아 훈민정음을 해석하고 범례凡例를 짓는 일과 《운회韻會》를 언문으로 번역하는 일도 함께했다.26/02/16; 28/09/19 집현전 안의 노학자들은 훈민정음을 만드는 일이 "대국을 섬기고 중화를 사모하는 데 부끄럽다"고 보았다.26/02/20 하지만 내 생각은 달랐다.

"대개 지세가 다르면 풍습과 기질이 다르며, 풍습과 기질이 다르면 호흡도 다를 수밖에 없다.……우리나라는 안팎 강산이 저절로 하나의 구역을 이루어 풍습과 기질이 이미 중국과 다르니 어찌 호흡이 중국과 동일하겠는가."29/09/29

말하자면 중국과는 풍습과 기질이 다르고 호흡을 달리하는 우리나라가 따로 문자를 갖는 것은 당연한 일이었다.

물론 언문 창제 사실이 중국에 전해지면 자칫 외교적 문제로 비화할 수도 있었다. 세종께서 공들여 쌓은 조선에 대한 신뢰가 무너질 수도 있었다. 하지만 그 때문에 "이제 따로 언

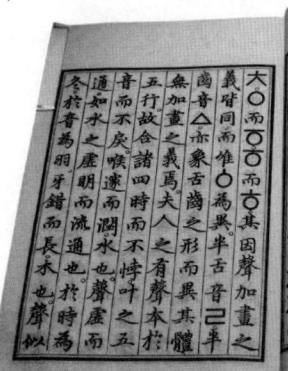

문을 만듦은 중국을 버리고 스스로 이적夷狄과 같아지려는 것"(최만리)이라고 매도함은 지나친 일이었다. 내가 성삼문과 함께 당시 유배 중이던 명나라 한림학사 황찬의 도움을 얻기 위해 요동을 열세 차례나 왕래하면서 알게 된 사실은 주변 국가들이 모두 고유한 문자를 가지고 있다는 사실이었다. 우리가 이적이라고 얕보는 거란(920~924)과 서하(1036), 여진(大字는 1119, 小字는 1138)과 일본조차도 자국의 언어로 대화하며 자국의 문자로 정사政事를 기록하고 있었다. 이제 새 왕조를 개창한 지 50여 년이 되었고, 새 왕조가 과거와는 다른 차원의 국가라는 것을 널리 알리기 위해서라도 우리글은 필요했다. 세종께서《용비어천가》를 만드시고, 백성들을 널리 가르치시며[訓民], 공식 문자(의금부 승정원)에 우리글[正音]을 사용하게 조치하심도 모두 이 때문이었다.

집현전은 이런 모든 일들을 의논하고 협의하는 터전이자, 중국과 우리나라의 고전을 연구하는 지식 연구기관이었다. 당면한 현실 문제들을 해결하기 위해 밤늦도록 고민하는 토론장이기도 했다. 우리는 경쟁하듯 서로를 자극하고 격려하면서 고전을 깊이 연구했고, 조선을 작지만 강한 나라로 만들기 위한 정책 방안들을 제시했다. 사실 우리들 각자는 나름대로의 장단점을 가진, 어느 시대에나 있었던 그러저러한 사람이었다. 하지만 우리들이 일단 한곳에 모여서 고전의 지혜를 바탕으로 주어진 정책 과제를 진지하게 토론하자, 예측하지 못한 새로운 아이디어와 정책 대안들이 쏟아져나오기 시작했다.

까다롭고도 예민한 문제를 살펴 답변해야 하는 것도 우리의 몫이었다. "폐단을 구제하는 급무", 즉 사창社倉제도 시행 여부,[30/05/29] 사형수의 처벌 시기,[12/03/02] 관원들의 인사평정 방법,[12/12/27] 외직外職을 피하려 하는

관원을 처벌하는 방법,13/08/06 명나라 황제가 사로잡힌 가운데 새 황제가 등극했을 때 취해야 하는 예법31/10/01 — 위로[陳慰] 또는 축하[進賀] — 등이 그것이다. 이외에도 "국가의 일을 기록"하고05/06/24 치국에 도움이 되는 서적을 편찬하는 일은 물론이고, 경연을 주관해야 했다. 이 때문에 우리는 그야말로 밤낮을 가리지 않고 공부를 해야만 했다. 물론 워낙에 책을 좋아했던 나로서는 집에 없는 고전들을 장서각[藏書閣]에 들어가 마음껏 꺼내 읽을 수 있는 집현전 숙직일을 오히려 기다리곤 했다. 하지만 경전과 역사[經史] 속의 사례, 지리와 풍수학,15/07/07 중국어와 산법[算法]16/01/10; 13/03/12까지 터득해야 하는 일은 여간 어려운 일이 아니었다.

세종께서는 집현전을 "국가의 인재가 모인 터전[國家儲才之地]"11/04/27이라 부르셨다. 그래서 재위 16년부터는 우리가 강독한 분량을 기록했다가 월말에 보고하게 하는가 하면, 매월 열흘에 한 차례씩 당상관이 시문의 글제를 내어 시험 치르게 하고 "일등으로 입격한 시와 문을 가려서 월말에 모두 등사해 보고"하도록 하셨다.16/03/17 상께서는 우리들이 다른 관청으로 옮기는 것을 막으셨다. 연구는 오랜 시간이 필요하며, 숙성되고 정제된 자료만이 "나라를 위해 소용"된다고 보셨기 때문이다. "근래에 들으니 집현전 관원들이 그곳을 싫어하고 대간[臺諫](사헌부·사간원)과 정조[政曹](이조·병조)로 진출을 희망하는 자가 자못 많다"는 말을 들은 세종께서 우리를 꾸짖고 달래셨다.

"그대들은 마음을 태만하게 갖지 말고 학술을 전업으로 하여 종신토록 이에 종사할 것을 스스로 기약하라."16/03/20

아! '종신토록 학술에 전업하라'는 그 말씀. 지금 생각해보면 어찌나 행복한 일인가. 이 피 튀기는 살벌한 정치 세계의 현장에 비하면……

다시 울타리 밖의 풍경

"네가 이미 신臣이라 일컬었고, 또 내게서 녹을 먹었으니, 지금 신이라 일컫지 않더라도 무슨 소용이 있느냐?" 다시 주상(세조)의 노한 목소리가 들려왔다. 고집스레 주상에게 "나으리[進賜](종친에 대한 세칭)"라 하고 상감上監이라 부르지 않는 박팽년에 대한 진노 섞인 꾸짖음이었다. "나는 상왕(단종)의 신하로 충청 감사가 되었고, 나으리에게 올린 장계에는 한 번도 신이라 일컫지 않았소." 그의 말대로 장계를 조사해보니 정말로 '신臣'이라는 글자는 한 자도 없었다. 모두 '거巨' 자로 적혀 있었다. "녹봉도 전혀 먹지 않았다"는 그의 말대로 그의 집 창고에는 따로 쌓아두고 어느 달 어느 날 받았음이 일일이 표시되어 있었다. "독한 놈이로고!" 그의 입을 짓찧으라고 명하면서, 주상이 다시 성삼문을 돌아보았다.

"너희들은 왜 모반을 하였는가?"

한 차례 물바가지를 뒤집어쓰고 겨우 의식을 차린 성삼문에게 던진 말씀이다.

"모반이라니 당치 않소. 본 임금을 복위하려 함이 어찌 반역이란 말이오. 천하에 자기 임금을 사랑함이 모반이고, 나으리처럼 남의 나라를 도둑질하여 빼앗음이 충성이란 이치가 어디 있단 말이오?"

주상이야말로 모반자라는 말이었다.

"그러면 처음 선위 받을 때 저지할 일이지, 지금껏 내게 맡겨두었다가 이제 와서 나를 배반하는 이유는 무어냐?"

"사세가 불가능했기 때문이오. 나으리가 평소 곧잘 주공周公을 끌어

댔는데, 주공도 이랬습니까?"

오히려 죄인이 주상을 꾸짖는 형국이 되었다. 왕망의 예를 거론하기도 했다. 후한 말기에 주공의 이름을 빌려 결국 스스로 황제에 올랐지만, 끝내 나라를 망친 '왕망의 길'을 가고 있지 않느냐는 말이었다.

"너도 나를 신이라 일컫지 않고 나으리라 하는구나. 하지만 네가 이미 녹을 먹고 배반하는 것은 앞뒤가 전도된[反覆] 것이 아니더냐?"

주상께서 옹색한 지경에 몰리신 게 확실했다. 박팽년에게 했던 말을 반복하고 있지 않은가. 취조를 받는 성삼문이 오히려 당당했다.

"상왕이 계신데 나으리가 어떻게 나를 신하로 삼을 수 있겠소. 무릇 하늘에는 두 개의 태양이 없는 법이오. 내가 또 나으리의 녹봉을 먹지 않았으니, 만일 믿지 못하겠거든 나의 집을 적몰해 따져보시오."《연려실기술》396

결국 그들은 똑같은 일을 하고 있었던 것이다.

"강희안도 역모 사실을 아느냐?"

주상께서 다시 캐묻자 성삼문이 대답했다.

"이미 내 아버지까지도 숨기지 않았는데, 하물며 누구를 숨기겠소. 그러나 그는 실지로 알지 못하오. 나으리가 선조先朝의 명사를 다 죽이고 이 사람만 남았는데, 모의에 참여하지 않았으니, 아직 남겨두어서

쓰시오."《연려실기술》398

"내 마지막으로 기회를 주마. 이미 김종서 등을 처단할 때 너는 이미 나와 같은 배를 타지 않았더냐. 불궤를 부인하고 내게 돌아오면 모든 것을 덮어주리라."

성삼문의 재주를 아낀 주상의 권유는 사뭇 애원에 가까웠다. 급기야 태종께서 일찍이 정몽주에게 부르던 노래까지 읊었다. 그러자 성삼문은 〈단심가〉로 회답했다.《연려실기술》444 이미 돌아올 수 없는 다리를 건넌 성삼문의 대답은 오히려 담담했다. 어떤 미움도 원망도 없는 말투였다.

"나으리, 어서 내 목을 치시오. 나으리는 나으리의 일을 할 따름이고, 나는 내 길을 갈 뿐이오."

성삼문과 신숙주, 같은 목적 다른 길

아! 어디에서부터 우리의 길은 갈라졌던가? 우리는 시종 같은 길을 걸어왔었다. 그런데 지금은 하늘과 땅을 사이에 두고 서 있지 않은가. 우리는 다 같이 21세의 나이에 과거에 급제했다. 성삼문은 세종 20년 (1438)에, 그리고 나는 그 이듬해에 문과에 합격했다. 이후 우리는 앞서거니 뒤서거니 하면서 관직 생활을 계속했다. 내가 비록 그보다 5년 먼저 집현전에 들어갔지만(세종 23) 우리는 집현전에서 그야말로 잔뼈가 굵고 우정을 키워온 동지였다. 내가 중국에 가면 그도 따라갔고, 그가 외국 사신을 맞이하는 자리엔 나도 따라갔다. 우리는 함께 사가독서를 하며 "밭갈이하는 자는 밭두둑을 양보하고, 길 가는 사람은 길을 양보하며, 늙은이는 짐을 들지 않는" 그런 세상을 얘기했다.《치평요람》22 왕명을 받아 훈민정음을 연구하고,《동국정운》을 편찬하는 일에도 함께했다.

다만 내가 1443년(세종 25)에 26세의 나이로 통신사 일행을 따라 서장관으로 일본에 갈 때만은 예외였다. 당시 나는 오랫동안 앓다가 일어난 때라 세종께서 염려하셨다. 하지만 나는 "신의 병이 완쾌되었으니 어찌 사양하오리까" 하고 스스로 일본으로 떠났다. 떠나는 날, 박팽년, 하위지, 성삼문, 이개 등 "오래된 벗들"의 송별회는 친형제의 그것보다 애틋했었다. 나중에 사헌부 이종겸의 탄핵에서 드러난 것처럼, 벗들은 경상도 수령과 만호에게 부탁하여 기생 10여 명을 우리에게 붙여주었다. 사헌부에서는 나와 통신사 변호문이 2, 3일간이나 따라오는 기생들을 거절하지 않았다 하여 파직시킬 것을 요청했다. 하지만 상께서는 "우리나라의 인심에서는 대개 이와 같이 하는 경우가 많은데, 수령과 만호가 왕명을 받들어 멀리 바다를 건너는 사신을 위로하기 위해 그렇게 한 것이다. 또 강상에 관계되어 용서 못할 죄를 저지른 것도 아니고, 그 사건은 사유赦宥(사면조치) 이전의 일이니 어찌 파직하랴"며 우리를 변호해주셨다.25/05/28

이징옥이 난을 일으켰을 때까지만 해도 우리는 같은 길을 걷고 있는 듯했다. 함길도 도절제사 이징옥이 새로 제수되어 내려온 박호문을 처단하고 반기를 들었을 때《단종실록》01/10/25 조정은 아연 긴장했다. '제승방략'으로 훈련된 정예 군사가 도성으로 쳐들어오면 조정의 위태로움은 말할 것도 없거니와, 북변의 침입을 어떻게 막을 것인가? 종성 도호부사 정종의 재치와 천우신조로 차단되었지만 이징옥의 난은 이 나라의 앞날을 심히 우려스럽게 한 사건이었다.

조정에서 올린 계유년 정난靖難의 공신 명단에서 우리를 삭제해달라고 동시에 요청했을 때도《단종실록》01/11/18 우리는 같은 길을 걷고 있었다. 적어도 내겐 그렇게 보였다. 그런데 그로부터 6일 후에 올린 성삼문의 상서 내용이 이상했다. 그는 사간원 좌사간의 직책에서 물러나려 했다. "간관諫官은 위로 인군의 득실을 말하고, 아래로 대신과 더불어 시비를 가리는 것"인데 그 도리를 못하고 있으며, "바야흐로 지금 권간權姦이 조정을 탁란濁亂"시키고 있는데도 그 소임을 다하지 못함으로써 "그 직책을 도적질"하고 있기 때문이라는 것이었다.《단종실록》01/11/24 얼핏 보아 의례적인 사직 상소 같으나, 나는 그가 무엇을 말하고 있는지 눈치채고 있었다. '권간의 탁락'이나 '도적질'이라는 말 속에 숨겨놓은 그의 의도가 그것이다. 그의 속마음을 꿰뚫어본 사람은 나만이 아니었다. 공(세조)께서도 그의 마음을 읽고 한 달 후 반격을 가했다. "성삼문은 백관들이 왕비를 맞아들이도록 청할 때, 이름을 얻고자 꾀하여 전후에 말을 바꾸었으니, 그 임명장[告身]을 거두고 국문하라"는 지시를 내렸다.《단종실록》02/01/23 하지만 곧 공께서는 그를 용서하셨다. 나의 간곡한 요청도 있었지만, 집현전 학사들을 다수 포용하여 당신의 정당성을 확보하려는 목적도 있으신 듯했다. 용서(25일)와 처벌(28일)을 반복하면서 당신께서는 그가 돌아오기만을 기다리고 계셨다.

그러나 1455년(단종 3) 윤6월 11일. 단종께서 "이 무거운 짐을 풀어 우리 숙부에게 부탁하여 넘기는 바"라면서 선위했을 때《세조실록》01/06#11 우리의 길은 완전히 갈라졌다. 그날 그는 승지로서 옥새를 보내라는 전지를 받자 "옥새를 끌어안고 울음을 터뜨렸다." 박팽년은 경회루 못에 빠져 죽으려 했다. 성삼문이 그를 "아직 상왕이 살아계시니 다시 도모하

다가 이루지 못하면 그때 죽어도 늦지 않다"고 설득하여 겨우 안정되었다.《연려실기술》 390

성삼문 등의 '불궤를 도모하는 일' 역시 아슬아슬했다. 중국 사신을 맞이하는 연회를 베푸는 날(세조 2년 6월 1일) '거사'를 도모하려 했었다. 주상께서 공간이 비좁다며 늘상 수반하는 별운검別雲劍(운검을 차고 임금을 옆에서 모시던 무관의 임시벼슬)을 생략하라고 하명하셨다. 성삼문이 승정원에 건의해 별운검을 없앨 수는 없다고 말했으나, 결국 내가 살펴본 뒤 취소시켰다. 그 때문에 성삼문 등은 후일에 관가觀稼(임금이 농작물의 작황을 돌아보던 일) 할 때 노상에서 거사하기로 작정했었다. 그런데 그다음 날 정창손과 그의 사위 김질이 이를 고변하여 실패로 끝난 것이다.《세조실록》 02/06/02

"신숙주는 나와 좋은 사이다. 하지만 죽여야 마땅하다." 성삼문이 불궤를 꾸미면서 지시한 말이었다. 아마도 내가 그 자리에 섰더라도 그런 지시를 내렸을 것이다. 그가 내 위치에 있었더라도 그 일(별운검을 없애는 일)을 하지 않을 수 없었을 게다. 이미 돌아올 수 없는 다리를 건넌 우리에게 남겨진 것은 상대적인 고려 속에서 절대적인 선택을 내리는 일이었다. 그리고 지난번 계유정난 때 그러했던 것처럼, 우리들 각자가 선택한 그 길이 처음엔 흐릿하게 개연성만 보이다가, 다가갈수록 보이지 않던 장면들이 드러났다. 처음에 없었던 조건들이 나타나면서 결과적으로 나에게는 '충신'의 이름이, 그리고 그에겐 '역도'의 이름이 씌워졌다. 바로 그 점이 성삼문과 박팽년이 그처럼 당당할 수 있었던 이유였다. 그리고 동시에, 살아남은 자에게 남겨진 역사의 또 다른 사명이 있었다. 세종의 '팔진도'를 되살리고 안착시키는, 우리 모두가 꿈꾸었던 정치적 이상이 바로 그것이다. 실로 당신의 뜻을 기리기 위해 그는 죽었고 그 뜻을 살리기 위해 나는 살았다.

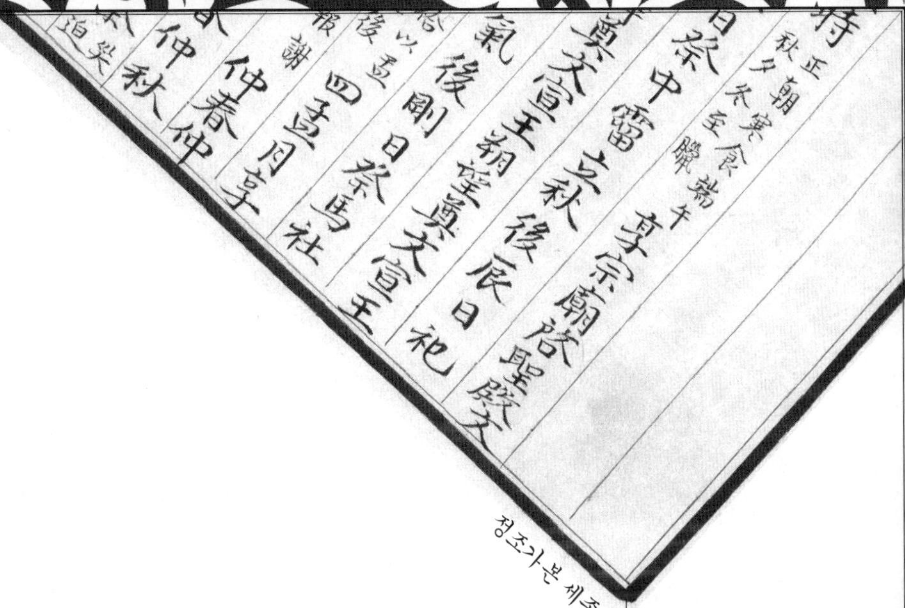

정조가 본 세종

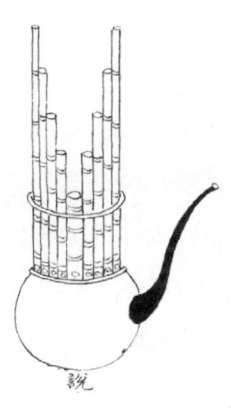

"우리나라의 예악문물은 모두
세종 때 제도가 아님이 없다. 그 큰 규모와
아름다운 법을 이제까지 준수하니
어찌 성대하지 않은가."
—정조《정조실록》 03/08/05)

말기고, 예비하고, 기회를 활용하라

{ 정조 }

조선의 22대 왕 정조正祖(1752~1800)는 세종과 더불어 가장 자주 거론되는 인물이다. 우리 역사의 '전성기'와 '중흥기'의 군주라는 점 때문일 것이다. 두 임금을 비교하는 일은 흥미롭다. 우선 정조는 세종의 집현전을 벤치마킹해 싱크탱크 규장각을 만들어 인재를 길렀고, 학문을 좋아해 문예부흥의 시대를 열었다. 백성들의 말을 듣고 정책에 반영하려 한 애민군주라는 점도 같다. 반면 차이점도 많다. 정조는 즉위하자마자 "나는 사도세자의 아들이다"라고 선언했다. 이는 세종의 제일성, 즉 "내가 인물을 알지 못하니 의논해서 등용하고자 한다"는 말과 대조된다. 첫째, 이것은 세종과 정조의 정치 기반의 차이를 말해준다. 태종이 닦아놓은 기반 위에 올라선 세종과 달리, 정조는 많은 정적들의 반대를 무릅쓰고 왕위에 올랐다. 그만큼 어려운 상황에 놓여 있었다. 둘째, 정조는 세종과 달리 자신의 정치노선을 선언하고 신하들에게 따르도록 '위협'하곤 했다. 이른바 '의리탕평'이라 하여 국왕이 제시한 의리 기준에 따르지 않는 자는 조만간 큰 어려움을 겪으리라는 왕의 발언이 그렇다. 이에 비해 세종은 회의 때마다 "어떻게 생각하는가"라고 신하들의 의견을 물었고, 앞에서 끌기보다는 뒤에서 미는 방식으로 국정을 운영해갔다. 세종이 경연을 '배우는 장소'로 활용한 데 비해, 정조는 그곳에서 신하들을 가르치려 했다. 셋째, 효과적이지 못했던 왕위 계승 문제는 좋지 않은 공통점이다. 그럼에도 세종은 정조의 영원한 준거 군주였다. 정조에게 "세종대왕은 실로 우리 동방에 태평 만세의 터전을 닦으신 임금"이었다. 예악이 정비되고 문풍이 활성화된 시대였으며, 정쟁이 최소화된 시기였다. 신분과 당파를 초월해 인재가 발탁되고 중용되던 '인재의 융성기'였던 세종의 시대를 정조는 재현하고자 했다. 그런데도 정조의 정치가 세종의 그것보다 종종 한 수 낮게 평가되는 이유는 왜일까?

사면초가

도대체 뭐가 잘못된 것일까? 조정 관료들이 말을 안 듣는 것은 그렇다 치자. 처음부터 "모나지 않게 그럭저럭 넘어가는 것[無模稜]"《정조실록》 07/10/21, 이하는 모두 《정조실록》을 일삼던 그들이 즉위한 지 24년이 지난 지금 새삼스레 충직忠直을 바칠 리는 없을 터이다. 노론 쪽 신하들이 사사건건 발목을 잡고 늘어짐도 어제 오늘의 일은 아니다. 수원에 신도시를 건설하는 중에 노론의 영수 김종수는 "화성 성역은 진나라의 축성이나 한나라의 매관매직과 다를 바 없다"20/07/02고 비난했다. 서울 시전 상인들의 독과점 폐해를 막기 위해 내린 시장 직거래[通共] 조치에 대해서 그들은 "시장질서를 혼란시킨다"라며 반대했다.15/02/12

 이런 비난과 반대는 올 들어 더욱 심해졌다. 새해 첫날 나는 국가의 큰 경사인 왕세자 책봉식을 맞아 정치범들을 사면했다.24/02/03 그러자 대사헌 서매수는 자기들을 "그렇게까지 철저히 무시할 수 있느냐"고

대들었다.²⁴/⁰²/⁰⁵ 국왕의 '일시동인一視同仁'도 좋지만 아직 형량이 많이 남아 있는 중죄인까지 모두 사면하면 그동안 사헌부가 기울인 노력은 뭐가 되느냐는 말이었다.

그가 말하는 중죄인이란 이승훈을 겨냥한 말이리라. 정약용의 매부이자 이가환의 외조카인 이승훈의 석방을 남인의 정계 복귀 신호탄이라 본 것이다.

"이제부터는 사대부 가문 중에서 어둠에 묻혀 버려진 사람도 없고, 애매하게 폐쇄된 가문[廢族]도 없게 할 것이다."²⁴/⁰²/⁰⁵

나는 그에게 이번 사면이 '대화합'을 위해 취해진 불가피한 조치였음을 다시 말해주었다.

이에 대해 좌의정 심환지는 "전하께서 애당초 신들의 의사는 묻지도 않고, 게다가 일국의 공론까지 받아들이지 않으시고 대뜸 사면령을 반포하셨으니, 이는 결국 파괴를 가져올 것"²⁴/⁰²/⁰⁸이라고 협박하기까지 했다. 국왕의 고유한 권한 행사인 사면조차도 저들은 '무시'와 '파괴적인' 행위로 간주하고 있는 것이다.

심환지

벽파의 영수.
정순왕후 수렴청정으로 벽파가 득세하자
신유박해 때 시파인 천주교도를
탄압하는 데 앞장섰다.

그런데 정말로 서운한 것은 바로 나의 측근 세력인 이른바 '시파[時派]' 신료들의 태도다. 사면조치를 반대하고 나선 서매수도 그렇거니와, 화성 건설 과정에서 음독 자결한 정동준은 일찍이 규장각 내에서 누구보다도 나의 개혁의지를 잘 이해하고 있는 인물이 아니던가. 그런 그가 "화성을 경영하는 일에 대해서는 누구도 감히 입을 열지 못한다"며 신도시 건설을 공공연히 비방하고 다녔다. "건설 공사비를 횡령한다"는 소문까지 나돌게 해 그나마 나쁜 여론을 더욱 악화시켰다.19/01/11

사도세자 사건 처리 과정에서 같은 노론의 김종수와 대립각을 세워 '시파'인 양 행동했던 이병모는 나의 수원 행차를 비판하는 쪽으로 돌아섰고21/08/07 나를 가리켜 "한·당 시대 평범한 군주보다 못하다"18/05/25 고 폄하하기까지 했다. 아! 그들은 입으로는 "개혁이야말로 시대적[時] 과제"라고 떠들고 다니면서, 실제로는 시류[時]를 따라 움직였던 한낱 정치적 부초[浮草]에 불과했던 것인가.

더욱 안타까운 것은 남인 쪽 신하들이다. 내 정치 이상을 가장 잘 이해하고 또 따라주었던 그들이 지금 정국에서 완전히 배제되어 있다.

김종수

노론의 영수.
화성 건설은 진나라의 축성이나
한나라의 매관매직과 다를 바 없다고
정조를 강력히 비난했다.

생각해보면, 재위 19년에 이가환과 정약용을 지방에 좌천시킨 게19/07/25 잘못이었다. 당시 남인의 영수 채제공의 후계자로 주목받던 이가환과 정약용은 노론과 소론의 심한 질시와 견제를 받고 있었다. 나는 그들에게 잠시 도성을 떠나 있으라 명했다. 충주 목사(이가환)로, 그리고 충청도 금정 찰방(정약용)의 직위에서 그 지역의 천주교 확산을 막으면 자연스레 그들에게 씌워진 '천주교도'라는 오명이 벗겨지리라 생각했었다.

그때 이가환과 정약용을 동시에 내려보낸 게 큰 실수였다. 남인 내에서 유일하게 학문적 능력과 정치적 감각을 아울러 갖춘 두 사람이 떠나자 채제공의 판단력이 흐려진 듯했다. 뛰어난 지식과 고급정보를 가지고 채제공을 좌우에서 보필하던 그들이 떠난 지 얼마 안 있어 채제공은 "조정의 온갖 일이 재작년보다 작년이 못하고, 작년보다 금년이 더 나빠지고 있다"면서 정승직을 버리고 물러가버렸다.22/06/02

그러자 노론과 소론은 기다렸다는 듯 그 공백을 자기들 사람으로 채웠다. 이후 남인의 재등용은 결사적으로 저지되었다. 설상가상으로 작

채제공

이가환과 정약용이 유배를 가자 채제공은 조정의 일이 점점 나빠지고 있다면서 정승직을 버리고 물러났다.

년 1월에 채제공이 죽자²³/⁰¹/¹⁸ 남인은 더욱더 소외되었다. 내가 정승의 천거 없이 이가환 등을 등용하려고 하면 노론과 소론은, 이번 대사면 때 이승훈의 경우에서 보듯이, 일제히 천주교 문제를 들고 나와 그 시도를 좌절시켜버리곤 했다. 남인의 소외는 곧 나의 고립을 의미했다.

내가 작년 세밑에 왕세자의 책봉을 받아들임은 바로 이 때문이었다. 움쩍달싹도 않는 정국을 돌파할 계기가 필요했다. 7년 전부터 노론 신하들은 왕세자 책봉을 줄기차게 요구해왔다. 정국이 바뀌기 전에, 국가 중대사의 결정권을 자기들이 가지고 있을 때 국가혼례[國婚]를 치르겠다는 심사였다. 하지만 나는 원자의 나이가 어리다는 이유로 거절하곤 했었다.¹⁷/¹¹/¹⁹

보다 정확히 말하면 100여 년간 노론의 최우선 전략이 되어온 '왕비 가문 사수死守' 의지를 그대로 받아들일 순 없었다. 장희빈이 숙종의 총애를 받으면서 남인의 세상이 되었고, 장희빈의 아들(경종)이 왕위에 오르면서 노론(당시는 서인)은 최악의 상황을 맞았다. 노론의 핵심 인물 네 사람이 죽어나가기까지 했다('신임사화'). 이후 노론은 '국혼의 절대 고수[勿失國婚]'를 당론의 제일원칙으로 삼았다. 왕비 가문을 놓침은 작게는 국구國舅(왕의 장인)가 맡게 되어 있는 국왕 경호 업무 및 그와 관련된 핵심 정보원을 잃는 것이요, 크게는 정권 재창출의 기회(왕자 출생)를 놓치는 것을 의미했다.

이 때문에 노론은 숙종 29년(1703)에 연잉군(나중의 영조)의 배필로 군수 서종제의 딸을 고를 때나, 나의 생부 사도세자의 세자빈으로 홍봉한의 따님을 고를 때, 그리고 지금의 왕비인 김시묵의 여식을 간택할 때도 치밀한 준비와 철저한 대응으로 이 목표를 달성했다.

정권 재창출의 기회를 사수하라

요즘 온 나라의 관심은 두 가지에 쏠려 있다. 그 하나는 누가 왕세자의 스승이 되느냐이고, 다른 하나는 누구의 딸이 세자빈이 될 것인가이다. 이 두 가지는 워낙 예민한 사안이기 때문에 아마 상당한 정치적 파장을 가져오리라. 노론과 소론 사이에, 또는 적어도 노론 내부에 균열이 생길 것이다. 그러면 그 틈에 남인의 재기와 같은 정국의 변동 내지 나의 고립 탈피가 가능하지 않을까.

실망스럽게도 이런 기대는 어긋났다. 우선 세자시강원 구성에 있어서 노론과 소론은 예상 외로 공동전선 전략을 폈다. 최고책임자는 노론이 맡고, 실질 교육자는 노론과 소론의 신하들을 교묘히 배분하는 형식이었다. 세자의 사師와 부傅는 노론의 이병모와 심환지가, 세자 교육을 담당하는 제조는 소론의 홍양호와 이만수가 맡았다. 남인은 철저하게 배제되었다.24/01/01 도무지 노론과 소론의 강고한 연대를 뚫고 들어갈 길이 없다. 결국 나의 탕평책은 이렇게 무력화되고 마는 것인가.

이제 세자빈 간택밖에는 길이 없다. 오직 하나의 가문만이 채택되는 국혼에서는 더 이상 배분의 여지가 있을 수 없기 때문이다. 일단 11세에서 13세에 이르는 처녀들을 대상으로 금혼령을 내렸다.24/01/02 그리고 관례에 따라 왕세자는 이홍李玜이라는 이름을 갖게 되었다.24/01/25 나이 어린 '원자 아기'가 드디어 제 이름을 가진 왕세자가 된 것이다. 모두들 나라의 큰 경사라고 기뻐했다. 하지만 과연 기뻐할 일인가. 겨우 11세의 나이에 성인이 된다는 것은, 더군다나 세자라는 정치 행위자가 된다는 것은 얼마나 무거운 짐을 홀로 떠맡는 일인가. 내 아들에게만은 그

역경을 조금이나마 늦게 물려주고 싶었다. 하지만 이제 더 이상 미룰 수도 없는 상황이고, 다만 그의 곁에서 조금이나마 힘이 되어줄 누군가를 잘 선택함밖에 달리 길이 없다. 그 누군가는 세자빈이 될 수도 있고, 또 다른 사람일 수도 있으리라.

노론의 신하들은 이 과정에 만족한 듯 "기쁨을 이기지 못하겠다"[24/01/25]고 말했다. 나는 그들이 기뻐하는 틈을 타 이번 국혼은 '간택'이 아닌 '중매' 방식을 택하겠다고 기습적으로 선언했다. 후보자 물색 과정에서부터 내 의중이 반영될 수 있도록 규칙을 바꾼 것이다. '관례'에 따라 간택으로 세자빈을 뽑아야 한다고 주장하는 신하들에게 나는 "규수를 간택함은 본디 좋은 제도가 아니다. 우리나라 선정先正 중에서도 그렇게 말한 적이 있지 않은가"라고 하여 내 뜻을 관철시켰다.[24/01/02]

이렇게 되자 도성 분위기가 뒤숭숭해졌다. "임금께서 마음을 정해둔 곳이 있다"는 말이 나돌았다. 나는 정민시, 서매수, 이만수를 불렀다.[24/01/03] 시파인 정민시와 이만수 외에 요즘 내게 비판의 칼날을 들이대고 있는 한성판윤 서매수를 부른 데는 까닭이 있었다. 그는 세자빈 선발을 위한 유관 기관의 장일 뿐만 아니라, 비판 세력들에게 내 의도를 그때그때 전달하는 통로가 될 수 있었다(서매수는 이후 1월 26일에 대사헌으로 전보됨).

"바깥 사람들은 내 맘속에 사대부가 있을 것이라고 말들을 한다지만, 나는 실상 어느 집에 처자가 있는지도 모른다. 모두가 하늘이 정하는 일이지 어찌 사람의 힘으로 할 수 있겠는가."

'왕의 의중'을 함부로 넘보거나 경솔히 떠들고 다니지 말라는 얘기였다.

이어서 나는 또 하나의 새로운 규칙도 알려주었다. "옛 규례에는 4조祖

가운데 현관顯官이 없는 집은 한성부에서 그 명단을 빼버리도록 했다. 하지만 이번엔 그렇게 하지 말라. 모든 집안에서 단자를 봉해서 올리면 예조에서 선별하라"고 지시했다. 한마디로 그 대상 폭을 넓히되, 선발권을 예조판서 이만수―한성판윤 서매수가 아닌―에게 맡긴 것이다.

"모든 집안을 대상으로 하라"는 이 말에는 기실 나의 깊은 뜻이 담겨 있었다. 얼핏 보기에 한미한 집안의 규수도 빼놓지 말라는 것으로 들리지만, 그와 동시에 명문거족의 여식도 아울러 대상에 포함시키라는 말이었다. "경들의 인척이나 혹은 친지 중에서 서로 찾아보도록 하라"24/01/03는 나의 말뜻을 영민한 이만수가 모를 리 없었다.

사실 그동안 노론은 국혼의 대상을 자기 세력 중에서 찾되, 되도록 세력이 미약한 집안에서 왕비가 선발되도록 하곤 했다. 강력한 가문이 외척이라는 칼자루까지 쥐게 되면 자칫 노론 전체가 요동칠 수도 있다는 우려에서 나온 묵계였다. 앞의 서종제나 홍봉한, 그리고 김시묵의 가문이 그렇게 선발되었다.

예상했던 대로 예판 이만수는 나의 이 뜻을 정확히 간파했다. 그가 최종적으로 올린 명단이 그것을 말해주었다. 행호군行護軍 김조순의 딸, 진사 서기수의 딸, 유학 박종만의 딸, 유학 신집의 딸, 통덕랑 윤수만의 딸이 1차와 2차 간택을 통과했다.24/02/26 단연 1순위로 올라온 김조순의 여식에게 관심이 쏠렸다. 아! 김조순의 집안이 어떤 가문인가. 척화파 김상헌 이래 전통에 빛나는 안동 김문의 규수가 최종 5배수에까지 오르는 일은 과거의 규칙대로라면 불가능했다. '중매'라는 방식과 책임자의 변경 등 고심어린 노력이 있었기에 가능했다.

아무래도 조정 대신들의 의구심을 흩어놓을 필요가 있었다. 내 일거

수일투족을 예의주시하고 있는 그들이 국혼물실의 당론을 위해서 무슨 일을 벌일지 알 수 없기 때문이다.

"나는 처음에 김조순 가문에 대해 별로 마음을 두지 않았다."

이만수 옆에 앉은 예조참판 이노춘을 의식하며 던진 말이다.

채제공을 탄핵하다 유배를 갔고, 작년에야 겨우 풀려난 이노춘의 의심어린 눈빛이 매서웠다.

"그런데 지난달 현륭원 참배를 하던 날 밤 꿈이 너무 좋았다. 마치 나더러 이렇게 하라고 말씀하시는 것만 같았다."

어색한 분위기를 바꾸기 위해 꿈 얘기를 꺼냈다. 그러자 옆에 있던 국복國卜(국가 지정 점술가) 김해담이 거들었다.

"기유년 5월 15일 유시酉時면, 대길대귀의 격으로, 복록도 끝이 없고 백자천손을 둘 사주四柱입니다."

김조순의 딸 얘기다. 늘 그렇듯 점쟁이들은 눈치가 빨랐다. 내 마음을 훤히 읽고 있지 않은가.

"오늘 간택 때 보니 김조순의 여식이 얼굴에 복이 가득하고 행동거지도 뛰어나 자전과 자궁도 한 번 보시고 첫눈에 좋아하셨다."

자전까지 좋아하셨다고 하자, 이병모와 이노춘도 마지못해 말했다.

"지금 성상의 하교를 듣고 보니 참으로 종묘사직을 위해 끝없는 복이라 하겠습니다."24/02/26

문제는 내 건강이었다. 근력이 날이 갈수록 쇠퇴해갔다. 버티고 서 있기조차 힘들어졌다. 먹는 것과 자는 일이 제대로 안 되니 정신까지 왔다갔다 해 책 읽는 것도 힘들다.

"신도 어제 그렇게 힘들어하시는 것을 보고 너무 염려가 되었습니다."

원릉元陵(영조의 능)에 가서 예를 올릴 때 휘청거렸던 나를 본 이병모의 말이다.

"내가 즉위한 지 20여 년이 흘렀는데, 신하들과 만나고 대화 나눔을 이렇게 못하기는 처음이다. 이제는 부득이 휴양을 위주로 해야겠다."24/02/27

정조 재위 19년, 아무 일도 없었던 해

정말로 휴양이 필요한 때이다. 그동안 그야말로 새벽부터 밤늦게까지 온통 국사에 매달려온 날이 몇 해이던가. 금년에 들어서만도 "옷을 입은 채로 밤을 지새우길" 벌써 25일째다.24/01/25 그러다보니 체력이나 정신력이 모두 엉망이었다.

50발의 화살을 쏘아도 끄떡없던 내가 체력의 한계를 느낀 것은 몇 해 전부터였다. 특히 작년 7월부터는 시력이 매우 나빠져서 안경을 쓰지 않으면 글씨를 읽을 수가 없다. 복잡한 일을 만나면 어김없이 이상이 생겨 등골의 태양경과 좌우 옆구리에 횃불이 타는 듯한 열기가 올라오곤 한다.23/07/10 작년 가을의 현륭원 행차 때에는 걸음걸이를 제대로 가눌 수조차 없었다.

체력보다 더 안 좋은 것은 정국 상황이었다. 작년 1월, 그러니까 좌우의 팔이라 할 수 있는 채제공과 김종수가 약속이나 한 듯이 열흘 간격으로 저세상으로 간 후23/01/07; 23/01/18 믿고 국사를 의논할 신하가 없어졌다. 쓸 만한 인재들 역시 하나 둘 내 곁을 떠나갔다. 군국軍國의 기무에 밝

앉던 윤시동이 몇 해 전에 죽었고,²¹/⁰²/¹⁸ 그동안 나라 재정을 도맡아온 정민시마저 세상을 떠났다.²⁴/⁰³/¹⁰ 설상가상으로 중국으로부터 퍼진 전염병으로 모두 12만 9,000여 명의 백성들이 사망했다.²³/⁰¹/¹³ 여름엔 극심한 가뭄으로 온 나라의 곡식이 말라 타버렸다²³/⁰⁵/²² 아전들의 농간은 심해지고²³/⁰²/¹⁸ 수령들은 관직을 재산 형성의 첩경으로 보고 온종일 "어떤 읍의 소출은 얼마이고 어떤 직의 소득이 얼마인가"라는 말만 주고받았다.

무엇보다 내가 즉위 초 발표했던 '4대 개혁안[更張大誥](민생경제·인재 등용·군제 개혁·재정 분야의 개혁안)'⁰²/⁰⁶/⁰⁴이 군제[戎政] 개혁을 제외하곤 성과가 미진하자, 민심이 떠나기 시작했다. "공업과 상업을 발달시켜 민생을 유족하게 만들려는" 경제[民産] 개혁은 신해통공을 제외하면 그다지 큰 성과를 거두지 못했다. 세수 증대를 위해 취한 공동납共同納 제도 역시 국가의 재정[財用] 여건을 만회하는 데는 기여했으나, 탐관오리의 농간과 횡령을 낳았다. 특히 '신향新鄕'이라 불리는 부민층과 '잔반殘班'이라 일컫는 쇠잔한 빈민층 사이의 양극화가 심각한 사회 문제로 대두되었다.

그렇게 보면 저들의 실망과 좌절을 이해 못할 바도 아니다. 내가 처음 즉위했을 때 사람들이 얼마나 큰 기대를 가지고 조정을 바라보았는가. 그들은 마침내 이 땅에 새로운 정치가 열리리라 기대했었다. 노론과 소론, 그리고 남인으로 나뉘어 '내 편은 절대적으로 감싸안고 네 편은 무조건 배척하는[黨同伐異]' 편당의 정치가 끝나리라 생각했다.

규장각에 서얼 출신의 4검서를 임용했을 때, 문벌과 학력과 지역에 구애받지 않는 세상, 서얼이라도 차별받지 않고, 성균관 출신에 문과 급제자가 아니더라도 능력만 있으면 인정받는 그런 시대가 올 것이라 예상했었다. 이제 억울함이 없는 나라, 착한 이가 복을 받고 나쁜 자는 벌을 받는 세상이 되리라 바랐다.

  나도 그 기대를 저버리지 않기 위해서 사헌부 관리들을 직접 만나 허심탄회한 대화를 나누었다. 심리審理 절차를 혁신해 억울한 재판을 없애려 노력하기도 했다. 도성 주위의 왕릉을 행차할 때면 "멀리 삼남三南(경상·전라·충청도)과 양서兩西(평안·황해도), 북관北關(함경도)에서까지" 올라온 사람들이 길가에 늘어서곤 했다.03/08/04 "산에 가득 차고 들에 두루 찬" 이들 중에는 잘못된 행정을 고발하기 위해 온 사람도 있었다. 나는 그들의 고발을 빠뜨리지 말고 받아들이게 했다.

  그런데 재위 24년째인 지금은 어떠한가? 언제 그런 기대가 있었냐는 듯 온통 냉소와 싸늘한 시선뿐이다. '4대 개혁안' 중에서 가장 아쉽게 생각되는 부분은 인재 등용이다. "우리 동방東邦의 성쇠는 오로지 인재의 양성과 적재의 적소 배치 여부에 따라 좌우"되었다. 그런데 고시考試 제도의 문제로 준수한 영재가 선발되지 못하고 있다. 또한 인사[銓選]를 맡은 부서는 인재를 감별하는 지혜가 없어서 연줄에 의한 요행 인사만 거듭해왔다.02/06/04

  이 때문에 나는 탕평책을 실시하여 그동안 정계에서 소외되었던 소론과 남인 중에서 능력 있는 인재를 등용했다. 당파가 다른 인재들을 규장각 안에 끌어들여 회통會通의 정치를 하려 했다. 하지만 그 폭이 넓

지 않아서 전체적으로 볼 때, 노론 중심의 정국 운영을 면치 못했다. 조정에 나아온 자들이 "제 몸 보전하기에 능하고 처세술에 달통하여 모두가 샛길로 통하고 구멍을 뚫는 일에 열중"19/01/11했다는 권유의 지적을 내가 부정할 수 없음도 그 때문이다.

무엇보다 재야의 여러 명망 있는 지식인[山林]들을 초빙해놓고도 정작 그들의 정책 제안을 받아들이지 않았던 점이 반성된다. 이른바 "안으로 들어오라고 해놓고는 문을 닫는 격"이 아니었는지 후회스럽다. 요즘 송환기와 이성보가 한사코 출사出仕를 거부하는데 이는 나의 자업자득이랄 수 있다. 신뢰를 잃은 군주의 말은 뜨내기의 언약보다 못하다는 것을 요즘처럼 절실히 느낀 적이 없다. "나이 오십이 되어서 마흔아홉 살까지의 잘못을 깨달았다[行年五十而知四十九年之非]"23/12/25고 한 사람이 위衛나라의 대부 거백옥蘧伯玉이었던가. 내 나이 오십이 다 되어서야 재위 24년 동안에 "한 가지 일도 제대로 해놓은 게 없음"을 나는 비로소 깨달았다.23/12/13

하지만 돌이켜보면 기회가 없었던 것은 아니다. 재위 19년이던 1795년이 그랬다. 그해는 모처럼 노·소론 및 남인이 의정부와 6조에 고루 배치되었다. 특히 심환지와 이시수와 이가환이 형조·병조·공조의 판서로 나란히 앉아 국사를 돌보는 모습이 내가 그토록 꿈꾸던 탕평정국이 아니던가.19/01/26

여러 가지 이유로 중단되었던 수원 화성의 공사가 다시 착수되었

고, 1월에는 나의 오랜 숙원이었던 아버지 사도세자의 존호를 올렸다.^{19/01/17} 사실 생부의 명예회복은 내게 무엇보다도 절박한 문제였다. '죄인의 자식'이라는 취약점은 즉위 과정에서 논란이 된 국왕의 자격 조건을 떠나서라도, 신민들의 지지를 얻어 개혁을 추진해야 하는 내게는 정당성과 관련하여 중대한 문제였다. 그런 만큼 노론의 반대도 만만치 않았다. 김종수는 "요순과 같은 성인도 존호를 받은 적이 없었다"^{18/12/8}면서 존호 추진을 비판했다. 홍문관의 부수찬 한광식은 존호의 글자가 이미 정해진 시점에서 자구字句의 의미를 가지고 시비를 걸었다.^{18/12/25} 이 때문에 나는 할머니[慈殿](영조비 정순왕후)와 어머니[慈宮](혜경궁)의 존호를 올리는 일에 끼워넣는 방식으로 생부의 명예를 회복시킬 수밖에 없었다.

우여곡절 끝에 아버지의 존호를 올린 다음, 마침 같은 해에 회갑을 맞이하신 어머니와 아버지를 위한 행사를 수원 화성에서 열기로 했다. 개혁의 상징 공간인 화성에서 회복된 정당성을 선언하고, 그동안 괄목할 만큼 성장한 장용영의 무위武威를 반대파들 눈앞에서 확인시켜줄 계획이었다. 아! 그때는 정말로 "천명天命의 돌보심이 새롭고, 인심의 지향하는 바가 바야흐로 절실해지던"^{19/01/26} 기회였다. 그런데 그 시기에 나는 대체 무엇을 했던가.

나는 그해에 "아무 일이 없는 해"^{19/01/28}로 보내지 말았어야 했다. "오늘의 성대한 행사는 천 년을 가도 보기 드문 일"이라는 신료들의 찬사에 우쭐해져서,¹⁹/⁰²#/¹² 그리고 장용영의 놀라운 기동력에 도취되어 기회를 흘려버리지 말았어야 했다. 국법에 저촉돼 연금 상태에 있던 나의 고모 화완옹주를 석방하거나, 강화도에 유배 간 이복동생 은언군을 몰래 불러옴으로써¹⁹/⁰⁶/²⁰ 거대한 신료 집단과 힘겨운 줄다리기로 시간과 정력을 낭비하지 말았어야 했다.

그것은 다름 아닌 "어진 선비를 가까이 하고 내외척을 멀리 한다[右賢左戚]"¹⁹/⁰³/¹⁰는 내 정치 원칙을 저버리는 일이기도 했다. 그 시간은 바로 64명에 이르는 나주목의 기민¹⁹/⁰⁵/²²을 구제하는 일에 마음을 쏟고, 휘하의 죄수들을 25명이나 제멋대로 장살杖殺한¹⁹/⁰⁸/²⁴ 가혹한 수령을 단속해야 했던 때였다.

무엇보다 권유와 박장설 등이 천주교 문제를 제기해 남인을 축출하려 했을 때,¹⁹/⁰⁷/⁰⁴ 서학의 본질과 장단점을 본격적으로 다루었어야 했다. 천주학으로 인해 당쟁이 격화될 것을 우려해 회피만 할 게 아니라, 오히려 천주교라는 그릇에 담겨 있는 서구 문명의 원리를 깊이 있게 궁구했어야 했다. 그런데도 나는 7월에 이가환과 정약용을 지방으로 좌천보내고, 이승훈을 예산현에 정배하는 결정을 내리고 말았다.

세종의 재위 19년, 그리고 시간의 보복

흥미롭게도 세종대왕에게도 재위 19년(1437)은 중요한 해였다. 내가 가장 배우려고 하는 나의 준거 군주인 세종께서는 그해에 '정사를 위임'

하고 '기민을 구휼'하며 '새로운 기술을 실험'하는 한편, '대외 문제를 예방'하는 일을 하셨다.

당신은 먼저 왕세자에게 국사의 일부를 위임하셨다. 이조와 병조 등 군국의 중대사는 당신이 맡되 그 나머지 작은 일들을 세자가 처리하도록 하셨다.[19/01/03] 이 조치는 그보다 한 해 전에 시작된 의정부 서사제[18/04/12]와 마찬가지로 잡무로부터 국왕을 벗어나게 했고, 당신은 이로써 훈민정음 창제 등 중요한 일에 몰두할 수 있었다.

그해에 당신은 또한 김종서를 함길도에 보내 6진 개척을 주도하게 했고, 황희로 하여금 공법이라는 세제 개혁을 논의하게 했다.《세종실록》[19/08/27] 관련 사안의 책임자로 하여금 재량권을 가지고 일의 성과를 거둘 수 있게 했다. 그전부터 이천과 장영실 등에게 전담시킨 과학기술의 개발이 결실을 맺어 보루각報漏閣이라는 자동 물시계가 돌아가는 건물을 짓고, 흠경각이 완성된 것도 이 때였다.

무엇보다 세종께서 한 해 전에 발생한 '병진대기근'의 여파를 극복하는 과정은 지금 생각해도 놀랍기만 하다. 우선 기근을 생각하는 방식이 독특했다. "천재天災와 재이災異는 사람의 힘으로 막을 수는 없다. 다만 구휼하는 조치는 사람에 따라 잘할 수도 있고 잘 못할 수도 있다."《세종실록》[19/01/12] 가뭄과 홍수 자체는 피할 수 없지만, 그 피해의 크기는 사람의 대응과 노력 여하에

보루각에 설치된 물시계 자격루

세종의 명으로 장영실 등이 개발했다. 물의 흐름을 이용해 자동으로 시간을 알리는 소리가 나게 만들었다.

따라 달라질 수 있다는 말이다.

판중추원사 안순의 제안과, 즉위 초년 황희가 강원도에 행했던 사례를 토대로 하여 만든 다음의 구휼 원칙은 그 같은 당신의 생각을 잘 반영하고 있다.

첫째, 기민 구휼 장소를 남자와 여자, 환자와 건강한 자를 구분하여 설치하라. 기민일수록 더욱더 체면을 지켜주어야 한다. 무엇보다 "그들의 마음을 편히 해줌"이 제일 중요하다. 둘째, 그들이 어디서 왔는지를 묻지 말라. 고향을 떠나 돌아다니는 그들의 자취[根脚]을 묻기 시작하면 비록 배가 고파도 올 수 없는 경우가 있기 때문이다. 셋째, 아전이 아니라 마음 착한 중들에게 음식을 나눠주는 일을 맡겨라. 아전들에게 맡기면 "구휼한다는 이름만 있고, 그 실상이 없을 수 있기 때문"이다. 넷째, 구휼과 관련해 포상과 상벌을 시행하라. 그래야 수령과 아전이 적극적으로 기근 구제에 나설 것이다. 마지막으로, 관찰사에게 그 일을 위임하라. 중앙에서 모든 상황을 알 수도 없을 뿐더러 시의적절한 대응을 취할 수도 없기 때문이다.《세종실록》 19/01/02

세종께서는 식량 증산을 위해 남다른 노력을 기울이셨다. 정초가 찬집한 《농사직설》을 전국에 반포하게 한 다음 수령들로 하여금 "성의껏 가르치고 일러서 억지로라도" 그 책에 나와 있는 방법대로 농사를 짓게 하라고 지시했다.《세종실록》 19/02/15 경기 관찰사 김맹성이 특별히 이삭이 많이 달린 보리를 바쳤을 때, 당신은 "성군聖君의 도래를 감축한다"는 아부성 발언에 도취되지 않았다. 대신에 그 종자를 다시 심어서 더 많은 보리이삭을 가져오라고 지시했다.《세종실록》 19/05/08 '성군의 징표'가 아니라 좋은 종자를 얻을 수 있는 기회로 활용했던 것이다. 경복궁 성 밖에 사는 사람이 한 해에 두 번 익는 올기장[早黍]을 바쳤을 때도 마찬가지였다. 당신께서는 그에게 상을 내린 다음 그 종자를 기름진 땅에 심어 시험하게 하라고 지시하셨다.《세종실록》19/05/28

이처럼 백성들을 굶주리지 않게 하기 위해서 당신은 '좋은 농법'과 '종자 시험'을 장려하셨다. 그 결과 "심각한 가뭄으로 시냇물은 물론이고 우물까지 모두 마른"《세종실록》19/02/09 상황에서도 기근으로 죽는 백성이 거의 발생하지 않았다.

세종께서는 일본국 내부의 권력 다툼 소식을 전해 듣고, 많은 사람들이 우리나라로 밀려올 것을 대비해 무비武備를 갖추게 했다. 그와 동시에 전라도의 곡식 20만 석을 대마도에 보내 "교린의 도를 돈독히" 하는 한편 우리 백성의 피해를 예방케 했다.《세종실록》19/01/09 여진족을 피해 우리나라에 도망쳐온 중국 사람 지원리와 김새승 등 7인을 후대하여 장영실로 하여금 금은을 제련해 신물질을 만드는 기술을 배우게 한 것도 이해였다.《세종실록》19/07/05

세종께서는 권한을 위임하고, 체계적인 기근 구제 방법을 마련하시고, 예방적으로 국사를 이끌어가셨다. 당신은 나라의 큰 방향만 의논하여 정하시고, 신료들로 하여금 "내가 곧 이 나라의 주인"이라는 의식을 갖고 충직하게 자기 일을 하도록 했다. 그에 비하면 나는 얼마나 부끄러운가.

나는 재위 19년을 "천 년에 있을까 말까 한 경사스런 해"라고 자축하면서, '아무 일도 없이' 보내지 말았어야 했다. 언로를 열어 "상하가 막힌 상황"을 개선하고, 인재를 폭넓게 등용했어야 했다. 중인이나 노비 등에게 부여된 신분적 제약을 과감히 혁파했어야 했다. 그해 8월 황해도 오차진에 정박한 이양선異樣船과 일전을 벌이기보다는 그들의 앞선 문물을 분석하고 받아들였어야 했다.

  나는 하지 않아도 될 일에 몰두했고, 정작 해야 할 것을 등한시했다. 처음에 알 수 없었던 위기의 실체, 일들의 실마리가 비로소 보이기 시작하지만, 이제는 앞으로 나아갈 수도 뒤로 물러날 수도 없는 상황이다. 아! 흘려보낸 시간의 보복, 잃어버린 기회들의 채찍이 매섭기만 하다.

에필로그

《단종실록》을 읽다 보면 좋은 울타리가 생각난다. 불과 4~5년 간격일 뿐인데, 《문종실록》과 《단종실록》의 분위기는 《세종실록》의 그것과 너무나 다르다. 세종시대의 인물들이, 나라의 보석같이 여겨지던 그 인물들이 문종과 단종 시대에서는 마치 권력의 화신인 양 그려지고 있다. 수양대군과 안평대군, 김종서의 경우가 그러하다. 세종의 치세에서 수양과 안평은 유능한 일꾼, 탁월한 예인藝人이었다. 둘은 라이벌 관계였지만, 서로를 존중하는 친구이자 형제였다.

하지만 일단 세종이 서거하자, 둘 사이는 정적 관계를 넘어서서 하늘 아래 함께 설 수 없는 관계로까지 악화되었다. 게다가 맏형인 문종마저 짧은 2년여의 재위를 끝으로 사망하자, 둘 사이는 누가 먼저 어린 조카 단종으로부터 왕위를 뺏을 것인가를 위해, 아니 정확히 말하자면 서로 기회를 빼앗기지 않기 위해 노골적인 권력 쟁탈전을 벌였다.

김종서의 경우도 마찬가지다. 그는 세종 치세에서 북방 영토의 개척 등 지대한 공적을 남겼다. 세종시대에도 물론 그의 공적을 시기하는 자는 있었다. 하지만 그를 권세가로 규정하고 제거하기 위해 혈안인 사람은 없었다. 문종과 단종 시대에 들어오면 김종서는 '유약한 황보인의 뒤에서, 국정을 전횡하면서, 안평대군과 짜고 어린 단종을 쫓아낼 때만 기다리는' 전형적인 권력 탐욕자로 그려진다.

그런데 생각해보면 세종 이전의 시대, 즉 고려 말부터 태종시대, 좀 더 정확히 말하자면 태종이 상왕으로 있던 세종 즉위년까지만 해도 '왕자의 난'과 '외척 및 공신 제거'와 같은 권력 쟁탈의 연속이었다. 국왕은 주위의 공신과 측근은 물론이고 심지어 자신의 부모형제까지도 믿을 수가 없었다. 신하들 역시 마찬가지였다.

그런데 세종 치세 30여 년의 시간만은 예외였다. 태종 상왕기의 '강상인 옥사'를 제외하면 재위 기간에 '역모'나 '반란'의 혐의를 쓰고 처형당한 일이 단 한 건도 없었다. 한 해도 끊이지 않을 정도의 자연재해로 인한 흉년과, 명나라를 비롯한 중원 대륙과의 갈등과 외환, 그리고 국왕과 신료들에 대한 탄핵이나 정책 논쟁 등은 있었지만, 측근이나 공신에 대한 숙청, 그리고 부모형제의 처단과 같은 권력집단 내부의 심각한 홍역은 없었다.

《세종실록》을 읽을 때면 맨 처음 지리산을 일주할 때의 느낌이 떠오른다. 화엄사에서 노고단까지의 가파른 산길과, 까마득한 절벽 사이를 걸을 때의 아슬아슬함을 지나 세석평전에 이르렀을 때, 아! 갑작스레 펼쳐진 철쭉 가득한 평지의 아늑함이란…….

하지만 지리산 한가운데서 만난 예상치 않은 평지의 아늑함과 감미로움은 그러나 언제 그랬냐는 듯 다시 나타난 바위투성이의 내리막길과 천길 낭떠러지의 등산로로 이어졌다.

태종시대까지의 가파른 산길과 아슬아슬한 산행로, 문종과 단종 시대 이후의 바위투성이의 등산로, 그 사이에 펼쳐진 세종시대라는 놀라운 평지! 우리 역사의 이와 같은 세석평전의 존재를 어떻게 이해해야 할까? 그리고 세종은 어떻게 그런 치세를 이루었는가?

좋은 울타리를 만드는 첫째 조건은 인재를 기르고 활용하는 지도자의 역량이다. 텃밭에 좋은 종자를 심고 가꾸며, 적시적소에 활용하는 세심한 지도자의 리더십이 중요하다. 세종은 "인재가 길에 버려져 있음은 나라 다스리는 사람의 수치"라고 생각하여 능력 있는 자라면 신분과 지위고하를 막론하고 등용해 썼다. 그에 따르면 사람은 누구나 장점과 함께 단점이 있는데, 지도자는 공적을 세워서 그의 허물을 덮을 기회를 만들어주어야 한다. 그리고 그 일은 군주의 시대적 사명이자 정치의 고유한 영역이다. 따라서 "그 사람이 어질다면, 비록 사립문과 개구멍[圭竇]에 사는 천인賤人이라도 공경公卿이 될 수 있으며",14/08/02 "장리贓吏, 즉 뇌물죄나 횡령죄를 범한 관리의 자손일지라도 진실로 현능賢能하다면 등용"14/05/14해야 한다는 게 세종의 생각이었다. 실제로 그는 "탐오貪汚한 죄"로 탄핵을 받은 조말생을 중용하여 북쪽 변방을 방어하게 했다.15/01/21 또한《삼강행실도》편수 책임을 맡았던 설순의 경우 "사람됨이 거칠어 사리를 잘 분별하지 못한다"는 평을 받고 있었음에도 "서사書史의 기송記誦에 능했던 고로 발탁해 집현전의 일을"16/07/27 맡게 했다. 이외에도 부산 동래현 소속의 관노 장영실을 호군護軍 관직에까지 임명

한 것은 유명한 일이다.16/07/01

세종의 인재 쓰기의 요체는 정승의 선발과 운용에 있었다. 최윤덕의 경우에서 보았듯이, 그는 인재 선발에 혼신의 노력을 기울이되 일단 발탁한 다음엔 의심하지 않고 맡겼다[疑之勿任 任之勿疑]. 특히 세종은 여러 재상들의 서로 다른 개성과 종교적 신념을 존중했다. 예컨대 허조는 원칙을 강조한 '법가적法家的' 인물이었고, 황희는 중용을 실천한 '유가적儒家的' 인물이었으며, 소를 타고 다니며 피리를 불었다는 맹사성은 기필期必하지 않은 '도가적道家的' 인물이었다. 그리고 변계량은 문장과 예법에 밝은 '불가적佛家的' 인물이었다. 세종은 그들의 다른 점을 인정하고 존중하는 한편 그들의 이질적인 아이디어를 '합금'하는 데 세심한 노력을 기울였다. 어전회의는 각자의 특장이 발휘되어 좋은 국가정책을 만들어내는 용광로였다.

둘째, 청정聽政의 리더십이다. 세종은 비록 국왕이면서도 발언을 최소화함으로써 신하들의 의견을 최대한 많이 들었다. 마치 진공청소기가 자신을 비움으로써 주위의 먼지를 빨아들이듯, 국왕 스스로의 마음을 비움으로써 신료들의 의견을 빠짐없이 받아들였다. 사실 높은 자리에 있는 사람이 자기보다 낮고, 때론 무지하고, 또 때론 반대하는 사람의 의견을 끝까지 경청함은 굉장히 어려운 일이다. 세종의 그러한 태도는 철저한 자기 통제력에서 비롯된 것으로 보인다.

세종의 자기 통제력은 즉위한 직후의 '강상인 옥사 사건'에서도 잘 나타난다. 세종은 좀처럼 속마음을 드러내지 않았다. 부왕 태종에 의해 자신의 처가가 풍비박산되고 자칫 왕비까지 쫓겨날 지경이었는데도 시종 침묵을 지켰다. 윤음綸音, 즉 "왕의 말이 처음 나올 때는 실[絲]과 같으나 그 말이 외부에 나가면 거문고 줄[絃]과 같아서 끊을 수도 돌이킬 수도 없다"고 보았기 때문이다. 예민한 상황에서 자신의 의견을 꼭 전달해야 할 경우 세종은 고전의 사례를 언급하는 식으로 표현하곤 했다. 예를 들면, 경연을 시작한 지 두 달째인 즉위년 11월 29일에 세종은 《대학연의》의 내용 중 "당나라의 대장군 우문사급이 당 태종에게 궁중의 수목이 아름답다며 탄복했다"는 대목에 이르러서 "예로부터 간사하고 아첨하는 신하가 임금에게 아양으로 기쁘게 하는 모양이 이와 같다"고 말했다. 이어서 그는 "그러나 그 끝을 잘 보전하는 자가 없었다"며, 주위의 아부꾼들을 경계하고 있다. 그 시기는 좌의정 박은 등이 태종에게 잘 보이려고 세종의 장인인 심온의 처단을 요구하는 등 충성 경쟁을 하던 때였다. 세종은 그다음 해 1월 9일의 경연에서는 이렇게 말하고 있다. "들짐승이 아무리 빠져 달아나도, 사냥꾼은 반드시 잡고 만다. 그 짐승이 험한 곳으로만 내달리며, 넘어져 죽게 될 것은 생각지 않으니, 지극히 어리석다 할 수밖에 없다." 물론 특정인을 지목하지 않았지만, 아는 사람들은 모두 그 말이 박은을 겨냥하고 있음을 알 수 있었다. 이와 같은 세종의 언중유골言中有骨식 의사 표현 덕분인지, 태종은 왕비를 내쫓지 않고, 심온만을 처형하는 수준에서 사태를 마무리 지었다.

세종의 '청정 리더십'은 회의 운영 과정에서 그 효력이 드러났다. 어전회의는 그전부터 있어왔고 세종시대에도 계속해서 열게 되어 있었다. 다만 그는 그렇게 주어진 제도를 약간 다르게 운용했다. 철저한 자기 통제력으로 신하들의 의견을 경청했고, 중요한 정보와 고전 속의 지식을 정책 결정에 활용하곤 했다. 한마디로 지식경영을 잘 한 것이다. 결정을 해야 하는 최고지도자에게 가장 중요한 일은 두 가지다. 우선

지도자 자신이 최상의 판단을 해야 한다. 다음으로 조직원들이 그 결정을 권위 있는 것으로 받아들이고 동참해야 한다. 이렇게 볼 때, 세종은 경연 등 어전회의에서 중요한 정보와 지식을 획득해 신중한 결정을 내리곤 했다.

그런데 장애물이 없었던 것은 아니었다. 세종 초반부 어전회의의 가장 큰 문제점은 회의를 형식적인 절차로만 간주하는 신료들의 태도였다. "아직 과감한 말로 면전에서 쟁간爭諫하는 자"나 "중론을 반대하여 논란하는 자가 없다"07/12/08는 세종의 지적이 그것이다. 건국 후 태종시대까지의 정치적 격변을 거치며 관료들은 보신을 위해 회의 시간에 침묵하기 일쑤였다. 기껏해야 주어진 업무를 마지못해 보고하는 정도가 고작이었다. 마음속의 말을 꺼내지 않고 일만 보고하곤 했다.

세종은 이 장애물을 극복하기 위해 신하들의 의견을 두루 듣되 끊임없이 '직언直言'을 요구했다. 재위 5년에 그는 "내 들으니, '임금이 덕이 없고 정치를 잘못하면 하늘이 재앙을 보여 경계시킨다' 하는데, 지금 가뭄이 극심하다. 대소 신료들은 제각기 위로 나의 잘못과 정치[政令]의 그릇된 것과, 아래로 백성들의 좋고 나쁨을 거리낌 없이 마음껏 직언하여, 하늘을 두려워하고 백성을 걱정하는 나의 지극한 생각에 부응되게 하라"05/04/25고 말했다.

세종은 신하들의 말을 듣고 좋은 아이디어를 채택하는 데 매우 적극적이었는데, 특히 말끝마다 "경들의 의견을 말해보라"고 하여 신료들을 토론에 초청하곤 했다. 이 때문에 그 당시 신하들은 세종을 "토론을 즐겨하는[樂於討論]" 군주라고 부르기도 했다.16/04/11 그는 이렇게 해서 들어온 건의와 직언을 6조의 주관 부처로 하여금 의논하여 시행할 만한 조건을 뽑아 올리게 했다. 그리고 최종적으로 왕 자신이 친히 결재하여 시행했다. 어느 해에는 세종이 며칠 밤을 꼬박 건의사항을 읽고 검토하느라 극도로 건강이 쇠약해져서 다음 날 사신을 맞이할 때 비틀거리기까지 할 정도였다. 세종의 이런 노력은 그때까지 조선의 조정에 나서길 꺼려했던 많은 인물들까지 감동시켰다. 예컨대 세종 초년에까지 살았던 야은 길재吉再는 세종을 삼대 이후 찾기 힘든 임금이라고 평가했다. 그리고 아들 길사순吉師舜에게 "너는 내가 고려조에 마음을 바친 것처럼, 마땅히 네 조선의 임금을 섬기도록 하라"고 하여 벼슬길에 나가도록 했다. 01/04/12

물론, 세종이라고 해서 완벽한 인간은 아니었고, 흠이 없었던 것도 아니었다. 효과적이지 못했던 왕위 계승 문제나, 그 이전 시대의 어진 御眞을 불태우고 땅에 묻게 하는10/08/01, 15/06/15 등 고려 왕조에 대한 과도한 부정의식, 그리고 말년의 척불논쟁으로 인한 시간과 체력 소모 등은 세종의 아쉬운 점들이라고 하겠다. 이 중에서 특히 척불논쟁은 세종이 그렇게 중시한 민생과는 거리가 먼 사안이었다. 그 기간에 오히려 '좋은 울타리'가 후대에까지 지속되도록 하는 일에 주력했어야 하지 않았을까.

그의 '호불好佛 행위'를 '성리학의 세례'를 받은 신료들의 이분법적 정치관에 대한 경고로 볼 수도 있다. 또한 정통/이단으로 양분할 수 없는 정치 세계의 다면성을 인정하고 안간힘을 다해 지키려는 노력으로 이해할 수도 있다. 하지만 그렇다 치더라도, 그리고 30대 중반의 호학好學의 세자 이향李珦(나중의 문종)이 있었다 할지라도, 세자의 건강과 수양대군 등의 야심을 알고 있었던 세종이 '잔인함의 미덕'을 발휘했어야 하지 않은가. 태종이 자신에게 그랬던 것처럼, 과감히 수양대군에게 왕위를 물려주었어야 하지 않았을까. 그것은 '할 수 없었던[不能]' 일은 아니었다. 어렵지만 왕의 의지에 따라서 능히 할 수 있었는데 '하지 않았던[不爲]' 일이었다.

따라서 세종은 결코 문종 사후의 정치적 혼란은 물론이고, 단종의 비극이 조선 정치에 미치게 되는 부정적 영향을 막지 않았다는 비판으로부터 자유로울 수 없다. 만약 그가 단호하게 수양대군에게 전위했더라면, 성삼문이 괴로워하며 "신숙주는 나와 좋은 사이지만 죽일 수밖에 없다"고 말하지 않아도 되었을 것이다. 또한 수양대군 역시 위업을 이뤘지만 패륜의 군주라는 이중적 평가 속에서 고통스럽게 죽지 않아도 되었을지 모른다. '선함'과 '잘함'이 불일치되고 '도덕'과 '정치'가 균열되는 시점이 조선 왕조 역사에 그렇게 빨리 도달하지 않았을지도 모른다.

그럼에도 세종의 정치는 위대했다. 그는 완벽한 지도자는 아닐지 모르나 정치가가 할 수 있는 거의 대부분을 이루어냈다. 그런데 그의 위대함이 한글의 창제나 해시계의 제작 또는 4군6진의 개척이라는 업적에서 오는 것은 아니다. 그것은 천재적인 과학자나 용감한 군인의 힘으로도 달성할 수 있다. 하지만 그런 성과가 나올 수 있도록 만든 조건은 위대한 지도자만이 조성할 수 있다. 그는 인재를 적절히 배치했을 뿐만 아니라 집현전 등에서 인재를 양육했다. 이질적인 신하들과 함께 앉아서 그들의 개성을 존중하면서도 서로 다른 아이디어를 합금하여 좋은 정책이 나올 수 있게 했다. 어전회의에서 반대자의 의견을 끝까지 듣고 포용했으며, 일이 잘못될 수 있는 소지를 사전에 제거해 반대자를 설득하기도 했다. '토론의 예방적 효과'를 극대화해서 그는 '정책이라는 상품의 에러율'을 최소화했다. 무엇보다 그는 '중국'을 상대화하고 '우리'의 다름을 존중함으로써 견고한 학문적 사대주의를 탈각시켰다. 지성의 빈곤이야말로 모든 위기의 뿌리라고 보았기 때문이다. 집현전 학사들을 중심으로 한 돌연한 정신적 활기와 명나라를 상대로 한 문명 경쟁은 이러한 사상적 열등감을 극복한 지점에서 비롯되었다. 이 시대 세종의 정치 리더십이 더욱 중요해지는 이유가 바로 여기에 있다.

찾아보기

ㄱ~ㄷ

강무 7, 14. 158, 175~180, 182, 251, 253
강상인의 옥사 14, 46
강희맹 80~83
거문고 37, 314
결군 162
견내량 55
경연 20, 24, 26, 36,47, 130, 156, 174, 184~186, 249, 257, 258, 282, 314, 315
계유정난 264, 273, 277, 288
《고문진보》 153
고신 67, 148
고약해 103, 106, 256
공법 15, 160, 306
권승휘 123
권근 90, 96, 152, 169, 272
권도 95, 145, 183
권람 271~274
권채 96~98
귀화 70, 71, 74
규장각 290, 293, 301, 302
김성길 54
김승규 271, 276, 277
김여달 91, 94
김점 5, 6, 14, 107
김조순 298, 299
김종서 9, 15, 61, 138, 157, 179, 180, 182, 187, 198, 202, 224, 228, 229, 266, 268~274, 276, 277, 285
김종수 291, 293, 300, 304
남재 36
내불당 14, 188~194, 197
《농사직설》 307
단종 19, 124, 157, 202, 265, 266, 271, 272, 273, 283, 287, 310, 311, 312, 318
대가 54, 178

대금 149
대마도 14, 43, 48, 51~60, 71, 72, 212, 213, 222, 308
대마도 정벌 14, 43, 48, 52, 54, 60, 72, 212, 222
대식 121, 122
《동국정운》 14, 164~166, 168
동성애 사건 14, 119, 121
두만강 70, 72, 206, 225, 227, 269
두지포 57, 58, 80

ㄹ~ㅅ

맹사성 79, 100, 135, 136, 139, 209, 210, 214, 220, 223, 259, 313
무동 138
문종 46, 50, 117, 126, 178, 264, 270, 317, 318
민무구 46, 65, 77, 238, 241, 248, 250
박석명 63, 77
박연 9, 15, 128, 129, 148
박위 55
박장설 305
박팽년 200, 266, 286
박호문 15, 202, 216, 217, 227~231, 286
백두산 232, 233
변계량 30, 31, 171, 313

변호문 286
보루각 306
부월 51, 53, 57
비파 37, 137
사가독서제 171
4군6진 24, 61, 318
4진 231
《삼강행실도》 313
생 136, 137
서긍 170
석경 131
성균관 14, 20, 32, 33, 47, 77, 112, 184, 195, 196, 249, 301
성달생 56, 93, 177
성삼문 93, 154, 155, 167, 264~267, 277, 278, 280, 283~288, 318
세자빈 봉씨 116, 118, 119, 121~124
세종 125, 126, 128, 140, 152, 154, 162, 164, 174, 185, 190, 195, 202, 223, 232, 236, 238, 248, 249, 264~271, 279, 280, 285, 286, 288, 290, 305 ~308, 310, 311, 313~319
《세종실록》 4, 7, 16, 19, 27, 277, 310, 311
소쌍 121
소헌왕후 10, 11, 14, 125, 191, 236
수령고소금지법 14, 97, 99
수령구임법 14, 102
수양대군 76, 174, 199, 202, 259, 264,

266, 270~276, 310, 317, 318
신문고 101
신빈 김씨 14, 126
신숙주 9, 15, 154, 164, 167, 168, 200, 261, 264, 278, 285
신인손 159, 161
신임사화 295
신포시 267
심온 18~20, 23, 46, 47, 199, 236, 237, 243, 249, 314, 315
심환지 292, 296, 303

ㅇ~ㅈ

아악 129, 136~138, 144, 146, 166
악학 129, 148
악학별좌 15, 128, 130
안숭선 50, 77~79, 180, 185, 217
안평대군 123, 126, 179, 198~200, 270, 273, 274, 310, 311
압록강 72, 77, 205~207, 214, 237, 269
액정서 120
야인 210, 211, 214, 215, 219
양녕 17, 26, 27, 32~35, 37, 46~48, 65, 85, 66, 177, 238, 242
양수척 222
어 137
여악 138, 140, 198

여연 143, 206, 207, 208, 210~212, 217, 227
여진족 30, 52, 58, 62, 67, 70~72, 74, 174, 202, 205~208, 217, 219, 227~229, 240, 264, 308
《열녀전》 118
영락제 59, 74~76, 107
영릉 265
예겸 15, 167~170
온양 온천 144
왕자의 난 4, 18, 30, 57, 61, 65, 238, 311
왜구 43, 54, 240
용 136
《용비어천가》 15, 144, 280
우왕 32
운검 143, 288
원릉 300
위화도회군 239
유감동 14, 91~95, 101
유정현 51, 53, 57, 58
육기제 102, 105, 106, 257
6진 72, 157, 202, 205, 225, 227, 268, 269, 306
윤이 155
율관 15, 128, 133, 134, 135, 140
의정부 서사제 27, 174, 194, 306
이가환 292, 294, 295, 303, 305
이만수 296~299

이만주 72, 174, 206, 207, 210, 211, 216
이명덕 85
이방원 17, 21, 30, 174
이사임 84
이사철 190, 195
이색 42, 171
이성계 17, 21, 30, 31, 37, 40, 42, 57, 152, 180, 239, 244~247
이순몽 58, 219
이승훈 292, 295, 305
이종무 55, 57, 58, 60, 222
이지 살인 사건 95
이징옥 230, 286
이초 155
인간 돼지 사건 96
장서각 282
장영실 213, 224, 306, 313
적휴 155
정도전 22, 193
정민시 297, 301
정약용 294, 304
정인지 9, 15, 19, 152, 161, 255
정조 9, 95, 290, 300, 302
정창손 156~158, 194, 259, 288
정흠지 98, 142, 157
조대림 108
조말생 251, 313
종학 118
주원장 41~45, 206

지밀나인 121, 125
지신사 63~65, 78, 79, 85, 180, 185
직첩 98
진제장 87
집현전 14, 15, 96, 97, 130, 155, 165, 171, 184, 187, 192, 195, 199, 200, 202, 255, 256, 258, 271, 277, 279, 280, 282, 287, 318, 319

ㅊ~ㅎ

채제공 294, 295, 299, 300
천상열차분야지도 167, 168
최만리 187, 198, 255, 259, 279
최만호 40
최영 40, 48, 52, 57, 247
최윤덕 7, 14, 50, 77, 90, 144, 177~179, 182, 209, 212~215, 217, 219, 221~224, 313
축 136, 137
충녕 31, 33~38, 40, 42, 46~48, 236
《치평요람》 15, 166
탕평책 296, 302
태조 11, 17, 21, 22, 30, 35~37, 40~43, 52, 61~63, 70, 84, 102, 144, 152, 155, 167, 183, 184, 187, 206, 233, 239, 240, 246, 267
태종 180, 20, 21, 30, 51, 63, 70, 72,

77, 85, 101, 108~110, 117, 152, 155, 174, 178, 184, 186, 205, 246, 248, 311
파저강 206, 210, 214, 217
파저강 정벌 14, 90, 188, 202, 205, 209, 210, 216, 223, 228, 269
편종 131~133, 142
평원대군 125, 126, 188, 260
하연 187, 190, 195, 196, 199, 259
한명회 272~274
한확 76
향악 14, 138
허성 18
허조 5, 9, 14, 50, 63, 77, 90, 210, 211, 214, 259
헌릉 145, 184, 185, 217

혼일강리역대국도지도 205, 206
홍달손 272, 273
화가위국 21, 22, 240
황보인 270, 277
황산 52
황종음 131, 135
황치신 91
황희 9, 14, 50, 65, 77, 78, 86, 90, 100, 106, 111, 159, 209, 210, 212, 214, 220, 224, 259, 306, 307, 313
효령 34, 47, 187
훈민정음 4, 8, 14, 152, 164~166, 174, 198, 254, 255, 259, 261, 264, 279, 286, 306
흥천사 14, 187, 188, 190, 194~196

조선의 정치가 10인이 본 세종

2007년 5월 14일 초판 1쇄 발행
2025년 7월 25일 개정판 1쇄 인쇄
2025년 7월 29일 개정판 1쇄 발행

지은이　　　　박현모
펴낸이　　　　박혜숙
디자인　　　　이보용 김진
펴낸곳　　　　도서출판 푸른역사

우) 03044 서울시 종로구 자하문로8길 13
전화: 02)720-8921(편집부) 02)720-8920(영업부)
팩스: 02)720-9887
전자우편: 2013history@naver.com
등록: 1997년 2월 14일 제13-483호
ⓒ 박현모, 2025

ISBN 979-11-5612-297-5　03900

• 잘못 만들어진 책은 교환해드립니다.